SAMMLUNG GÖSCHEN BAND 156/156a

PHILOSOPHISCHE ANTHROPOLOGIE

MENSCHLICHE SELBSTDEUTUNG IN GESCHICHTE UND GEGENWART

von

DR. MICHAEL LANDMANN

o. Prof. für Philosophie an der Freien Universität Berlin

2., durchgesehene Auflage

WALTER DE GRUYTER & CO.

vormals G. J. Göschen'sche Verlagshandlung · J. Guttentag, Verlagsbuchhandlung · Georg Reimer · Karl J. Trübner · Veit & Comp.

BERLIN 1964

INHALT

EINLEITUNG

1. Kapitel

Der Sinn philosophischer Anthropologie

a) Naturwissenschaftliche, ethnologische und philosophische Anthropologie

„Philosophische Anthropologie" lautet der Titel dieses Buches. Darin liegt bereits, daß es noch andere Anthropologien gibt als nur die philosophische.

Zunächst kennen die *Naturwissenschaften* eine somatisch-physische Anthropologie als Zweig der Biologie. Diese biologische Anthropologie wurde schon in der zweiten Hälfte des 18. Jahrh. (von Daubenton, Blumenbach, Sömmering) begründet. (Der Name Anthropologie geht allerdings sogar bis in die Zeit des Humanismus zurück: der protestantische Humanist O. Casmann veröffentlichte 1596 ein Buch unter diesem Titel.) Das 19. Jahrh. brachte dann in allen Kulturländern die Gründung „anthropologischer Gesellschaften". Anfänglich ist diese naturwissenschaftliche Anthropologie vor allem Wissenschaft von den verschiedenen Menschenrassen, wobei eine erste Methode zur Bestimmung der Rassenunterschiede die Schädelmessung war. Als dann seit der Mitte des 19. Jahrhs. auch Skelette von Menschen aus älteren geologischen Epochen gefunden wurden – zuerst der berühmte Neandertaler, voreilig homo primigenius genannt –, übernahm anhand dieser diluvialen Menschenfunde die Anthropologie die weitere Aufgabe, die Naturgeschichte der Menschheit, der Hominiden, zu rekonstruieren. Inzwischen war aber auch gelehrt worden, daß die schon immer gesehene Verwandtschaft zwischen Menschen und Menschenaffen, den Anthropoiden, im Sinne einer Genese der Menschheit aus dem Tierreich zu deuten sei. Daher gesellte sich die Abstammungslehre des Menschen nun ebenfalls zum Aufgabenkreis der naturwissenschaftlichen Anthropologie. In neuerer Zeit rechnen manche auch die menschliche Vererbungslehre noch dazu.

Aber daß diese somatische Anthropologie den Namen Anthropologie überhaupt ganz usurpieren konnte – und auch die Medizin kennt ja ein Fach, das sie Anthropologie nennt –, war nur im 19. Jahrh. als dem Jahrhundert der Naturwissenschaften möglich. Der schon erwähnte Casmann hatte den Begriff der Anthropologie viel weiter gefaßt: sie war ihm doctrina geminae naturae humanae, Lehre von der geistig-körperlichen Doppelnatur des Menschen, und dieser weitere Sprachgebrauch hatte bis ins 18. Jahrh. hinein Geltung. Er beginnt sich in Deutschland heute, nach dem Ende des vorwiegend naturwissenschaftlichen Zeitalters, auch wieder durchzusetzen.

Demgegenüber ist in England und Frankreich, zum Teil auch in Amerika, Anthropologie zugleich soviel wie *Ethnologie*, zu der auch die Prähistorie gerechnet wird. Auch hier befaßt sie sich also, wie die anthropologische Rassenkunde, mit der Verschiedenheit der Menschen, aber nicht vorwiegend in körperlicher, sondern auch in kultureller Hinsicht.

Dieser Sprachgebrauch ist allerdings auch in Deutschland nicht ganz ungeläufig. Das Buch von Wilhelm Mühlmann: Geschichte der Anthropologie, 1948, ist vorwiegend, wenn auch nicht ausschließlich, eine Geschichte der Ethnologie.

Was ist nun im Unterschied hierzu das Feld der *philosophischen* Anthropologie? Soviel läßt sich ganz allgemein vorwegnehmen: die physische und die ethnologische Anthropologie setzen ein Wissen um das, was der Mensch ist, bereits voraus und untersuchen bloß seine äußeren Merkmale oder seine kulturellen Leistungen. Die Philosophie dagegen macht sich das in diesen Wissenschaften als selbstverständlich vorausgesetzte Wissen um den Menschen zum Problem und fragt nach seinen grundlegenden Seinsbeschaffenheiten, fragt nach dem, was das Seiende Mensch von allem andern Seienden unterscheidet.

Schon bei dieser allerformalsten Umreißung der Aufgabe einer philosophischen Anthropologie stoßen wir zwar auf Schwierigkeiten. Ein extremer Naturalist könnte einwenden: stellt wirklich der Mensch eine eigene Seinsregion dar, der sich eine besondere Disziplin zu widmen hat? Vielleicht ist er nur ein Lebewesen wie andere, von ihnen nicht mehr unterschieden, als Wesen sich auch sonst unterscheiden; wie wir keine eigene Philosophie der Fische oder Vögel treiben, brauchen wir auch keine Anthropologie. Sie ist in der Philosophie des Organischen mitenthalten oder darf allenfalls ein Kapitel der Tierpsychologie beanspruchen.

Ein anderes Problem, das sich hier gleich zu Beginn erhebt, ist ferner: wonach forschen wir eigentlich, wenn wir nach dem Wesen des Menschen fragen? Forschen wir nach Merkmalen, die bei allen Menschen, die je gelebt haben und leben werden, in sämtlichen Kulturen, zutage liegen müssen, also nach einem Kriterium, anhand dessen wir bestimmen können, ob ein Wesen überhaupt ein Mensch ist oder nicht? Oder ist das vielleicht nur eine vorbereitende Frage und geht es uns im Grunde viel mehr darum, die höchsten Möglichkeiten der Menschheit zu entdecken, zu denen zwar nicht jeder Mensch und nicht einmal jede Kultur gelangt, in denen aber das, was zuinnerst im Menschen liegt, erst wahrhaft, erst vollendet in Erscheinung tritt? Mit andern Worten: suchen wir den tiefsten Punkt seines Wesens, von dessen Verwirklichung ab das Prädikat Mensch zutrifft, oder suchen wir den höchsten Punkt seines Wesens, sein Ideal – wenn es ein solches gibt –, hinter dem er aber oft auch zurückbleibt?

b) Einfluß der menschlichen Selbstdeutung auf die menschliche Selbstgestaltung

Etwas sehr Seltsames und Schwerwiegendes müssen wir uns gleich am Anfang philosophischer Anthropologie klar machen: die Erkenntnis des Menschen bleibt für das Sein des Menschen nicht ohne Folgen. Normalerweise ruft eine Erkenntnis bei der erkannten Sache keine Veränderung hervor. Die Dinge haben ihren festen Seinsbestand, und die von außen an sie herantretende Erkenntnis bedeutet für sie keinen Eingriff. Das Sein, so hat Nicolai Hartmann es formuliert, ist von „überwältigender Gleichgültigkeit" gegen das Erkanntwerden. Der Mensch dagegen – und nur er – macht von dieser allgemeinen Regel eine Ausnahme. Er hat *keinen unveränderlich abgeschlossenen Seinsbestand*. Oder, vorsichtiger gesagt, nur seine allgemeinste Struktur, die besondere Artung seines Wahrnehmens und Handelns usf., sind ihm von der Natur als festes Erbteil mitgegeben. Dieser Anteil des Festen ist aber beim Menschen noch nicht das Ganze. Darüber erhebt sich eine zweite Dimension, die nicht von der Natur determiniert, sondern seiner eigenen Schöpferkraft und Entscheidung anheimgestellt ist. Schon wie er sich ernähren soll, ob durch Sammeln, Jagen, Ackerbau oder Viehzucht, dafür findet er keinen Instinkt in sich vor; er muß die Formen seines Nahrungserwerbs dem jeweiligen Land oder Klima anpassen, kann sie durch Erfahrung und Erfindung vervollkommnen. Ob bei einem Volk Monogamie oder Polygamie herrschen soll und welche der vielen möglichen Arten der Polygamie, ob die Struktur der Familie patriarchalisch oder matriarchalisch sein soll, ob die Familie selbst die größte soziale Einheit bildet oder mehrere Familien sich zu umfassenderen Verbänden zusammenschließen, ob im Zusammenleben eine strenge Hierarchie gelten soll oder ob jeder Mensch gleiche Rechte und Pflichten hat – für all dies, und auch für die höheren Bereiche der Religion, der Kunst, der Wissenschaft, gibt es keine in der Natur des Menschen verankerten Notwendigkeiten und Normen. All dies ist „Kultur". Und die Kultur muß der Mensch – das Kulturelle hat eben hierin seine Definition – von sich aus frei gestalten, und eben deshalb gestaltet er sie auf so mannigfaltige, von Volk zu Volk, von Zeitalter zu Zeitalter variierende Weise (vgl. Teil IV). An der Kultur gestaltend gestaltet er aber an sich selbst.

Was wir bis jetzt vom Menschen als Gattung sagten, gilt nun mutatis mutandis auch vom Einzelmenschen. Auch der Einzelne wird von der Natur mit gewissen charakterlichen und geistigen Anlagen ausgestattet; aber was er aus diesen Anlagen macht und was für ein Mensch er sein will, das bleibt bis zu einem schwer zu bestimmenden Grad ihm selbst überlassen. Es gibt für uns kein „werde, der du bist." Vielmehr vollzieht sich in uns, wie Bergson das formulierte, eine création de soi par soi. Zwar erwacht dem Menschen das Bewußtsein, daß er selbst sein eigener Bildner ist – ebenso wie das Bewußtsein, daß er Bildner seiner Kultur ist –, geschichtlich erst relativ spät. In der Frühzeit ahmt er dem Bewußtsein nach nur mythische Vorbilder nach und füllt traditionelle Schemata aus. Aber faktisch geschieht auch das schon immer auf persönliche Weise. Und bei den Griechen und noch mehr in der Neuzeit wird individuelle Durchprägung der eigenen Person und des eigenen Lebens sogar zum Postulat. Die Verpflichtung, etwas Vorgegebenes bloß zu wiederholen, ist nun nicht mehr die einzige, und der Mensch erkennt es als seine größte und schönste Aufgabe, sein Leben nach selbstgewählten Vorbildern oder ohne alle Vorbilder nach eigenen Grundsätzen aufzubauen.

Man kann das bisher Gesagte unter das Motto des Nietzsche-Wortes stellen, der Mensch sei „das noch nicht festgestellte Tier" (XIII, 276). Das klingt allerdings so, als ob das Noch-nicht-Festgestelltsein nur ein Mangel wäre und als ob auch der Mensch dereinst seine Feststellung doch erreichen würde und müßte. Lassen wir das „noch" weg und sagen: der Mensch ist im Unterschied zu den Tieren nicht festgestellt, d. h. sein Leben verläuft nicht in vorgeprägten Geleisen, sondern er ist von der Natur gleichsam nur halbfertig entlassen worden. Die andere Hälfte seines Daseins überließ sie ihm selbst zur Fertigstellung. Der Mensch ist das Wesen, das, wie wir mit Plessner und Gehlen sagen dürfen, an sich noch eine Aufgabe vorfindet, nämlich die, sich selbst erst gleichsam zu Ende zu schaffen. Das gilt sowohl für die Völker und Epochen hinsichtlich der kulturellen Einrichtungen, in denen sich menschliches Leben vollzieht, wie für die Individuen hinsichtlich der letzten Entscheidungen, kraft deren jeder sein eigenes Sein in der Hand hat. Der Mensch lebt nicht nur, sondern führt sein Leben (Gehlen).

Und eben dies: daß er nicht eindeutig festgelegt ist und daß er sich selbst noch gestalten darf und muß, bildet nun die Grundlage dafür, daß, wie wir sagten, die Selbstdeutung, die er sich angedeihen läßt, für sein eigenes Sein nicht gleichgültig bleibt. Die Selbstdeutungen werden zu Zielbildern und Direktiven, denen gemäß sich die Selbstgestaltung vollzieht. (Theodor Litt). Der Mensch ist in zwiefacher Weise causa sui, er schafft sich selbst und bestimmt auch noch das, wozu er sich schaffen will (Ortega y Gasset).

Nicht *alle* Selbstgestaltung des Menschen vollzieht sich freilich aufgrund eines – unbewußt wirkenden oder bewußt vorschwebenden – Bildes, das er sich von sich macht. Oft ist er mehr gestoßen als selbstbestimmt. Auch wo er das Motiv seines Handelns zu kennen meint, da handelt er häufig in Wahrheit aus ganz andern Impulsen. Im Mittelalter wurden die Ketzer vorgeblich aus Besorgnis um ihr Seelenheil verbrannt, aber waren nicht auch Habsucht und Sadismus beteiligt? Jede Verwirklichung einer Idee enthält ferner als solche etwas in der ursprünglichen Idee noch nicht Gelegenes („als Gott die Morgenröte schuf, erschrak er, sie so schön zu finden"), und als Wirklichkeit untersteht sie auch dem Gesetz der Entwicklung: notwendig nimmt sie im Lauf der Zeit neue Sinnmomente in sich auf, ja kann schließlich das genaue Gegenteil dessen darstellen, als was sie einmal gedacht und geschaffen worden war.

Trotzdem wäre es mesquin, den inneren Zusammenhang zu bestreiten, der zwischen den großen Selbstbildnissen, die die Menschheit jeweils von sich entwirft, und der gleichzeitigen Gestaltung des kulturellen und des personhaften Seins besteht. Die Deutung, die sie sich gibt, ihre Vorstellung von sich selbst, ihrem Wesen und ihrer Bestimmung, bleibt nicht ohne Einfluß darauf, was sie dann auch faktisch darstellt. Die Griechen z. B. faßten den Menschen vor allem als Vernunftwesen auf; das ist zwar einesteils bereits Ausdruck ihrer auf Rationalität, auf Form, Gesetz und Exaktheit gerichteten Kultur, aber gleichzeitig wirkt nun diese Anthropologie wieder auf die Kultur zurück, sie wirkt dahin, daß die Menschen das, was sie ihrem Wesen nach zu sein *glauben,* immer mehr auch sein *wollen,* daß sie immer mehr nur aus der Vernunft zu leben suchen. Die griechische Ethik, nach der die Vernunft den Begierden gegenübersteht und sie beherrschen soll, ist nur auf dem Hintergrunde und als Ausfluß dieses Menschenbildes verständlich. Für das Christentum hingegen ist der Mensch ein Wesen, dessen Daseinsschwergewicht nicht im Diesseits, sondern im Jenseits liegt: das führt zum Lebensgefüge des Mittelalters, in dem die diesseitig-weltlichen Kulturgebiete weniger stark ausgebaut werden und nicht autonom sind, vielmehr in Abhängigkeit stehen von der zentralen Kulturinstitution der Kirche, da sie allein die Beziehung zum Jenseitig-Transzendenten herstellt. Für die beginnende Neuzeit wiederum ist der Mensch derjenige, dessen Seele der Unendlichkeit der Welt mit einer gleichfalls unendlichen Sehnsucht und Strebensbereitschaft antwortet, und daraus resultiert eine Kultur des grenzenlosen Expansionismus auf allen Gebieten, des Fortschritts- und Zukunftsrausches. Auch der Gestaltung jeder einzelnen Kulturdomäne, jedem künstlerischen Stil, jeder Gesellschaftsordnung (daher spricht man heute von „politischer Anthropologie") liegt jeweils ein Menschenbild zugrunde. Jede Kulturschöpfung schließt eine heimliche, eine Kryptoanthropologie, ein.

So bestätigt sich, daß beim Menschen das Bild seines Seins das Sein selbst nicht unberührt läßt. Immer ist er noch etwas Offenes und Bildsames, immer aber muß er nach Abschluß und Verfestigung drängen. Und die Vorstellungen und Begriffe, mit denen er sein eigenes Dasein zu fassen sucht, üben daher eine bestimmende Kraft auf die Selbstverwirklichung des Daseins aus. Die jeweilige Idee vom Menschen wird zum Ideal, nach dem er sich richtet und das ihn prägt.

Damit aber enthüllt sich erst der letzte Sinn der Anthropologie. Und zugleich zeigt sich, daß sie den Menschen unausweichlich begleitet. Daß der Mensch nicht nur, wie anderes Seiendes, einfach ist, sondern nach sich selbst fragt und sich selbst deutet, daß der Anthropos einen Anthropologen einschließt, das ist nicht theoretische Spielerei, die auch fehlen könnte; es entspringt der tiefsten Notwendigkeit desjenigen Wesens, das sich selbst schaffen muß und das daher eines Leitbildes bedarf, auf das hin es sich schaffen soll. Beides greift ineinander. Die Unvollendetheit des Menschen ist es, die als Ausgleich das Selbstverständnis hervortreibt, das ihm sagt, wie er sich vollenden kann. Die Interpretation, die er sich angedeihen läßt, steht nicht losgelöst neben einer unwandelbaren Wirklichkeit, sondern greift formend in das ein, wovon sie gleichwohl nur die Interpretation sein will.

2. Kapitel

Vorphilosophische Anthropologie

In das Wissen um sich selbst will Pascal geradezu die grandeur de l'homme setzen. Im Anschluß an den 8. Psalm sagt er: der Mensch ist zwar schwach und klein, ein Wassertropfen kann ihn töten. Und doch ist er vornehmer als das, was ihn tötet, denn er weiß, daß er stirbt, er weiß, daß das Universum stärker ist als er. Das Universum weiß bei all seiner Größe nicht um seine Größe. Und daher ist der Mensch durch sein Wissen, und sei es auch nur Wissen um seine Kleinheit, dennoch dem Universum überlegen.

Nicht nur und erst die Philosophie aber enthält ein Wissen des Menschen um sich. Es war vor allem das Verdienst Diltheys, uns darauf aufmerksam gemacht zu haben, daß alles Leben an sich hermeneutisch ist. Daß es jeweils über eine Deutung seiner selbst verfügt, tritt zu ihm nicht als etwas Äußeres und Sekundäres hinzu, sondern ist ein Wesensmerkmal des Lebens selbst, und diese das Leben begleitende Reflexivität schien Dilthey sogar reicher und weisheitsvoller zu sein als die Abstraktion der eigentlichen

Denker. Wie jeder Mensch stets, bewußt oder unbewußt, eine Weltanschauung hat, so hat er auch, noch diesseits aller Philosophie, eine Anschauung vom Menschen. Schon die früheste Religion und Kunst, jede kulturelle Gestaltung enthält ein Bild des Menschen. Sie enthält es, ohne daß allgemeine Aussagen über sein Wesen gemacht werden, rein dadurch, wie er dargestellt, worin sein Hervorragendstes gesetzt, was von ihm erwartet wird. Gelegentlich aber kommt es auch schon zu allgemeinen Aussagen.

Ein Beispiel dafür, wie schon auf früher geistiger Stufe ein Fragen nach dem Menschen wach wird und eine Antwort sucht, gibt ein Mythus der Inkas: dreimal, so wird hier berichtet, haben die Götter versucht, den Menschen zu schaffen. Zum erstenmal schufen sie ihn aus Lehm; doch war der Lehmmensch so dumm und ungeschickt, daß die entrüsteten Götter ihn sogleich wieder vernichteten und einen neuen Menschen aus Holz bildeten. Auch dieser Versuch mißlang, denn der Holzmensch war grob und bösartig, so daß man auch ihn wieder vernichten mußte. Einige Holzmenschen entgingen jedoch der Vernichtung und flohen in die Wälder; sie bilden dort das Volk der Affen. Zum drittenmal schufen die Götter einen Menschen aus Teig. Die Teigmenschen waren klug, aber listig. Die müde gewordenen Götter beschlossen jedoch, sie trotz ihrer Unvollkommenheit am Leben zu lassen, nur vernebelten sie ihnen das Hirn, so daß sie trotz ihrer Klugheit zu Irrtümern neigen und die letzten Geheimnisse dieser Welt nicht erforschen können.

Für den Erdichter dieses Mythus war offenkundig schon die Ähnlichkeit zwischen Mensch und Affe zum Problem geworden und er versucht sie dadurch zu erklären, daß er die Affen als unvollkommene Entwürfe des Menschen ansieht. Weiterhin bemerkt er als hervorstechendes Anthropinon die Klugheit des Menschen, wundert sich aber gleichzeitig darüber, daß der Mensch trotzdem irrtumsfähig und nicht allwissend ist, und gibt auch dafür eine mythische Erklärung.

a) Der Anthropomorphismus und seine Überwindung

Daß der Mensch eine herausgehobene Sonderstellung in der Welt einnimmt, das scheint uns Abendländern aufgrund unserer religiösen und unserer humanistischen Tradition selbstverständlich. Sowohl die Bibel wie die Griechen erkennen dem Menschen eine solche Sonderstellung zu. Und doch ist die *Gegenüberstellung von Mensch und Tier* ein Gedanke, der erst einmal konzipiert werden mußte (und der auch nicht unbestritten geblieben ist). Viele Primitive besitzen sogar noch nicht einmal ein zusammenfassendes Wort für „das" Tier, dem dann der Mensch konfrontiert werden könnte. Der frühe Mensch ist vielfach seiner Überlegenheit über die Tiere noch gar nicht inne geworden, glaubt, auch sie hätten Sprache, hätten im Dschungel eine eigene Stadt, weiß hier also noch gar nicht, daß nur er Kultur besitzt. Ja vielfach sieht er die Überlegenheit sogar umgekehrt auf Seiten der Tiere. Im griechischen Mythus ist das Halbtier Chiron der Lehrer Achills und anderer Heroen, er unterrichtet sie nicht nur in der Kunde der Heilkräuter, sondern auch im Zitherspiel: „der edle Pädagog, der sich zum Ruhm ein Heldenvolk erzog". Bei Demokrit lernt der Mensch die Kultur von den Tieren, vom Vogel den Gesang, von der Spinne die Jagd mit Netzen etc. Ebenso wirkt bei den Kynikern das Tiervorbild. Auch das Märchen weiß von der höheren Klugheit und Geschicklichkeit der Tiere. Und auch nach der Romantik wieder steht das Tier den Geheimnissen der Natur noch näher als wir intellektualisierten Reflexionswesen. Daß Tiere sogar als höherstehende Wesen gelten, geht darauf zurück, daß sie in ihrer gleichzeitigen Menschenähnlichkeit und -fremdheit einen numinosen Schauder einflößen, und das Numinose ist immer das Wertbetontere.

Noch die indische Kultur sieht Pflanze, Tier und Mensch als Wesen gleicher Rangstufe an, die miteinander „eine große Demokratie des Seienden" bilden (Groethuysen). Daher gibt es bei den Indern auch eine unbehinderte Seelenwanderung zwischen Mensch und Tier. Die Grundlage dieses Empfindens bildet bei ihnen allerdings nicht nur die menschenähnliche Erhöhung von Pflanzen und Tieren, sondern der Gedanke eines allgemeinen einen Seinsgrundes, der verbindend hinter allen Einzellebewesen steht, deren Individuiertheit nur trügerischer Schein ist. Alle Individualität taucht nur wie eine Welle aus dem Meer des Seinsgrundes für einen Augenblick auf und sinkt in ihn zurück, um vielleicht in neuer Individualität an anderer Stelle wieder aufzutauchen. Das Seiende hat das Schwergewicht seines Seins nicht, wie bei den Griechen, in der Form, die es von anderem unterscheidet, sondern im Allgemeinsamen. Deshalb stellen griechisches und indisches Denken polar entgegengesetzte Möglichkeiten der Weltschau dar. Die Griechen lieben die Form, daher sind sie zugleich ein ästhetisches Volk; sie lieben das Einzelne, daher sind sie die Begründer der Wissenschaft. All das ist bei den Indern weniger ausgeprägt. Für die griechische Ethik ist die menschliche Person ein Letztes, sie überantwortet den Einzelnen sich selbst; umgekehrt verheißt die indische Ethik Erlösung von der Person durch die schließliche Auflösung im gestaltlosen Weltgrund.

Auf dem ursprünglichen Sich-Verwandtfühlen des Menschen mit den Tieren beruht auch der primitive Totemismus. Manche Eingeborenenstämme wissen sich einem bestimmten Tier besonders eng verbunden. Der Stamm verehrt in diesem Totem-Tier seinen Ahn und sieht es als dauernd wirksame Kraftquelle an, die einzelnen Stammesmitglieder fühlen sich geradezu identisch mit ihm.

Ein Forschungsreisender berichtet uns von einer Unterhaltung mit einem Eingeborenen, dessen Sippe im Fischotter ihr Totemtier sah. Ein Otter überquerte gerade den nahen Fluß. Daraufhin sagte der Mann: „Schau, wie schön ich den Fluß überquere!" Gegenüber allen Einwendungen, daß er wohl nur meine, dies Tier sei sein Schutzgeist, daß ihn ein besonderer Kraftstrom mit ihm verbinde oder dgl., hielt der Eingeborene unnachgiebig daran fest, er sei selbst wirklich dieser Otter.

Die *Grenzen der Ichsphäre* sind überhaupt ursprünglich weiter als für uns heute. In vielen frühen Kulturen gibt man dem Toten seine Waffen und Gebrauchsgeräte mit ins Grab. Gewöhnlich wird das durch die Annahme erklärt, der Tote werde diese Dinge auch im Jenseits wieder brauchen. Eine andere Erklärung aber meint so: diese Geräte, die der Verstorbene im Leben immer um sich hatte, die er selbst mit magischen Zeichen beritzt, deren er sich bei hundert Gelegenheiten bedient hat, werden eben deshalb als eine Einheit mit ihm empfunden, sie gehören gewissermaßen wie Körperglieder zu seiner Gesamterscheinung mit hinzu, es steckt noch etwas von seiner Kraft in ihnen. Vielleicht könnte er durch sie noch als Toter seinen Feinden schaden. Und deshalb müssen sie ihm auch ins Grab mit folgen. Aus ähnlichem Empfinden entstand wohl auch die indische Witwenverbrennung. Oft sind Eingeborene, die ihre Äcker den Europäern verkauft und sich selbst ins Landesinnere zurückgezogen hatten, nach wenigen Wochen oder Monaten zurückgekehrt und wollten ihre Äcker wiederhaben, häufig nicht einmal gegen Rückerstattung des Kaufpreises. Sie fühlten sich mit diesem ihnen seit Generationen gehörigen Besitztum derart verbunden, es bildete für sie so sehr einen integrierten Bestandteil ihres ganzen Seins, daß sie nicht begreifen wollten, daß ein einmaliger und nur rationaler Vorgang wie ein Verkauf es definitiv von ihnen abtrennen könne. Noch in unserm Kulturkreis bemißt sich sowohl das Selbstgefühl als auch das soziale Prestige der Menschen häufig nach ihrem materiellen Besitz. Dagegen hat schon die Stoa gelehrt, nicht nur der Besitz, sondern sogar auch der Körper sei verglichen mit unserm wahren, inneren Selbst nur ein Allotrion, sei etwas Äußerliches, und ähnlich lehrt auch das Christentum. Wir stimmen dem auf der einen Seite zu – und auf der andern können wir uns doch nicht enthalten, auch unsern Körper zum Selbst hinzuzurechnen und andere wegen ihrer Kraft oder Schönheit zu bewundern. So leben wir abwechselnd in verschieden weiten Ichkreisen.

Daß der frühe Mensch sich den Tieren nicht gegenüberstehend und nicht überlegen fühlt, gliedert sich der allgemeinen Erscheinung des Anthropomorphismus ein. Die Vermenschlichung des Tieres ist nur ein Sonderfall der Vermenschlichung überhaupt. Im engeren Sinne versteht man unter Anthropomorphismus, daß der Mensch in Naturdingen höhere Wesen nach menschlichem Vorbild erblickt und daß er seinen Göttern seine eigene Gestalt leiht. Gegen den Anthropomorphismus der Homerischen Götterwelt ist seinerzeit schon Xenophanes von Elea aufgetreten mit dem Argument, mit dem gleichen Recht könnten sich auch die Ochsen ihre Götter ochsenförmig vorstellen.[1]) Im weiteren Sinne jedoch ist Anthropomorphismus jedes Be-

[1]) Auf höherer Reflexionsstufe haben aber später Schiller und Goethe den Anthropomorphismus der Götter wegen seiner steigernden Rückwirkung auf den Menschen doch wieder bejaht. „Da die Götter menschlicher noch waren, waren die Menschen göttlicher" (Schiller). „Der Sinn und das Bestreben der Griechen ist, den Menschen zu vergöttern, nicht die Gottheit zu vermenschlichen. Hier ist ein Theomorphismus, kein Anthropomorphismus" (Goethe). Auch Goethes pantheistische Grundanschauung ließ einen qualitativen Schnitt zwischen Mensch und Gott nicht zu:

greifen der Welt ex analogia hominis. Nach der freilich bestrittenen Theorie des Animatismus begreift der urtümliche Mensch die gesamte Natur als beseelt, weil er unbewußt, so wie es noch heute das Kind tut, seine eigene Seele auf sie überträgt. Wenn der Stein den Berg hinunterrollt, dann tut er das nach ihm nicht wegen seiner Schwerkraft, sondern weil er es so *will*. Die Beseelung braucht aber nicht immer zugleich eine Verpersönlichung zu sein. Von der diffusen Allbeseelung des Animatismus unterscheidet man die Verpersönlichung des Animismus. Anthropomorphistisch ist es aber auch, wenn wir noch in botanischen Lehrbüchern des 19. Jahrhunderts lesen, die tropischen Pflanzen hätten sich an die Sonne „gewöhnt". Die Verfasser dieser Lehrbücher gingen noch ganz naiv vom Menschen aus, der so viel Sonne nicht ertragen könnte – während doch der ganz andere Organismus einer tropischen Pflanze von vornherein auf mehr Sonne eingerichtet ist und sich nicht erst an sie gewöhnen mußte. Mit Recht sagt Goethe: „Der Mensch begreift niemals, wie anthropomorphistisch er ist".

Obwohl wir jedoch vom Anthropomorphismus vielleicht nie ganz loskommen, so sind doch manche seiner krassesten Formen schon früh eliminiert worden, nicht erst durch die Philosophie, sondern schon durch die vorphilosophische Geistesentwicklung der Hochkulturen. Erst durch den allmählichen Abbau der ursprünglichen Allvermenschlichung kann aber der Mensch seiner Sonderart inne werden. Wo er noch in seinem Gegenüber nur Menschliches erblickt, wo das Menschliche das Allverbreitete ist, da kann es als solches nicht zum Problem werden. Dazu wird es erst dadurch, daß man es in seine engere Sphäre zurücknimmt und daß es nun als ein Spezifisches sich vom Nichtmenschlichen abhebt.

Noch immer bleibt die Frage,
Ob's Götter, ob es Menschen sind?
So war Apoll den Hirten zugestaltet,
Daß ihm der schönsten einer glich;
Denn wo Natur im reinen Kreise waltet
Ergreifen alle Welten sich.

b) Der Ethnozentrismus und seine Überwindung: die Entdeckung der „Menschheit"

Eine weitere Eigentümlichkeit früher menschlicher Selbstdeutung ist die, daß sehr oft das Menschsein von der Zugehörigkeit zum eigenen Volk abhängig gemacht wird. So verwandt sich die frühen Völker mit den Tieren fühlen, so wenig fühlen sie es sich mit ihresgleichen. Noch in einer so hohen Kultur wie der ägyptischen war der Vorzug, Mensch zu heißen, für die Ägypter allein reserviert. Alle Fremden waren keine „Menschen". Man nennt dieses Phänomen Ethnozentrismus. Der Ethnozentrismus beruht einesteils darauf, daß ursprünglich die komplexe Anschauung immer die herauslösende Abstraktion überwiegt. Wie frühe Sprachen nur Bäume kennen, aber noch nicht den Baum, so kennen sie auch nur einzelne Völker, aber noch kein zusammenfassendes Wort für Mensch überhaupt. Die Völker sind eben in Aussehen, Sprache und Sitten so sehr voneinander unterschieden, daß es bereits einer gewissen Abstraktion bedarf, um zu erkennen, daß sie trotz aller Verschiedenheiten im gemeinsam Menschlichen zusammengehören.[1])

Alle Menschen tragen ferner in sich eine Tendenz, nur sich selbst und die eigene Art hochzuschätzen, auf das Fremde dagegen herabzusehen. Eine narzistische Selbstverliebtheit liegt am Grund unseres Wesens. Wir pflegen uns

---

1) Das in den meisten Sprachen nachweisbar geschichtlich späte Wort für „Mensch" wird schon im Indogermanischen aus „Mann" abgeleitet (im Englischen und Französischen sind die beiden Worte ununterschieden). Der Mann ist für die Frühzeit der Mensch par excellence (daher auch das fem. „Männin"). Franz Bopp hat dazu eine Wurzel gestellt, die wir z. B. im lat. „mens", „memini" haben; selbst wenn dies zutrifft, dürfte jedoch die Gleichung „Mensch = der Denkende" ein etymologisches Wagnis sein. Ob in dem vielumrätselten *ἄνθρωπος* die erste Hälfte mit *ἀνήρ* = „Mann" verwandt ist, bleibt zweifelhaft. Auf eine andere Etymologie führt lat. „homo", das aus einer Wurzel mit „humus" = „Boden, Erde" kommt. Das bedeutet aber nicht, wie Schrader meinte, daß er aus der heiligen Heirat zwischen Himmel und Erde entsprossen sei, sondern „der Erde Verhafteter" im Gegensatz zu den Himmlischen, vgl. *βροτός* = „sterblich, irdisch". Ebenso kommt hebr. Adam von „adama" = „Erde" (bedeutet aber vielleicht nicht nur den Irdischen schlechthin, sondern, so wie die Bibel es erzählt, den aus Erde Gewordenen).

das heute unter dem Einfluß eines entgegengesetzten Ethos, das uns diese Strebungen bekämpfen heißt, ungern einzugestehen. Aber wenn Odysseus bei Homer erklärt: „Ich rühme mich, Odysseus zu sein", dann spricht hier der Stolz des archaischen Menschen auf sich selbst noch ganz naiv. Und wenn die mosaische Gesetzgebung (3. Mos. 19, 18) uns auffordert, unsern Nächsten zu lieben wie uns selbst, dann setzt sie die Selbstliebe als das naturhaft Gegebene voraus und will ihr die Nächstenliebe nur beigesellen. Und wie auf das eigene Ich erstreckt sich die Selbstliebe auch auf die eigene Art. Nichts gilt höher, als diese Eigenart zu bewahren und womöglich noch zu steigern. Manche Völker mit niedriger Stirn platten deshalb die Stirnen der Kinder durch Bretter sogar künstlich noch mehr ab. Das Eigene als solches ist eben eo ipso das Wertvollere und Bessere. Die fremde Art dagegen gilt, mit der eigenen verglichen, immer für minderwertig. Der Fremde ist in seiner Andersartigkeit nicht nur häßlich – für einen Mongolen gibt es nichts Abstoßenderes als blaue Augen –, sondern er ist auch moralisch verächtlich, roh, abergläubisch, gesetzlos, grausam, ungastlich, treulos, gefräßig und materialistisch. Welchen Grund hätte man also, sich mit ihm durch den gemeinsamen Namen Mensch zu verbrüdern?

Man hat versucht, diese Geringwertung des Fremden darauf zurückzuführen, daß in urtümlichen Zuständen der Fremde der Feind sei (Gast = hostis!), gegen den man sich zur Wehr setzen muß. Das Mißtrauen und der Haß gegen den Feind sind es, die uns veranlassen, alles Schlechte auf ihn zu häufen. Noch während des letzten Krieges ließen die beiden Kriegsparteien in ihrer Propaganda gegenseitig nicht viel Menschliches aneinander. Noch tiefer greift aber vielleicht ein anderes Motiv: die Selbstliebe selbst ist es, die durch das Überlegenheitsgefühl über den andern noch eine Rechtfertigung und eine Steigerung erfährt und die daher ein Interesse daran hat, ihn herabzusetzen. In diesem Sich-überlegen-fühlen-wollen hat Sartre eine Hauptwurzel des Antisemitismus entdeckt. Endlich hat die moderne Psychologie einen unbewußten

Mechanismus freigelegt, der darin besteht, daß jeder die schlechten Eigenschaften, von denen er zwar dunkel weiß, daß er selbst sie besitzt, von denen er sich das aber nicht klar eingestehen möchte, auf einen andern oder eine andere Menschengruppe – auf die Juden, die Russen, die Deutschen oder die Kapitalisten – überträgt. Er projiziert sein eigenes Schlechtes auf jene andern, und nun kann er es in ihnen hassen, während er selbst sich auf ihrer Folie als rein abhebt und vor sich selbst gut scheint. Die Prediger der Versöhnung zwischen Völkern, Religionen, Klassen machen es sich nicht genügend klar, daß der Haß einen inneren Gewinn bringt, daß er gleichsam einer psychischen List gegen sich selbst entspringt und daß man ihm daher nur begegnen kann, indem man diese List durchschaut und die Menschen zur Ehrlichkeit gegen sich selbst erzieht.

Als eine Spätform des Ethnozentrismus ist auch noch der Glaube mancher Völker (der Juden, Römer, Russen, Deutschen, Amerikaner) anzusehen, sie seien „das auserwählte Volk" oder sie hätten eine göttliche Sendung, sie seien berufen, andere Völker zu beherrschen oder ihnen das Heil zu bringen.

Die Frage, ob auch andere Völker Menschen seien, ist selbst in unserm Kulturkreis noch vor wenigen hundert Jahren diskutiert worden, bloß daß hier weniger die Zugehörigkeit zu einem bestimmten *Volk*, als vielmehr die zu einer *Religion*, zum Christentum, zum Kriterium des Menschseins erhoben wurde. Der Nichtchrist stand früher im Verdacht, ein Geschöpf des Teufels zu sein. Daher das Erstaunen der Kreuzfahrer, als sie in den mohammedanischen Orient kamen und dort eine Kultur vorfanden, die höher stand als die eigene. Ein Mensch im vollen Sinne war für das Mittelalter nur der „Christenmensch", ein Ausdruck, der uns noch von Luther geläufig ist. (Umgekehrt sprechen die Mohammedaner von den „Christenhunden".) Noch heute kann man es erleben, daß ein italienischer Fuhrmann, der seinen Esel schlägt, sich rechtfertigt: Non è christiano! der Esel ist kein Christ! Und deswegen – nicht weil er kein Mensch ist – darf man ihn prügeln.

Als sich mit der Entdeckung der „Neuen Welt“ die Frage, ob die Eingeborenen Menschen seien, immer dringender stellte, erklärte die Bulle Papst Pauls III. von 1537 zwar bereits, die Indianer seien veri homines, fügt aber charakteristischerweise hinzu: fidei catholicae et sacramentorum capaces – das Menschsein wird also hier doch noch als bloße Voraussetzung für das Christsein angesehen, in dem allein es sich erst wahrhaft erfüllt. Noch bis ins 18. Jahrhundert hinein werden Argumente für und wider das Menschsein der Indianer gegeneinander ausgespielt. Mag sich dabei die Einsicht in ihr Menschsein auch durchgesetzt haben, so ist es doch bezeichnend, daß sie sich überhaupt erst mühsam durchsetzen mußte, und die Conquistadores selbst erblickten in den Indianern Unwesen, deren Ausrottung Gott wohlgefällig sei. Die ungewohnt fremden Sitten der Ureinwohner wirkten auch auf die Geistlichen jener Zeit, die in die Neue Welt mit hinüberzogen, nur als Unvernunft und „Abgötterei“; und ihre nach Europa gelangenden Berichte über die Nacktheit der Indianer, über Menschenopfer, Marterpfähle und Kannibalismus wirkten zusammen zu jenem Bilde des „Wilden“, wie es dann in Europa lange Zeit verbreitet war. Noch Hobbes hat unter dem Einfluß solcher Missionarsberichte den Urzustand der Menschheit als ein brutales bellum omnium contra omnes ausgemalt, in dem der Satz gilt: homo homini lupus.

Exkurs: Das Beispiel der Griechen[1])

Auch für die Griechen ist der Fremde zunächst der „Barbar“ (d. h. der unverständlich Stammelnde, vgl. slaw. niemicz = stumm = deutsch). Freilich kennt Homer das Wort noch nicht. Er schildert die feindlichen Trojaner noch als durchaus edel. Erst nach Homer beginnen die Griechen in fremden Völkern die Barbaren in der abschätzenden Bedeutung des Wortes zu erblicken, die ihm bis heute anhaftet. Zu den Motiven, die bei allen Völkern dahin wirken, die Fremden zu verachten, tritt bei den Griechen auch noch die Institution der Sklaverei; man kannte den Fremden vor allem als den – auf Grund seiner

1) Nach Jüthner: Hellenen und Barbaren, 1923.

rechtlosen sozialen Stellung gewiß häufig moralisch degenerierten – Sklaven. Später kam noch die Erinnerung an den Einfall der mordenden und plündernden Perser dazu. Platon berichtet im „Protagoras" von einem Komödiendichter, der die Sittenlosigkeit eines wilden Phantasievolkes auf die Bühne gebracht hatte. Das Überlegenheitsgefühl der Griechen über die Barbaren ging so weit, daß Aelian behauptet, selbst Tiere hätten eine Witterung für den Unterschied, denn die Tempelhunde pflegten vor Griechen zu wedeln, Barbaren dagegen anzubellen.

Dieser archaischen Auffassung begegnen wir anachronistisch sogar noch bei *Aristoteles.* Wie er in seiner „Politik" ausführt, ist die Einrichtung der Sklaverei in der Natur begründet und notwendig, denn kein Hauswesen, geschweige denn ein Staat, kann ohne sie bestehen. Die Sklaverei ist aber auch von innen her berechtigt, denn es gibt Menschen, die nur für grobe Verrichtungen taugen und die somit ihrem Wesen nach zum Dienen bestimmt sind. Sie sind die „geborenen Sklaven". Daß sie von Höherstehenden beherrscht werden, ist für sie sogar ein Glück, ähnlich wie die Haustiere nur unter der Herrschaft des Menschen gedeihen und ohne seine Fürsorge zugrunde gehen müßten. Die höheren Menschen verhalten sich zu den Sklaven wie die Seele zum Körper.

So bemüht sich Aristoteles, die antike Sklavenwirtschaft dadurch zu rechtfertigen, daß nach ihm die Menschen „von Natur" in Herren und Sklaven zerfallen. Und zwar koinzidiert nun dieser Unterschied zwischen den Menschen weiterhin mit dem Unterschied zwischen Griechen und Barbaren. Die Griechen sind von Natur zur Herrschaft, die Barbaren zur Sklaverei bestimmt. Daher ist nach ihm auch ein Krieg, in dem sich die Griechen die Barbaren unterwürfig machen, ein gerechter Krieg. Sollten dagegen die Barbaren siegen und sollten die Griechen zu Sklaven werden, so wäre das eine Umdrehung der naturgewollten Ordnung. Als sein ehemaliger Schüler Alexander sich anschickte, Asien zu erobern, riet ihm Aristoteles (fr. 658 Rose), er solle den Hellenen ein Führer, den Barbaren dagegen ein Gewaltherrscher sein und mit ihnen wie mit Tieren oder Pflanzen verfahren. Alexander befolgte den Rat seines Lehrers nicht, sondern erstrebte eine Verschmelzung beider Kulturen. Schon Isokrates hatte seinem Vater Philipp humanere Ratschläge erteilt als Aristoteles ihm.

Sowohl die Empirie der griechischen Reiseschriftsteller und Historiker wie die Philosophie sind vom 5. Jahrh. an dem Vorurteil von den „Barbaren" entgegengetreten. Die Griechen besaßen, wie Jacob Burckhardt an ihnen rühmt, das „völkervergleichende Auge". *Herodot* als erster bereist ferne Länder in der bewußten Absicht, ihre Völker und ihre Geschichte kennen zu lernen. Er läßt sich von ägyptischen Priestern und persischen Magiern in ihre Weisheit einweihen und weiß, daß Völker wie Ägypter, Babylonier, Phöniker und Inder schon lange vor den Griechen hohe Kulturen hervorgebracht haben. Er bewundert die wohlgeordneten Staatswesen mancher Orientalen, an andern lobt er die schöne Einfachheit ihrer Lebenseinrichtungen, die den Griechen verlorengegangen sei, ähnlich wie Tacitus später in kulturkritischer Absicht die Natürlichkeit der Germanen gegen die Überzivilisation der Römer ausspielt. Herodot ist damit bereits von ionischer Aufklärung und sophistischer Relativierung berührt. Bei den Ägyptern hat er auch gelernt, daß sie in ihrer Sprache ein Wort haben, das genau dem griechischen „Barbar" entspricht: die Relativität eines solchen Begriffs wurde ihm hier eindrücklich (2, 158).

Wie wenig man das jeweils Eigene absolut setzen und an ihm das Fremde messen darf, das illustriert er durch folgende Anekdote (3,38): der Perserkönig Dareios richtete an Hellenen, die an seinem Hofe weilten, die Frage, um welchen Preis sie wohl die Leichen ihrer Väter, statt sie zu verbrennen, verzehren würden. Sie antworteten: um keinen Preis. Hierauf befragte Dareios in Anwesenheit der Griechen Angehörige eines indischen Stammes, bei denen das Verzehren der Elternleichen üblich war, um welchen Preis sie zulassen würden, daß man ihre toten Väter verbrenne. Sie schrien nur entsetzt auf und baten, so etwas nicht einmal auszusprechen. Herodot knüpft daran die Bemerkung, wie recht Pindar habe, wenn er sage, daß der Nomos (Brauch, Satzung, Konvention) alles beherrsche.

Auch *Thukydides* hat nicht mehr daran geglaubt, daß zwischen Griechen und Barbaren ein Naturunterschied bestehe. Die Griechen verfügen zwar über die höhere Kultur, aber das beruht nur darauf, daß sie eine höhere Entwicklungsstufe erreicht haben, die grundsätzlich auch von anderen erreicht werden könnte (1,5 f). Als Beweis dafür, daß der Unterschied nur in der verschiedenen Entwicklung liegt, dient ihm die Tatsache, daß die Griechen der Vorzeit den jetzigen Barbaren in mancher Hinsicht ähnelten: auch sie trieben Seeraub und trugen dauernd Waffen.

Anders als der Historiker hat der Arzt *Hippokrates* den Unterschied gefaßt. In der Schrift über den Einfluß von Luft, Wasser und Boden läßt er Charakter, Sitten und geistige Regsamkeit der Völker von den klimatischen und geographischen Bedingungen abhängen, unter denen sie leben. Er ist damit der erste Klimatheoretiker. Seine Theorie ist später durch den Stoiker Poseidonios wieder aufgenommen, durch Montesquieu ist sie auch in der Neuzeit verbreitet worden. Auch diese Klimatheorie nun steht der älteren Ansicht vom Naturunterschied zwischen Hellenen und Barbaren entgegen: nur die äußeren Lebensbedingungen sind es, die die jeweilige Eigenart eines Volksstammes hervortreiben. Zu diesen Bedingungen rechnet Hippokrates allerdings auch das Politische: unter der Despotie werden Hellenen wie Barbaren unkriegerisch. Gleiche Einflüsse erzeugen also gleiche Gewohnheiten sogar quer über den Graben zwischen Hellenen und Barbaren hinweg.

Die *Sophisten* aber sind es gewesen, die als erste grundsätzlich die Gleichheit aller Menschen als Menschen verkündigt haben. „Von Natur" sind wir alle „miteinander verwandt" und „Mitbürger", heißt es bei Hippias (79 C 1). „Denn das Gleiche ist mit dem Gleichen von Natur aus verwandt, das Herkommen dagegen, der Nomos, dieser Tyrann der Menschen, erzwingt vieles wider die Natur." Und bei Antiphon (87 B 44 B col. 2): „Denn von Natur sind wir alle in jeder Hinsicht gleich, ob Barbaren oder Hellenen." Entscheidender als die Differenzen zwischen den Völkern ist die Gemeinsamkeit des Menschseins. Daher müßte ein Mensch auch überall als Mensch geachtet werden, er müßte sich nicht nur unter seinem Volke, sondern als Kosmopolit überall zuhause fühlen. „Die Heimat einer guten Seele ist die ganze Welt" (Demokrit). Auch das innere Fundament der Sklaverei fällt nun dahin: „Frei hat Gott alle erschaffen, niemanden hat die Natur zum Sklaven gemacht" (Alkidamas).

Selbst Platon, wiewohl seiner Abstammung und Natur nach zum Konservatismus neigend, verwirft dennoch (Politikos 262 a ff.) die Einteilung der Menschheit in Griechen und Barbaren schon allein aus logischen Gründen. Denn der Begriff der Barbaren ist nur als Gegenbegriff zum Begriff der Griechen gebildet. Sachlich dagegen berechtigt nichts dazu, die Barbaren zu einer einheitlichen Gattung zusammenzufassen: es gibt ja eine unabsehbare Zahl allerverschiedenster Barbaren, die nichts miteinander gemein haben und schon durch ihre Sprachen getrennt sind. Es ist also eine unstatthafte Begriffsbildung, die Gesamtheit der nichtgriechischen Völker als Barbaren dem einen Volk der Griechen gegenüberzustellen. Und Barbaren wie Griechen sind nur Unterteilungen unter dem höheren Begriff des Menschen. –

Schon von der Frühzeit an läuft jedoch neben der Verachtung der Barbaren eine genau entgegengesetzte Bewertung, läuft neben der Barbarisierung eine Idealisierung der anderen Völker einher. Es ist verständlich, daß man die Reinheit und die Glückseligkeit des Lebens, die man bei sich selbst schmerzlich vermißt, bei andern, sagenhaften Völkern vorhanden glaubt, Völkern, die entweder in großer *zeitlicher* Entfernung früher einmal – in einem „goldenen Zeitalter" – gelebt haben oder die in großer *räumlicher* Entfernung leben (auch politisch pflegt man mit den „übernächsten" Völkern befreundeter zu sein als mit den unmittelbaren Nachbarn). Schon Homer rühmt die Frömmigkeit der Äthiopier, „welche die äußersten wohnen von allen Völkern der Erde", ferner die trefflichen milchessenden Hippomolgen (Stutenmelker) und die Gerechtigkeit der Abier, des „göttergeliebten Südvolks". Da Homer die Bibel der Griechen war, erhielten sich diese idealisierenden Bilder auch dann noch, als spätere Ethnographen oft ganz anderslautende Berichte über die Roheit, Wildheit, Trägheit und Trunksucht jener Völker mitbrachten. Freilich sah man sich genötigt, im Maße, in dem man die Welt mehr kennen lernte, die ideale Zone weiter hinauszuschieben: an die Stelle der Skythen im Norden traten die Hyperboreer, an die Stelle der Aethiopier im Süden die Antipoden, an die Stelle der Inder im Osten die Serer (Chinesen).

Diese Idealisierungstendenz hat auch in die Philosophie Eingang gefunden: sie begegnet sich nämlich mit der Kulturkritik der Kyniker. Ähnlich wie später Rousseau, so wenden sich schon die Kyniker gegen die zu weit gehende kulturelle Verfeinerung und Verweichlichung ihrer Zeit. Der von andern gepriesene Kulturbringer Prometheus hat seine Fesselung an den Felsen nur verdient; auch dies findet sich später bei Rousseau wörtlich wieder. Und wie Rousseau aus der modernen Überkultur ausbrechen möchte und uns den einst geschmähten „Naturmenschen" als Vorbild hinstellt, so analog läßt gerade das Freisein der Barbaren von den Fesseln der Kultur sie in den Augen der Kyniker nachahmenswert erscheinen. Ihr bedürfnislos schlichtes Leben entspricht dem kynischen Ideal der Askese. Die kynische Schriftstellerei greift deshalb auch die legendäre Figur des weisen Skythen Anacharsis wieder auf, von dem schon Herodot berichtet, daß er viele Länder bereist habe. Aber während bei Herodot der Skythe im Ausland lernt, unterzieht er bei den Kynikern die griechischen Einrichtungen einer satirischen Kritik und streicht die naturnäheren Sitten des eigenen Volkes gegen sie heraus.

In der Spätantike hat sich die Wertung vielfach ganz zugunsten der fremden Völker verschoben. Die nicht-hellenische Weisheit wird höhergestellt als die hellenische. Schon 400 v. Chr. lobt Ktesias von Knidos die konservative Stabilität der chaldäischen Philosophie gegenüber der widerspruchsvollen Zerfahrenheit der griechischen. Später hat man dann sogar geglaubt, die Quellen auch der griechischen Philosophie lägen im Osten, die Griechen seien bei ägyptischen Priestern, persischen Magiern, indischen Brahmanen und Gymnosophisten und babylonischen Chaldäern in die Schule gegangen. So wollte man das Eigene durch Rückführung auf das Ferne adeln, und zugleich retrojiziert sich so die Kaiserzeit selbst, die von einer Welle östlicher Weltanschauung und Religion überflutet wurde.

Obwohl die alte Rangeinteilung der Menschheit in Hellenen und Barbaren damit unterhöhlt ist, hat sie sich aber doch zu halten vermocht dadurch, daß man ihr – seit dem 4. Jahrh. – einen neuen, innerlichen, vergeistigten Sinn lieh. So erklärt Isokrates in seinem Panegyrikus, der Name Hellenen sei jetzt nicht mehr so sehr eine Bezeichnung der Abstammung als der Gesinnung: Hellenen werden alle diejenigen genannt, die an der hellenischen Bildung teilhaben.[1]) (Ebenso wird später Fichte den Begriff des Deutschen dehnen.) Ähnlich berichtet auch Aristoteles, er sei in Kleinasien einem Juden begegnet, der nicht nur der Sprache, sondern auch der Seele nach ein Grieche gewesen sei. Auch die Stoa hat gelehrt, es gebe sowohl schlechte Griechen wie gebildete Barbaren, und es sei daher viel sinnvoller, als Barbaren alle Schlechten zu bezeichnen, welchem Volk sie auch angehören. In diesem Sinne sprechen wir noch heute von Barbaren. Und entsprechend steht den Barbaren nach der Stoa die wiederum quer durch alle Völker hindurchgehende Gemeinschaft all derer gegenüber, die den Gesetzen der Vernunft gehorchen; sie sind alle untereinander Stammesgenossen. –

Einen neuen Begriff für die durch alle Völker hindurchgehende Gemeinschaft der höheren Menschen fanden dann die Römer. Der Stoiker Panaitios hatte anläßlich einer Gesandt-

[1]) Allgemein hat sich freilich diese geistigere Auffassung nie durchgesetzt. So wurde z. B. Demosthenes wegen der Abstammung seiner Mutter von seinen Gegnern als barbarischer Skythe bezeichnet, der sich nur der griechischen Sprache bediene.

schaft, die Athen nach Rom schickte (147 v. Chr.) und der er angehörte, den jungen Scipio für die Gedanken der Stoa gewonnen. Und im Kreise des Scipio kam nun ein Wort auf, das, wiewohl geistig von der griechischen Philosophie angeregt, dennoch eine eigene Prägung der Römer zu sein scheint: humanitas. Es war zunächst ein Modewort. Die Juristen, noch Caesar, vermeiden es als zu pomphaft. Dagegen hat der Modeschriftsteller Cicero es aufgegriffen, und vor allem durch ihn ist es dann auch berühmt geworden. Dem mehr nur politisch-militärischen, altrömischen Ideal des homo romanus stellt Cicero das neue Ideal des homo humanus gegenüber; ebenso tritt an die Stelle des nicht mehr brauchbaren Gegenbegriffs Barbar das Wort inhumanus. Humanitas ist die Entfaltung und Verfeinerung der höchsten sittlichen und geistigen Anlagen des Menschen. Es liegt in ihr komplex eine gewisse Rücksicht auf den Nebenmenschen (vgl. Terenz' homo sum, nil humani a me alienum puto = ich nehme Teil am Schicksal anderer Menschen), weiterhin Sinn für Philosophie und Kunst, überhaupt „Bildung", ja Gelehrsamkeit: humanitas, Veredlung des eigenen Wesens, war für die Römer nur durch Aufnahme der griechischen Kultur zu erlangen, durch Lektüre der griechischen Schriftsteller, und daher sind die Römer auch die ersten „Humanisten", die sich von der Beschäftigung mit klassischen Werken einen inneren Gewinn für sich selbst versprechen.

Der Begriff des Humanismus entsteht zwar erst in der Neuzeit und ist zunächst nur von den im Gegensatz zu den studia divina stehenden studia humaniora abgeleitet, die jetzt auch die Beschäftigung mit der inzwischen ebenfalls klassisch gewordenen *römischen* Literatur mit einschließen. Dennoch wirkt auch hier – während im Mittelalter humanitas nur die menschliche Schwäche (Irrtumsfähigkeit, Geschlechtlichkeit) gegenüber Gott bezeichnet hatte – das humanitas-Ideal fort und erhält sogar noch einen neuen Akzent. Im Unterschied zum christlich-asketischen Ideal erstrebt man nun nach dem Vorbild schon der Antike wieder eine allseitige Durchbildung der Persönlichkeitskräfte.[1])

Auch die humanitas kommt zwar nicht allen Menschen zu; ihr steht ja die inhumanitas gegenüber. Die Grenze zwischen den Geachteten und Verachteten deckt sich nun zwar nicht mehr mit der Grenze zwischen dem eigenen Volk und den

---

[1]) Vgl. Richard Reitzenstein: Humanität im Altertum, 1907, und M Schneidewin, Die antike Humanität, 1897, S. 31 ff.

fremden Völkern, aber nach wie vor läuft durch die Menschheit ein Graben. Nicht alle genügen dem Ideal der humanitas. Und doch ist es hochbedeutsam, daß dieses Ideal überhaupt humanitas genannt wird. Denn darin liegt, daß das Ideal nur in der Entfaltung des wahren Wesens des Menschen selbst besteht. Es steht grundsätzlich jedem offen, weil jeder es kraft seines Menschseins in sich selbst vorfindet.

Damit aber ist das Weitere gewonnen, daß die Menschheit als ganze zu einer Einheit wird. Nun stehen nicht mehr dem einen Volk die andern als etwas völlig Heterogenes gegenüber, sondern es gibt – wie es der Wirklichkeit der hellenisierten Mittelmeerwelt und des römischen Reiches entsprach[2]) – die Eine Menschheit[3]). Mag auch der eine dem andern nach wie vor dadurch überlegen sein, daß er die Idee des Menschseins vollendeter an sich ausprägt, so bleibt er dennoch mit jenem dadurch verbunden, daß auch jener an der gleichen Idee partizipiert, daß auch er die gleiche Vollendung keimhaft in sich trägt.

Auf ganz andere Weise ist auch das neben Griechen und Römern dritte klassische Volk des Altertums, sind auch die Juden zum Gedanken der Einen Menschheit vorgebrochen. Das ist bei den Juden eine Konsequenz ihres Monotheismus: wenn es nur einen einzigen Gott gibt, dann ist er der Gott aller Menschen, die dadurch als gemeinsame Kinder Gottes zusammenrücken. Und da Gott hier zugleich als Lenker der Geschichte gefaßt wird, so ergibt sich eine weitere Konsequenz, die sich in der christlichen Geschichtsphilosophie weiter entfaltet hat: die von Gott einheitlich einem bestimmten Ziel zugelenkte Menschheit hat auch ein gemeinsames Schicksal, es gibt eine „Weltgeschichte". Für die Griechen hatte nur jedes einzelne Volk seine Sondergeschichte, ohne daß diese Geschichten sich zu einer höheren Ganzheit zusammenschlossen. Und damit waren

---

[2]) Schon der Begründer der Stoa, Zenon, hat den vielbewunderten Plan gehegt, man solle alle Menschen der Welt zu einem Weltstaat zusammenfassen, und schon Plutarch hat erkannt, daß dieser Gedanke nicht nur der stoischen Philosophie entspringt, nach der wir alle gleichermaßen Vernunftwesen sind, sondern durch den Zug Alexanders mitermöglicht wurde, der gleichzeitig faktisch ein Weltreich gründete. Auch das Christentum spricht von einer universalen civitas maxima (Augustin), von einer Weltmonarchie (Dante).

[3]) Nach Zosimos, einem freilich sehr späten Gewährsmann (Historiker des 5. Jahrh. nach Chr.), soll aber schon mit den Mysterien von Eleusis der Glaube verbunden gewesen sein, daß sie „das Menschengeschlecht zusammenhielten", und zwar, obgleich Barbaren nicht eingeweiht werden durften, das *ganze* Menschengeschlecht.

die Griechen objektiv im Recht, denn Weltgeschichte im wahren Sinn des Wortes beginnt erst mit unserm Jahrhundert. Aber dennoch muß uns der jüdisch-christliche Gedanke von der gottgelenkten Geschichte der Gesamtmenschheit kostbar sein, weil in dieser religiösen Hülle der Keim des Wissens um die Zusammengehörigkeit der Menschheit erstarkt ist.

Wie im Altertum kommt es auch im 18. Jahrhundert, im Gegensatz zum älteren Bilde von den „Wilden", zu einer Schwärmerei für die „Naturvölker", wie man sie jetzt nennt, die lauterer und großherziger seien als „Europens übertünchte Höflichkeit":

Seht, ihr fremden klugen weißen Leute,
Seht, wir Wilden sind doch bess're Menschen. (Seume)

Schon Montaigne hatte den „bon sauvage" gerühmt, und der Jesuit Lafiteau, einer der gelesensten Reiseschriftsteller seiner Zeit, berichtet 1724 über die Sitten der amerikanischen Ureinwohner und wendet sich dabei ausdrücklich gegen die Autoren, die die Eingeborenen als kultur-, gesetz- und gottlose Wesen hinstellen, „die vom Menschen fast nichts als die Gestalt aufzuweisen haben". Getragen teils von dem in seinem Orden gepflegten Pelagianismus, teils von der erstarkenden Aufklärung, die es erlaubte, in anderen Religionen nicht nur die Abgötterei, sondern echte andere Religionen zu erblicken, öffneten sich ihm die Augen auch für die menschlich hochstehenden Seiten der Eingeborenen. Von Lafiteau ist dann Rousseau abhängig (Discours sur l'origine et le fondement de l'inégalité parmi les hommes, 1755), für den die Zivilisation den Sündenfall darstellt – tout est bien sortant des mains de l'auteur des choses; tout dégénère entre les mains de l'homme – und der die naturnäheren Sitten, zu denen er zurücklenken wollte, bei den außereuropäischen Völkern noch vorhanden glaubte. Die Mär vom Idyll des Naturmenschen bildete aber auch den utopischen Maßstab, von dem aus die politische und soziale Kritik die Zustände der europäischen Gesellschaft geißeln konnte, ferner für den beginnenden Bukolismus und die Natursentimentalität.[1])

[1]) Nach Hans Plischke, Von den Barbaren zu den Primitiven, 1926, und Raoul Allier: Le non-civilisé et nous, 1927.

Das 18. Jahrhundert kennt aber nicht nur die unverbindliche Schwärmerei für den Naturmenschen, sondern erarbeitet auch neu den Gedanken der einen, unteilbaren Menschheit – „Menschheit" wird zu einer Pathosformel der Zeit –, in der „alle Menschen Brüder" (Schiller) sind. Und zwar führt sich dieser Gedanke auf zwei verschiedene, ja entgegengesetzte Weisen durch:

Zunächst treten die Aufklärer mit der These hervor: die Menschheit zerfällt zwar in verschiedene Völker mit verschiedenen Religionen, aber diese Differenzen sind nur akzidentiell, substantiell ist der Mensch immer und überall derselbe. Unter der Oberfläche des national und religiös besonderten Menschen stößt man stets auf den allgemeinen Menschen, und eben dies, was wir mit allen gemeinsam haben, bildet auch das allein Wertvolle an uns. Deswegen sollen die Nationen miteinander Frieden schließen, die Religionen gegeneinander tolerant sein: das Trennende ist ja nur das Sekundäre. Ja in letzter Konsequenz gilt die Vielheit der Volkstümer und Bekenntnisse nicht nur für sekundär, sondern für bloß vorläufig; eben ihre Vielheit ist ein Beweis dafür, daß die in uns schlummernde *Idee des allgemeinen Menschen* sich in ihnen allen nur unrein widerspiegelt und sich rein noch nicht entfaltet hat. Deshalb entsteht jetzt die Aufgabe, endlich alle Besonderungen abzustreifen und die eine, der Idee des Menschseins entsprechende, für alle Menschen identische Menschheitskultur zu schaffen. So soll an die Stelle der vielen Nationalsprachen die eine Weltsprache treten.

Diese in der westlichen Welt noch heute verbreitete Anschauungsweise wurde, vor allem im Deutschland der Goethezeit, abgelöst durch eine entgegengesetzte. Daß ein Mensch einem bestimmten Volk angehört, das gilt nun hier nicht nur als Oberfläche, sondern prägt ihn bis in seinen Kern. Durch und durch und substantiell ist er nur ein Vertreter dieses Volkes, und das ist nicht etwa beklagenswert, sondern das Beste an ihm. Den allgemeinen Menschen, den die Aufklärer gefunden zu haben glauben, gibt es gar nicht. Man kann gar nicht nur Mensch überhaupt, sondern man muß notwendig Farbiger oder Weißer, Mann oder Frau, Kind oder Erwachsener sein usf. Erst in diesem Spezielleren verwirklicht und erfüllt sich der Begriff des Menschen.

Darin steht die Goethezeit ganz auf dem Boden der Aufklärung, daß auch sie nicht, wie das früher geschah, ein einziges Volk – das eigene zugunsten aller anderen – erhebt. Auch sie gibt allen Völkern grundsätzlich den gleichen Rang. Aber sie gibt ihn ihnen nicht – und das ist das Neue an ihr –, weil die Unterschiede von Volk zu Volk für sie, wie für die Aufklärung, irrelevant wären, sondern im Gegenteil: jedes Volk behauptet seinen Rang gerade nur kraft und dank seiner Eigenart.

Ist damit nicht der Glaube an den inneren Zusammenhang der einen Gesamtmenschheit verraten? Radikal scheinen die Völker wieder auseinanderzubrechen, ohne daß ein Verbindendes zwischen ihnen sichtbar würde. Die modernen Nationalismen und Dogmatismen haben hier eine ihrer Wurzeln – „von der Humanität über die Nationalität zur Bestialität" (Grillparzer). Und doch zeigt sich das Verbindende, sobald man bedenkt, daß Einheit nicht notwendig in Einheitlichkeit und Gleichförmigkeit sämtlicher Glieder zu bestehen braucht. Jedes Volk und Zeitalter ist im Orchester der Menschheit ein notwendiges Instrument, ein voll- und gleichwertiges Element, das den Gesamtkörper der Menschheit mit vervollständigen hilft. Wie nach Cusanus und Leibniz die Welt durch und durch individuiert ist, so, daß kein Stäubchen dem andern gleicht, aber jedes auf seine Weise die ganze Welt widerspiegelt – in omnibus partibus relucet totum – und jedes im kosmischen Aufbau seine unersetzliche Stelle hat, so prägt nach Herder und der Romantik auch auf geschichtsphilosophischer Ebene jedes Volk die Menschheit wieder auf andere Weise aus, jede Ausprägung ist auf ihre Weise das Ganze und doch bauen sie erst alle zusammen die Gesamtmenschheit auf. Erst alle Menschen, sagt Goethe, leben das Menschliche, erst die ganze Menschheit ist der wahre Mensch.

Daher soll jeder seine Eigenart nicht etwa zugunsten eines allgemeinen Menschen unterdrücken. Er soll sich ihrer stolz bewußt sein und sie pflegen. Nur sie verleiht seinem Menschsein Leben und Geschmack. Aber zugleich soll er sich bewußt sein, daß sie nur eine neben zahllosen andern gleichberechtigten ist und daß sich auch in fremder Eigenart das gemeinsame Menschsein offenbart. Die Aufklärer fordern Toleranz, weil alle Menschen im Grunde gleich sind und die Verschiedenheiten nicht zählen; Herder und die Romantik fordern sie, weil in den Verschiedenheiten der Menschen gerade ihr Kostbarstes liegt und weil jeder im fremden Sein die unmißbare andere Schönheit und Sinnhaftigkeit ehren soll.

Ja man soll das Fremde nicht nur in seiner Art ehren, sondern soll sich ihm verstehend öffnen und liebevoll in es versenken. Da jeder im eigenen Sein nur eine Sonderausprägung der Menschheit darstellt, soll er sich dadurch ergänzen, daß er auch fremdes Sein innerlich in sich aufnimmt. Erkennende Teilhabe am andern wird bei Humboldt zum höchsten Erziehungspostulat. Durch Universalität zur Totalität! So vertieft er den älteren „Humanismus", der aus der Begegnung mit der Antike Verfeinerung und Urbanität gewinnen wollte. Diese Erziehungsmethode basiert aber bereits auf dem sich ebenfalls jetzt erst begründenden „historischen Sinn". Wer den andern geringschätzt, der hat keinen Anlaß, sich näher mit ihm zu befassen. Auch der Aufklärer hat keinen Anlaß dazu, da er den andern zwar hochschätzt, aber gerade nicht wegen seiner Andersartigkeit, sondern deshalb, weil er auch in ihm den allgemeinen Menschen entdeckt. Erst die Goethezeit schätzt und sucht daher das Andersartige um seiner Andersartigkeit willen. Die geschichtlich-kulturellen Abwandlungen des Menschseins sind jetzt nicht mehr nur ebensoviele unvollkommene Versuche zur Realisierung einer einzigen Idee des Menschen, sondern erst in ihrer konkreten Mannigfaltigkeit schöpfen sie die Fülle der Menschheit aus. Sie sind daher für das Wesen des Menschen viel aufhellender als eine bloße gedankliche Definition. Ähnlich hatte das Christentum dem griechischen Denken entgegengehalten, daß die Menschen grundsätzlich verschieden sind je nach dem, ob sie in der Epoche vor oder nach Christus gelebt haben, und daß es daher nicht genügt, die zeitlose Idee des Menschen zu kennen, der vielmehr durch seine Geschichtlichkeit bestimmt ist. Das wird in der Goethezeit aufgenommen und formalisiert. Wer wissen will, was der Mensch ist, der muß nicht bei den Philosophen, sondern bei den Historikern anpochen. Und was für den Menschen gilt, das gilt für seine Hervorbringungen. Auch was Staat oder Religion oder Philosophie ist, läßt sich nicht auf der rein begrifflichen Ebene fassen. Wir müssen dazu Anschauung gewinnen von der Mannigfaltigkeit ihrer geschichtlichen Erscheinungen.

Unter „Menschheit" versteht aber das 18. Jahrhundert nicht nur die Tatsache des allgemeinen Menschseins sowie die faktische Einheit des Menschengeschlechts, sondern einen Wert und ein zu realisierendes Ideal. Schon als der Kyniker Diogenes auf dem Marktplatz von Athen am hellen Tage eine Laterne anzündete, um, wie er sagte, einen Menschen zu suchen, spielte er mit der Doppelbedeutung des Wortes, gleichsam mit seiner Hoch- und Tiefbedeutung. Ebenso Menander in seinem bekannten Vers: Etwas wie Erfreuliches ist der Mensch, wenn er ein Mensch ist.

> . . . sind
> Wir unser Volk? Was heißt denn Volk?
> Sind Christ und Jude eher Christ und Jude
> Als Mensch? Ah! wenn ich einen mehr in Euch
> Gefunden hätte, dem es genügt, ein Mensch
> Zu heißen!

Wenn Lessings Nathan so spricht, so verrät schon das Pathos dieser Worte, daß „Mensch" hier nicht einen bloßen Allgemeinbegriff bedeutet, der übrig bleibt, wenn man von der nationalen und religiösen Sonderart eines jeden abstrahiert. Daß der Impuls wach wurde, alle Besonderungen als Beschränkungen abzustreifen und über sie hinauszuwachsen, um nichts als Mensch zu sein, rührt nur daher, daß „Mensch" hier zum inhaltlich erfüllten ethischen Postulat aufrückt.[1])

Ebenso steht es mit dem Adjektiv „menschlich", das aber noch einen engeren Sinn gewinnt: menschlich – im Gegensatz zum „entmenschten" „Unmenschen" und zur bestialisch-brutalen Grausamkeit, wie sie sonst in der Natur herrscht – handelt, wer den Schwächeren schont, dem Hilfsbedürftigen beisteht, überhaupt nicht nur sich selbst sieht und durchsetzt, sondern ein Organ für das Recht und die Wünsche des Nebenmenschen hat, auch noch im Kranken und im Bettler den Menschen ehrt (vgl. „Philanthrop"). Wo die Hilfe organisiert wird, spricht man auch von „humanitär".

Dagegen behält das nomen abstractum „Humanität" den weiteren Sinn von humanitas, und wie der „Mensch", so hat auch die „Humanität" ihre große Stunde im 18. Jahrhundert. Keiner hat das Wort „Humanität" geliebt wie Herder (vgl. seine „Briefe zur Beförderung der Humanität"); als „Humanus" gedachte ihn daher Goethe in den Fragment gebliebenen „Geheimnissen" zu feiern. Indem Herder „Humanität" auch einzudeutschen sucht, erweist sich die rein sprachlich korrespondierende „Menschlichkeit" als zu eng. Schon Gellius wußte, daß humanitas nicht bloß Philanthropia ist, und gibt sie daher mit Paideia wieder. Herder übersetzt sie mit „Menschheit". Dadurch gewinnt „Menschheit" einen – von Herder begrüßten – Doppelsinn. Wenn er sein Hauptwerk „Ideen zur Philosophie der Geschichte der Menschheit" nennt, so meint er damit nicht nur die äußere Geschichte der realen Menschheit. Menschheit ist ihm zugleich der Inbegriff menschlicher Vollkommenheit, und auch diese Vollkommenheit hat nun ihre Geschichte, sie macht sowohl beim Einzelnen wie bei der Menschheit als ganzer eine Entwicklung durch. Wohl liegt die Anlage zur Menschheit kraft unseres Menschseins in

---

1) Vgl. Hölderlins Brief über die Deutschen. Handwerker siehst du, aber keine Menschen, Denker, aber keine Menschen, Priester, aber keine Menschen, Herrn und Knechte, Jungen und gesetzte Leute, aber keine Menschen.

uns, aber dennoch muß das Menschliche in uns erst reifen. Wir *sind* im Grunde noch gar keine wahren Menschen, sondern müssen es immer erst noch *werden*. Anthropologie muß sich durchführen als Geschichtsphilosophie.

3. Kapitel

Ausgewählte Daten zur Geschichte der Anthropologie

a) Das 5. Jahrhundert v. Chr.

Nach dem bekannten Wort des Cicero soll Sokrates die Philosophie vom Himmel auf die Erde gebracht haben. Denn die heute sog. Vorsokratik war überwiegend „Naturphilosophie", kosmologische Metaphysik gewesen. Sokrates dagegen war der erste reine Ethiker, ihn kümmerte nur die innere Welt des Menschen. Die alte Aufschrift auf dem Apollontempel in Delphi „Erkenne dich selbst" (d. h. erkenne, daß du ein Mensch und nicht Gott bist) verstand er in den neuen, innerlicheren Sinn um, daß der Mensch in sich selbst hineinhorchen und die unbewußten Schätze der eigenen Tiefe heben soll (vgl. aber schon Heraklits „Ich erforschte mich selbst"). Durch Platon ist der sokratische Einsatz zu weltgeschichtlichem Einfluß gelangt. Seine Lehren vom Dualismus zwischen Körper und Seele, von der jenseitigen Heimat der Seele, nach der sie aus dem irdischen Gefängnis zurücktrachtet, von der Vorherrschaft des Logoshaften in ihr, kraft dessen sie zugleich die aus dem Körper aufsteigenden Begierden überwinden soll – all dies hat sich dem Selbstbegreifen der seitherigen Menschheit unwegdenkbar eingefurcht.

Dennoch gebührt das Verdienst, schon im Altertum etwas wie eine „anthropologische Wende" heraufgeführt zu haben, nicht Sokrates, sondern den sog. Sophisten. Es war viel attischer Regionalstolz im Spiele, daß man Sokrates als den wahren Philosophen den zeitgenössischen ionischen Sophisten – bis heute hat das Wort den schlechten Klang beibehalten – so schroff entgegenstellte. Sokrates gehört mit den Sophisten gegenüber der älteren Philosophie zusammen, und ist in der Blickrichtung auf den Menschen bereits von ihnen abhängig. Während jedoch Sokrates den Menschen unter der Perspektive der Ethik entdeckt, entdeckten ihn die Sophisten unter der Perspektive der Kulturphilosophie. Sie sind die ersten Anthropologen, weil sie zugleich die ersten Kulturphilosophen sind. Wie sehr Anthropologie und Kulturphilosophie ineinandergreifen, sahen wir bereits einleitend: der Mensch ist das Wesen, das seine Lebenseinrichtungen selbst bestimmen muß, und dieses Selbstbestimmte ist eben die Kultur. Aber obwohl das faktisch so ist, pflegt es nicht bewußt zu sein. Ursprünglich glaubten die Völker, ihre kulturellen Einrichtungen seien naturgegeben oder Göttergeschenk. Jedes Volk hält seine Einrichtungen für schlechthin notwendig und richtig, es nimmt an, daß gerade sie und keine andern in der Natur der Dinge verankert seien.

Demgegenüber verkünden die Sophisten – und das ist ein durch sie berühmt gewordenes Begriffspaar[1]) –: unsere kulturellen Einrichtungen, vorab die Sitte und das Recht, sind nicht φύσει d. h. durch Natur, sondern νόμῳ und θέσει ,d. h. sie entspringen menschlicher Satzung. Zum Beweis hierfür wiesen sie auf ethnographisches Material hin, wie es damals zusammenströmte. Die Mannigfaltigkeit menschlicher Institutionen ist derart überwältigend, daß man unmöglich annehmen kann, alle andern Völker hätten falsche Sitten und nur man selbst habe die naturgegebenen. Vielmehr resultiert aus ihrer Mannigfaltigkeit, daß es offenbar überhaupt keine naturgegebenen Sitten gibt. Daß sie aber nicht naturgegeben sind, das ist kein bloßes Negativum, sondern nur die Kehrseite davon, daß der Mensch selbst sie ersinnen, daß er sie sich schaffen darf. So wird hier zum erstenmal die kulturschöpferische Kraft des Menschen freigelegt und der Mensch als stiftende Mitte erkannt und gefeiert. Er ist der, der einen Nomos setzen kann.

---

1) Vgl. F. Heinimann, Nomos und Physis, 1945.

Noch Äschylos hatte in seinem „Prometheus" geschildert, wie der heilbringende Titan den ursprünglich noch völlig rohen Menschen nicht nur das Feuer bringt, sondern sie auch den Bau von Häusern, die Verfertigung von Gefäßen und alle Anfänge der Kultur lehrt. Wenige Jahrzehnte später dagegen heißt es in dem berühmten Chorlied aus der „Antigone" des Sophokles, der hier dem inzwischen neu gewonnenen Menschenbilde dichterischen Ausdruck verleiht: „Vieles Gewaltige lebt, doch nichts ist gewaltiger als der Mensch". Und nun wird aufgezählt, wie der Mensch die Kultureinrichtungen nicht durch höhere Gnade geschenkt erhält, sondern kraft seines eigenen Geistes hervorbringt. Schiffahrt, Ackerbau, Jagd, Zähmung der Haustiere, Sprache, Weisheit, Waffen, Städte, dies alles ist sein eigenes Werk. Er selbst ist Prometheus.

Der Gesetztheitscharakter der menschlichen Kultur kann verschieden interpretiert werden. Man kann die Setzung bejahen, so wie Demokrit es getan hat. Man kann die Setzungen als bloße Setzungen zerschlagen und doch zur wahren Physis durchstoßen wollen. Oder – und diese Weiterbildung der Lehre gilt als die spezifisch „sophistische" – man kann folgern: wenn der Mensch seine Sitten selbst, und auf mannigfaltigste Weise, hervorbringen darf, dann sind alle Sitten nur Willkürschöpfungen, die durch andere Willkürschöpfungen ersetzt werden können. Und dann braucht auch der Einzelne die in seinem Umkreis gültigen Sitten nicht mehr zu respektieren, sondern jeder kann jeweils von sich aus bestimmen, was er für gut, was er für gültig halten will. Diese Zuspitzung des Schöpfergedankens zum Gedanken der bloßen Schöpferwillkür war es, die der Gegnerschaft gegen die Sophistik ihre Virulenz gegeben und dazu geführt hat, daß Platon ewige, vorgegebene Normen lehrte, die der Mensch in seinem Denken und Tun anzuerkennen und bloß zu realisieren hat. Damit ist das Willkürmoment aus unserm Tun entfernt, zugleich gerät aber das von den Sophisten schon entdeckte creative Moment im Menschen wieder außer Sicht.

Der Sophist Protagoras hat die Fähigkeit des Menschen zur Kulturschöpfung mit seiner Körperbeschaffenheit in Zusammenhang gebracht. In dem nach ihm benannten

Platonischen Dialog stellt er – in der Einkleidung eines Mythus – fest, daß der Mensch im Vergleich zu den Tieren sehr schlecht ausgestattet sei: er besitzt von Natur weder Flucht- noch Angriffsorgane, keinen Haarschutz, keine Klauen usw., und auch seine Sinne sind weniger scharf als die der Tiere. Wie also gelingt es dem Menschen, sich überhaupt im Leben zu behaupten? Hier haben später die Kyniker angeknüpft und gesagt: die Natur hat eben den Menschen für ein entbehrungsreiches Dasein bestimmt. Nur weil wir durch hundert Kulturerleichterungen, die wir uns geschaffen haben, verwöhnt sind, können wir es uns nicht mehr vorstellen, wie die Menschen früher ohne diese Erleichterungen leben konnten. Sie konnten es aber sehr wohl, und auch wir sollten daher von der unnatürlichen und unnützen Schwelgerei des Kulturzustandes zur Härte und Einfachheit des Urzustandes zurückkehren. Ganz anders argumentiert Protagoras. Daß der Mensch über technisch-sittliche Kräfte verfügt, daß er die Künste des Hephaist und der Athena und daß er Scham und Recht sein eigen nennt, das ist der notwendige Ausgleich für seine physische Schwäche. Durch diese Kulturkräfte holt er das wieder auf, was ihm die Tiere an Vollkommenheit der Organe und an Instinkten voraus haben. Ja wie oft „die letzten die ersten" sind, so überholt er sie sogar: der ursprünglich leer Ausgegangene wird am reichsten entschädigt. In anderer Weise hat auch Diogenes von Apollonia die körperliche und die geistige Beschaffenheit des Menschen als ineinandergreifend geschaut, aber bei ihm bildet diese nicht nur die Kompensation für die Mängel jener, sondern durch aufrechten Gang, Zunge (= Sprache) und Hände ist der Mensch von Anfang an ein Begünstigter.

Die Sophisten haben die Lehre vom Schöpfertum des Menschen auch in der Erkenntnistheorie zur Geltung gebracht. Nicht nur unsere Institutionen, auch unsere Wahrheiten erweisen sich bei näherer Prüfung als Eigenwerk. Alle unreflektierte Einstellung nimmt an, daß die Dinge wirklich so sind, wie sie sich unsern Sinnen und unserm

Denken darbieten. Wir halten den Wein, weil er süß schmeckt, auch an sich für süß. Die Erkenntnis scheint nur abzubilden, was draußen in der Welt ebenso besteht. Demgegenüber entdecken nun schon Vorsokratik und Sophistik, daß die Süßigkeit des Weines nur ein πρός τι, relativ auf unsere subjektive Sinnesausstattung ist. Der Wein *erscheint* uns nur süß, weil unsere Zunge so auf ihn reagiert; wie er aber an sich ist, das wissen wir nicht. Beweis: nur dem Gesunden erscheint er süß, dem Kranken bitter. Und nicht, daß nur der eine recht hat, während die übrigen irren; grundsätzlich ist nach den Sophisten alle scheinbare Wahrheit, in der wir uns bewegen, durch unsere Subjektbeschaffenheit bedingt. Die Erkenntnis bildet nicht eine unabhängig von uns bestehende Welt ab, sondern baut eine unserer Organisation entsprechende subjektive Menschenwelt selbsttätig auf, ja innerhalb der Menschenwelt stellt sie jeden Einzelnen in seine individualsubjektive Eigenwelt.

Schon Parmenides hatte aus einem metaphysischen Urerlebnis heraus gefolgert, unsere Sinnenwelt sei nur Trug. Aber Parmenides glaubte noch, daß hinter diesem Trug ein Ansichseiendes stehe, und daß es uns erkennbar sei. Unsere Sinne verfälschen es zwar, aber dem Denken offenbart es sich. Wie sein Miteleate Xenophanes den Anthropomorphismus des homerischen Götterhimmels durchschaut, der nach Analogie unserer menschlichen Verhältnisse gebildet ist, so durchschaut Parmenides, daß unsere gesamte Vorstellungswelt vom Menschen, von der Subjektivität seiner Sinne, abhängt. Und wie Xenophanes den Anthropomorphismus abbauen und einen geistigeren Gottesbegriff einführen will, so will Parmenides den Sinnentrug zersprengen und im Geiste zum wahren Sein vordringen.

Für die Sophisten fällt dieser metaphysische Hintergrund des Parmenides weg. Hinter der Erscheinung steht kein (erkennbares oder unerkennbares) Eigentlicheres; sie selbst ist das Letzte. Und da sie das Letzte ist, so beruht sie nicht, wie bei Parmenides, bloß auf ungewollter Verfälschung des Seins, gleichsam auf einem Vorbeitreffen an ihm, also auf einem Mangel, sondern ebenso wie die Kultur auf positiver Stiftung, auf Schöpfung. Man nennt diese Theorie, die die auf den Menschen relative Erscheinungswelt absolut setzt, Phänomenalismus (vgl. Nietzsche), auch Anthropozentrismus oder Hominismus. Er wurde programmatisch von Protagoras ausgesprochen in dem berühmten Satz (dem sog. homo-mensura-Satz): *ἄνθρωπος μέτρον πάντων* der Mensch – und das gilt für den Menschen als Gattung wie als Einzelwesen – ist das Maß aller Dinge, der seienden, daß sie sind, der nichtseienden, daß sie nicht sind. Die Abhängigkeit unserer Vorstellungswelt von unserm eigenen Vorstellen soll hier nicht rückgängig gemacht werden – sie ist unhintergehlich –, sie wird aber auch nicht etwa beklagt, sondern im Gegenteil bejaht. Da es nichts mehr gibt, woran wir das uns Erscheinende messen und prüfen könnten, so wird es selbst zur Wirklichkeit, deren Kriterium allein der erkennende Mensch ist. Und darin liegt keine Unzulänglichkeit des Menschen, vielmehr darf er sich stolz als Weltmitte fühlen. Damit sind die durch den herrschend gewordenen Platonismus leider verdrängten Sophisten bereits die Vorläufer der Neuzeit.

b) Die Neuzeit

Nach den mittelalterlichen Jahrhunderten einer vorwiegenden Transzendenzgerichtetheit kommt es zu einer neuen Entdeckung des Menschen erst durch die Wiederentdeckung der Weltsphäre überhaupt in der Renaissance. Sie zuerst war bestrebt, den Menschen nicht mehr nur im Rahmen der Religion und von Gott her, sondern immanent „aus sich selbst heraus zu verstehen“ (Dilthey). Hatte schon die christliche Mystik vorbereitend innere Zustände und Erlebnisse des Menschen beschrieben, so erforscht man nun auf breiterer Basis „die Inhaltlichkeit der Menschennatur selber“ (Dilthey). Die erste und auf lange hinaus bedeutendste philosophische Anthropologie, in der das Empfinden der neuen Zeit sich niederschlägt, ist des jungen Pico della Mirandola „De hominis dignitate“ von 1486. Dieser verheißungsvolle Einsatz der Renaissance hat aber nur wenig Nachfolge gefunden, da man von Descartes an nicht mehr nach dem Menschen, sondern nach dem Bewußtsein fragte. Nur Denker, die sich ausdrücklich außerhalb der cartesischen Linie stellten, haben den geöffneten anthropologischen Sinn besessen. Höhepunkte bilden Pascal und Herder, überhaupt die Goethezeit, auf der dann das 19. Jahrh. aufbaut. Das Hauptinteresse der sog. französischen Moralisten, Montaignes, Larochefoucaulds u. a., bleibt ethisch-psychologischer, das der Engländer politisch-soziologischer Natur. Die neue Wendung zum Menschen rechtfertigte Pope in „An Essay on Man" (1733) mit dem berühmten Satze (der sich freilich schon bei Charron findet): the proper study of mankind is man – „der Mensch ist dem Menschen das Interessanteste", wie Goethe dies einmal abwandelt. In neuerer Zeit ist der Begriff der Anthropologie dadurch in Schwang gekommen, daß Kant 1798 ein Alterswerk unter diesem Titel verfaßt hat.

In seiner Logikvorlesung stellt Kant einmal das eindrucksvolle Programm auf, die drei Hauptfragen der Erkenntnislehre, Ethik und Theologie: Was kann ich wissen? Was soll ich tun? Was darf ich hoffen? ließen sich zusammenfassen in der einen Frage: Was ist der Mensch? In seinem freilich als Interpretation des historischen Kant völlig abwegigen Buche „Kant und das Problem der Metaphysik" hat später Heidegger hier angeknüpft und geglaubt, sich für den Einsatz seiner eigenen Metaphysik bei der Existenz des Menschen durch den Rückgang auf Kant einen Adelsbrief ausstellen zu können. Nach der gemäßeren Deutung von Martin Buber meinte Kant, jene so verschiedenen Fragen hingen nur im Menschen dadurch zusammen, daß er sowohl an Endlichkeit wie an Unendlichkeit teilhat.

Die Anthropologie, die Kant dann geschrieben hat, wird zwar seinen eigenen hohen Ansprüchen nicht gerecht und will es auch nicht werden. Es ist nur eine beschreibende, ethnographisch-psychologische Anthropologie voller Kuriositäten. Schon im Titel nennt Kant sie eine Anthropologie „in pragmatischer Hinsicht": sie soll nicht scholastisch Lehren aus der Schule für die Schule, sondern solche aus der Welt für die Welt vortragen. In schnurrigem Professorenjargon werden wir belehrt: „Der, welcher die berauschenden Getränke in solchem Übermaße zu sich nimmt, daß er die Sinnesvorstellungen nach Erfahrungsgesetzen zu ordnen auf eine Zeitlang unvermögend wird, heißt trunken oder berauscht." Weiterhin erfahren wir, daß die Beine der Frauen durch das Tragen von schwarzen Strümpfen schlanker erscheinen und daß die Seekrankheit nicht auf dem Schwanken unseres eigenen Körpers, sondern darauf beruht, daß unser Gesichtssinn infolge des Schwankens des Schiffes die feste Orientierung im Raume verliert. Verglichen mit Kants kritischen Schriften „ein Plantschbecken für Nichtschwimmer".

Kants im engeren Sinne philosophisches Interesse an der Anthropologie ist ein ausschließlich ethisches. „Die physiologische Menschenkenntnis", so sagt er, „geht auf die Erforschung dessen, was die Natur aus dem Menschen macht, die pragmatische auf das, was er als freihandelndes Wesen aus sich selber macht oder machen kann und soll", nämlich als moralische Persönlichkeit. Die Anthropologie zeigt „die subjektiven Bedingungen der Ausführung der sittlichen Gesetze". Demgegenüber bemühen wir uns heute gerade um das Eigenrecht einer rein anthropologischen Optik *neben* der ethischen (ebenso wie auch neben der psychologischen).

Allein wenn Kants Anthropologie auch hinter dem zurückbleibt, was man sich von ihr erhoffen möchte, so hat doch schon allein die Tatsache, daß sich unter den Werken des großen Denkers auch eine Anthropologie befand, mit dazu beigetragen, daß die Anthropologie als philosophische Disziplin auch in der Folgezeit nie mehr ganz verloren ging. Schulze, Fries, der jüngere Fichte, Michelet, sie alle schrieben Anthropologien – oft mit dem Zusatz „psychologische Anthropologie" –, und die Anthropologie Lotzes, die den Titel „Mikrokosmos" trägt, gehörte einige Jahrzehnte hindurch sogar in den Bücherschrank des gebildeten Bürgerhauses.

Feuerbach als erster will nicht mehr von der Welt, auch nicht, wie Hegel, von der Weltvernunft, aber auch nicht, wie Descartes und Kant, von der bloßen Menschenvernunft, sondern vom ganzen Menschen ausgehen. Der Mensch soll nicht ein Thema der Philosophie neben vielen anderen, sondern ihre Mitte sein. Damit ist Feuerbach ein

Vorläufer der Gegenwartssituation. Allerdings war das Motiv bei Feuerbach ein anderes. Er proklamiert die Anthropologie deshalb so leidenschaftlich, weil sie an die Stelle der Theologie treten soll. Die Anthropologie ist das „Geheimnis der Theologie". Alle die Eigenschaften, die man bisher in Gott verehrte, soll man nunmehr als primär menschliche, vom Menschen auf Gott nur projizierte Eigenschaften erkennen und sie daher dem Menschen zurückgeben, soll sie nur an ihm ehren, in ihm zugleich steigern.

Feuerbach hat hierin eine Zeitstilähnlichkeit mit Auguste Comte, der in noch cruderer Weise eine Selbstvergottung der Menschheit einführen (z. B. die christlichen Heiligen durch die für den Fortschritt bedeutsamen Genies ersetzen) wollte. Nachdem das religiöse (und das metaphysische) Stadium der Geschichte überwunden ist, soll man nun dem grand être der humanité selbst einen Kult errichten. („Ehre dem Menschen in der Höhe" dichtet noch Swinburne.) Dieser Menschheitskult hat aber sein Vorbild bereits im Kult der Vernunft, den die französische Revolution der Raison als dem Etre Suprème hatte angedeihen lassen.

c) Die Gegenwart

„Philosophische Anthropologie" ist heute Mode. Schon die 20er Jahre unseres Jahrhunderts brachten eine „anthropologische Wende": alle philosophischen Disziplinen schienen auf Anthropologie zu konvergieren. Mit feinem Sensorium dafür, welche Keime in der Zeit lagen, schrieb Max Scheler schon vor dem ersten Weltkrieg einen Aufsatz „Zur Idee des Menschen" und sagte darin: „In einem gewissen Verstande lassen sich alle zentralen Probleme der Philosophie auf die Frage zurückführen, was der Mensch sei." Und gegen Ende seines Lebens schreibt er: „Wenn es eine philosophische Aufgabe gibt, deren Lösung dieses Zeitalter mit einzigartiger Dringlichkeit fordert, so ist es die einer philosophischen Anthropologie. Ich meine eine Grundwissenschaft vom Wesen und Wesensaufbau des Menschen." Mit seiner kleinen Schrift „Die Stellung des Menschen im Kosmos" ist Scheler auch selbst zum Hauptanreger der modernen deutschen Anthropologie geworden. Ein größeres Werk hat er nur noch vorbereiten können. Erst eine Edition des Nachlasses könnte uns das anthropologische Schaffen seiner letzten Jahre voll erschließen.

Was die Philosophen der 20er Jahre zur Anthropologie trieb, war zunächst das Ungenügen an der bisher im Vordergrund stehenden Erkenntnistheorie, ein Ungenügen, wie es schon zuvor in der Lebensphilosophie zum Ausdruck gekommen war. Seit Descartes hatte das Erkennen – da uns alles nur im Erkennen gegeben ist – als die Elementartatsache gegolten, von der die Philosophie auszugehen habe. Demgegenüber machte man sich nun klar, daß Erkennen nur eine neben andern Funktionen des Bewußtseins ist. Das Bewußtsein aber bildet nur ein Glied im Gesamt des menschlichen Lebens. Die Elementartatsache ist also offenbar nicht das erkennende Subjekt, sondern das Lebenssubjekt, der Mensch im Ganzen. Erst von diesem Ganzen aus kann Ort und Sinn auch des Erkennens richtig bestimmt werden.

Die Opposition der 20er Jahre richtete sich aber nicht nur dagegen, daß die bisherige Philosophie mit der Erkenntnistheorie begann, sondern auch dagegen, daß sie mit der Erkenntnistheorie aufhörte. Für Positivisten und Neukantianer war Philosophie fast ganz auf erkenntnistheoretische Grundlegung der Wissenschaften zusammengeschrumpft. Die gegenständliche Erforschung der Welt selbst schien auf die Wissenschaften übergegangen zu sein. Demgegenüber erinnerte nun vor allem die Phänomenologie wieder daran, daß auch die Philosophie ihre eigenen Gegenstände habe. „Zu den Sachen selbst", „Wende zum Objekt" waren ihre Parolen. Im Gegenschlag gegen den erkenntnistheoretischen Idealismus besann sich die Philosophie wieder darauf, daß ihre Grundfragen nicht die erkenntnistheoretischen, sondern die metaphysischen sind.

Manche sind von hier nicht nur zu einer Metaphysik des Menschen, sondern zur Weltmetaphysik zurückgekehrt. Andere wollen den neuzeitlichen Einsatz der Philosophie beim Subjekt nicht leichten Kaufs preisgeben. Zwischen ihm und den modernen Tendenzen zur Metaphysik scheint die Anthropologie, die im Menschen zwar ein Subjekt, aber nicht mehr nur ein Erkenntnissubjekt, sondern ein Seinssubjekt zum Thema hat, gewissermaßen die ideale Synthese darzustellen. Vielleicht ist das Seiende, das wir selbst sind, nicht nur eine beliebige, sondern eine ausgezeichnete Region des Seienden, sowohl hinsichtlich des Seins selbst wie hinsichtlich der durch sie möglich werdenden Zugänglichkeit von Sein.

Neben der Philosophie sind es die Geistes- und Kulturwissenschaften, die auf philosophische Anthropologie drängen. Mit Recht werden sie von manchen „Menschheitswissenschaften" genannt: sie alle haben „den handelnden und leidenden Menschen" (J. Burckhardt) und seine Werke, haben das regnum hominis zum Gegenstand. Das tiefere Verständnis von Seele und Kultur, wie sie es seit Aufklärung und Goethezeit erarbeitet haben, war eigentlich schon eine „anthropologische Wende". Aber allen diesen Wissenschaften fehlt die gemeinsame Basis, und eine Aufgabe philosophischer Anthropologie bestünde auch darin, für sie alle ein Fundament bereitzustellen, eine Grundlagendisziplin für die Menschheitswissenschaften zu bilden.

Einmal müßte sie unser vielfältiges Einzelwissen um den Menschen, so wie keine frühere Zeit es besaß, nach dem Wesenhaften hin zusammenfassen und vertiefen, und darin läge auch ein Stimulans für sie, sich auf der Höhe unseres heutigen Selbstverständnisses zu bewegen und sich mit ihm auseinanderzusetzen. Nichts armseliger als eine wissenschaftsfremde Philosophie, die glaubt, alles aus sich allein herausspinnen zu können. Aber gleichzeitig darf Philosophie nie nur – so wie das im positivistischen Programm einer „induktiven Metaphysik" lag – von den Wissenschaften aus, auf ihrer Basis, philosophieren und nur gleichsam ihre Lücken schließen. Philosophie darf nie wissenschaftsgläubig werden, sie muß grundsätzlich wieder einen Schritt hinter die Wissenschaften zurücktreten und einen genuin eigenen Zugang zum Sein gewinnen. Das gilt auch für die philosophische Anthropologie.

Im tiefsten Grunde aber entspringt die Frage nach dem Menschen weder der Philosophie noch den Wissenschaften, sondern einer Not der Zeit. In allen Zeiten einer konsolidierten und wohl gefügten Lebensordnung hat der Mensch ein fest umrissenes Bild von sich. Er glaubt zu wissen, wer er ist, und braucht deshalb nicht nach sich zu fragen. Dem heutigen Menschen dagegen, trotz oder vielleicht gerade wegen seines mannigfaltigen Sichauskennens in der Menschenwelt, fehlt ein solches gültiges Bild von sich. Neben dem religiösen ist auch das scheinbar so evidente Bild vom Menschen als Vernunftwesen erschüttert: Schopenhauer und Marx, Nietzsche und Freud haben uns gezeigt, daß der Mensch in Wahrheit von ganz anderen Kräften als denen der Vernunft bewegt wird. Vor allem Nietzsche war groß in der Demaskierung der künstlichen Scheinwelten, durch die sich der Mensch seine wahre Wirklichkeit zu verdecken pflegt. Das Menschliche erweist sich als das Allzumenschliche. Auch die Moral war nur eine solche Scheinwelt, in der sich der Mensch fälschlich als moralisches Wesen deutete. „Nun haben wir die Moral vernichtet – wir selber sind uns wieder völlig dunkel geworden!" (Wille zur Macht 594). Als Ersatz für die idealistisch beschönigenden Menschenbilder bot sich zwar das naturalistische vom Menschen als dem klugen Tier an. Aber auch dieses trat nach kurzem Siegeszug wieder zurück. So sind uns die alten Traditionen zwar alle noch geläufig, aber keine ist uns mehr verbindlich. Der Mensch ist sich, wie Scheler sagt, wie noch nie problematisch geworden, er weiß nicht mehr, was er ist, und weiß, daß er es nicht weiß. Seines Weges unsicher, sich selbst fragwürdig geworden, forscht er daher heute mit einer Angelegentlichkeit wie nie zuvor nach seinem eigenen Sinn und Sein, nach seinem Woher und Wohin. Indem er aber um ein neues Begreifen seiner selbst ringt, ringt er zugleich um seine eigene künftige Form. Was nur abseitiger Gedanke zu sein scheint, das bestimmt in Wahrheit unsere Realität. Jeder fühlt dunkel, daß die Frage nach dem Menschen unsere Schicksalsfrage ist.

d) Anthropologie und Existenzphilosophie

In den gleichen 20er Jahren, die uns die Anthropologie brachten, entstand auch die Existenzphilosophie. Auch sie fragt, um einen Ausdruck zu gebrauchen, den Malraux Charron entlehnte, nach der condition humaine. Dennoch ist Existenzphilosophie nicht Anthropologie. Wie verhalten sich die beiden zueinander?

Groethuysen sagt, es mache einen großen Unterschied aus, ob der Mensch von sich in der dritten oder in der ersten Person spricht. In der Anthropologie untersucht der Mensch, was „er" neben allem anderen Seienden für ein Sonderdasein und für eine „Stellung im Kosmos" hat. Er betrachtet sich noch gleichsam von außen. Die Existenzphilosophie dagegen betrachtet ihn von innen. Sie kreist um das Rätsel des jemeinigen Ich und ruft es auf. Dieses Ich ist für sie nicht bloß Fall eines Allgemeinen. Gerade in der Individuiertheit, in der zeitlichen Konkretheit des Menschen entdeckt sie seinen Seinskern. Deshalb schließt sie auch mehr an das christliche, um das Schicksal der persönlichen Seele zentrierte, als an das bisherige philosophische Menschenbild an. So ist aus der Leidenschaft für das vollwirkliche Selbstsein heraus schon Kierkegaard Hegel entgegengetreten, der in „weltgeschichtlicher Zerstreutheit" glaubt, daß Individuum sei die Generation, und vergessen hat, was es heißt: „Mensch zu sein! Nicht Mensch überhaupt, sondern daß du und ich und er, wir jeder für sich, Menschen sind." „Man wird Mensch dadurch, daß man andere nachäfft. Daß man Mensch ist, weiß man nicht durch sich selbst, sondern kraft eines Schlusses: man ist wie die andern, ergo ist man Mensch. Gott weiß, ob einer von uns es ist! Und in unserer Zeit, da man an allem gezweifelt hat und zweifelt, kommt keiner auf diesen Zweifel: Gott weiß, ob einer von uns Mensch ist." Solange man nur den allgemeinen Menschen im Auge hat, mag man noch mit Demokrit (fr. 165) sagen: Mensch ist, was wir alle wissen. Hinsichtlich des eigenen Ich muß man diesen Satz gerade umdrehen: was der Mensch ist, das weiß niemand. Indem wir in die Maske des allgemeinen Menschen schlüpfen, beruhigen wir uns zu früh mit einem bloßen Vordergrundwissen über uns und verstecken uns vor uns selbst. Und das nicht ohne Absicht: wie schon Nietzsche und Freud gewußt haben, trägt der Mensch vor einer allzu direkten Begegnung mit sich Scheu und sucht ihr auszuweichen.[1]) Und doch kann er auch seinem Sein nach nur „echt" werden, wenn er sich die Maske des Selbstbetruges herunterreißt und sich zur letzten Wahrhaftigkeit gegen sich selber zwingt.

Befragen wir die einzelnen Denker selbst, so ist Karl *Jaspers* der philosophischen Anthropologie gegnerisch gesonnen, weil Anthropologie ein festes Wissen um den Menschen enthalten, definitive Aussagen über ihn machen müßte. Eben hierzu aber bietet der Mensch als einziges Seiendes keine Handhabe, weil er in sich selbst keine definitive Festigkeit hat. Im Tiefsten ist der Mensch offene Möglichkeit; er hat, wie schon Bergson eindrucksvoll zeigte, kein unabänderliches Sein, ihm bleibt immer die Freiheit der Entscheidung über sein eigenes Sein. „Menschsein heißt Menschwerden", ist ein unaufhörliches Sichselbst-Schaffen. Eben deshalb ist „was der Mensch sei, ontologisch nicht zu fixieren". „Existenzphilosophie würde sogleich verloren sein, wenn sie zu wissen glaubte, was der Mensch ist." Anthropologie kann nur treiben, wer den existentiellen Grund in uns verkennt, wer dort, wo sich in Wahrheit schöpferische Unruhe befindet, etwas dinghaft Starres sieht. Die einzig gemäße Weise, vom Menschen zu sprechen, ist nicht die vergegenständlichende An-

[1]) Selbst um das rein optische Sich-selber-sehen im Spiegel ist, wie Dichter oft beschrieben haben, etwas Unheimliches, das wir bloß meist zurückscheuchen. Im chinesischen Mythus hat jeder Mensch noch ein eigentlicheres Ich, das sich als Folgegeist hinter ihm befindet; im Moment aber, in dem er hinter sich sehen und sich erkennen kann, stirbt er.

thropologie, sondern „Existenzerhellung", die die Bestimmtheit jeder direkten Aussage immer wieder in die Schwebe bringt und so die Existenz indirekt, gleichsam in negativer Methode, aufleuchten läßt. Eben dadurch wird sie zugleich zum Appell, unsere Existenz nicht in einem vermeintlichen Wissen verkrusten zu lassen, sondern das Wagnis der Freiheit auf uns zu nehmen. Letztlich wird Existenz uns nur zugänglich als unsere eigene Existenz, und nicht also bloß erkannte, sondern im lebendigen Vollzug des Existierens selbst.

Allein offensichtlich legt Jaspers einen willkürlich verengten Begriff der Anthropologie zugrunde. Es liegt nicht im Wesen der Anthropologie, daß sie den Menschen eindeutig festlegen muß. Warum soll nicht auch sie sich die Einsicht in seine Offenheit und Entscheidungsfreiheit zu eigen machen können? Auch Jaspers' Begriff des Gegenstandes ist zu eng. Warum soll man nicht um die innere Freiheit des Menschen gegenständlich wissen können?

Genau umgekehrt wie Jaspers verkündet *Sartre* bereits im Titel eines seiner Werke, daß es vom Menschen handelt: l'existentialisme est un humanisme. Unter Humanismus darf man dabei nicht den klassischen Humanismus verstehen; Humanismus ist nach Sartre diejenige Auffassung des Menschen, nach der jeder nur aus sich selbst leben soll. Wie wir es schon bei der Feuerbachschen Anthropologie sahen, steht auch bei Sartre der Humanismus in betontem Gegensatz zum Theismus. Nicht Gott schafft den Menschen, sondern wir selbst erschaffen uns. Jeder muß verantwortlich aus seinem eigenen Inneren bestimmen, was für ein Mensch er sein will. Der Existentialismus ist ein Humanismus, weil er es als die spezifische, keinem andern Wesen zufallende, gesetzgeberische Aufgabe des Menschen erkennt, sein eigenes Wesen erst zu finden und zu gestalten.

Komplexer liegen die Dinge bei *Heidegger*. Denn Heideggers Existenzphilosophie will gleichzeitig und will sogar primär Ontologie sein. Wie er in der Einleitung von „Sein und Zeit" selbst sagt, bewegte ihn vor allem die allgemeine Frage nach dem Sinn von Sein. Wie aber kam er von da aus zur Analytik des menschlichen Daseins?

Zwei große Typen der Metaphysik stehen sich seit alters gegenüber. Auf der einen Seite steht die Weltmetaphysik, wie sie ihre große Tradition seit der Vorsokratik und Aristoteles hat. Ihr bedeutendster Vertreter in der ersten Hälfte unseres Jahrhunderts war Nicolai Hartmann. Unser Wahrnehmen und unser Denken, so lehrt er, sind beide von Natur, in der intentio recta, nicht auf das Subjekt gerichtet, von dem sie ausgehen, sondern auf die Außenwelt, die das Subjekt kennen muß, um sich in ihr zu bewegen. Unser Bewußtsein ist weit mehr Weltbewußtsein als Selbstbewußtsein. Nur in der Auseinandersetzung mit dem Außen lernen wir ursprünglich auch uns selbst kennen, und erst durch eine künstliche Umwendung, durch eine intentio obliqua, wird das Subjekt sein eigenes Objekt. Und nicht nur wird das fremde Sein früher, es wird auch leichter erkannt als das eigene. Gerade weil wir mehr Distanz zu ihm haben, irren wir uns weniger über es. Anders als man zunächst denken sollte ist das seinsmäßig Nächste das erkenntnismäßig Fernste.

Nach Hartmann, der in seinem Zug zum Objektiven die Goethesche Linie des deutschen Geistes fortsetzt, bildet weiterhin der Mensch nur ein Glied (wenn auch vielleicht das wertvollste) in einem viel größeren Seinsgefüge. Wie wir vom Erkennen sagten, daß es, ontologisch gesehen, in das Ganze des menschlichen Lebens eingebettet ist und daß daher seinem Verständnis ein Verständnis des Menschen vorhergehen muß, so ist der Mensch in das größere Ganze der Welt eingebettet, und nur aus der Welt begreift man auch ihn. Daher muß nach Hartmann nicht Anthropologie, sondern allgemein Ontologie, wie sie das schon geschichtlich bei den Griechen tat, so auch systematisch den Anfang der Philosophie bilden. Bei der Anthropologie stehen zu bleiben ist eine Halbheit. Nicht eine anthropologische Wende müssen wir vollziehen, sondern eine ontologische. In sie kann die anthropologische nur eingelagert sein. Anthropologie erforscht im Menschen nur ein Seiendes neben anderm gleichrangigen Seienden.

Genau umgekehrt setzt die Ichmetaphysik beim Menschen und bei der Seele ein. Schon Augustin klagt den Menschen an, daß er Berggipfel, die Meeresflut und den Lauf der Sterne bestaunt, sich selbst aber „verläßt“, ohne das grande profundum seines eigenen Wesens zu bestaunen: noli foras ire, redi in te ipsum, in interiore homine habitat veritas. Diese Ichmetaphysik kann mit verschiedenem Anspruch auftreten. Sie kann sich entweder ganz nur auf das Menschliche beschränken wollen und sich um das übrige nicht kümmern. Mit der Begründung: daß das menschliche Sein das ungleich wertvollere, jedenfalls das uns allein angehende sei, für das alles übrige nur eine Kulisse darstellt (so bei ethisch und religiös gerichteten Geistern); oder auch: daß wir es allein erkennen könnten (was wir soeben bei Hartmann bestritten fanden). Oder aber der Einsatz beim Subjekt kann sich ins Universelle ausweiten und dann doch das Gesamtsein begreifen wollen. Wie die Weltmetaphysik den Menschen als Glied der Welt einschließt, kann auch die Ichmetaphysik – wie auch die Mystik am Grunde der Seele Gott zu finden glaubt – zur Welt aufsteigen. „Die Seele ist in gewisser Weise alles“ (Aristoteles). Deshalb begreift Leibniz auch die Weltmonaden ausdrücklich in Analogie zu unserer eigenen Ichmonade, und noch Fichte, noch Schopenhauer haben sich zu solcher Analogie bekannt. Der hervorragendste Anwalt dieses Vorgehens war in unserm Jahrhundert Scheler. Schon er berief sich auf den Satz des Aristoteles und erklärte, die moderne Metaphysik müsse nicht mehr Kosmologie, sondern Metanthropologie sein. Damit ist Scheler zum Hauptanreger Heideggers geworden.

Nach Heidegger ist das menschliche Dasein dasjenige Seiende, das sich – um eine Formulierung des von Heidegger als Vorläufer verkannten Kierkegaard zu benutzen – „zu sich selbst verhält“: vor allem andern Seienden zeichnet es sich dadurch aus, daß es ihm um sein eigenes Sein geht, daß es um sein wahres Sein ringt und in diesem

Ringen ein Verständnis seines Seins hat. Das Dasein, so formuliert Heidegger, ist nicht nur ontisch, sondern ontologisch. Wie nach Dilthey alles Leben als solches an sich selbst hermeneutisch ist, so ist auch nach Heidegger Ontologie nicht eine späte Errungenschaft der Philosophen, sondern eine Notwendigkeit des unmittelbaren Daseins. Und wie schon Dilthey der Philosophie empfohlen hatte, an die gleichsam naturgewachsene, noch durch spekulative Verirrungen unberührte Selbstinterpretation des Lebens anzuknüpfen, so auch Heidegger. Das ist der Grund, weshalb seine Ontologie den Weg über eine Analytik des menschlichen Daseins nimmt.

Nicht durchgängig hat unser Dasein aber das rechte Seinsverständnis. Sehr oft ist ihm sein eigenes wahres Sein durch ein vordergründiges Seinsverständnis verstellt. Wie schon Platon, Augustin, Pascal und Kierkegaard gewußt haben, so sieht auch Heidegger, daß der Mensch gleichsam auf zwei Ebenen lebt und dauernd die eine mit der andern vertauscht. Gewohnheitsmäßig lebt er auf der Ebene der „Uneigentlichkeit": mit den abgeleiteten und unechten Begriffen des Alltags, wie das „Gerede" des „Man" sie ihm zuflüstert, verdeckt er sich seine ureigensten Möglichkeiten. Er spielt die Rolle, die die Umwelt von ihm erwartet. Vor allem durch *ein* Erlebnis, durch die Angst, die in ihrer reinsten Ausprägung Todesangst ist, werde ich emporgerissen auf die Ebene der „Eigentlichkeit", auf der ich mein je-meiniges Schicksal erkenne und entschlossen übernehme.

Daher gelten Heideggers Deskriptionen vor allem diesen Erlebnissen der Angst und der Todesbezogenheit. Nur in ihnen leuchtet der Sinn von Sein auf. Manche – so Bollnow und Binswanger – haben Heidegger deshalb vorgeworfen, seine Basis sei zu eng. Auch andere Erlebnisse, etwa Glückserlebnisse, hätten ontologische Relevanz. Allein selbst wenn dies zuträfe, bleibt dennoch bestehen, daß die existentiale Analytik nie umfassende Anthropologie wird sein können. Die ontologische Blickrichtung erzwingt von vornherein aus dem Gesamtkomplex des Menschlichen eine Auswahl.

Wiewohl er selbst gelegentlich von „existentialer Anthropologie" spricht, grenzt daher auch Heidegger – mit ganz anderen Argumenten als Jaspers – die Existenzphilosophie von der Anthropologie ab.[1]) Anthropologie erblickt im Menschen nur einen Bereich des Seienden neben andern Bereichen. Wie alles Seiende erforscht sie das Seiende Mensch in seiner Eigenart und Sondergesetzlichkeit. Aber darüber versäumt sie die Frage nach dem Sein dieses – und zugleich alles – Seienden. Diese Frage ist es, die die Existenzphilosophie sich stellt. Sie will nicht nur – mit einem nicht auf sie gemünzten Ausdruck Husserls – „regionale Ontologie", sondern Fundamentalontologie sein. Der Mensch ist für sie nur gleichsam die transparente Stelle, durch die hindurch sie auf das Sein überhaupt schaut. Sie setzt zwar beim Menschen ein, aber sie tut das nur sozusagen faute de mieux: am liebsten wäre sie unmittelbar in das Sein selbst hineingesprungen, und nur weil er ihr den Zugang zum Sein eröffnet, muß sie sich beim Menschen aufhalten. In Heideggers späterer Entwicklung verschiebt sich denn auch das Schwergewicht zugunsten der reinen Seinsfrage, während die existentiale Analytik ganz zurücktritt.

Aber wie die ontologische Zielsetzung bei Heidegger die Anthropologie eingrenzt, so umgekehrt: der Ausgangspunkt vom Menschen engt auch die ontologische Sicht ein. Das Sein kommt nicht so allseitig in den Blick wie in genuiner Ontologie. So stehen sich Anthropologie und Ontologie bei Heidegger gegenseitig im Wege, blenden sich gegenseitig ab. Wie zwei Bäume, die aus einer Wurzel schießen, nehmen sie einander Saft und Licht weg. Die Verklammerung der Frage nach dem Sein und der Frage nach dem Menschen hat zwar Heideggers Ruhm begründet, ist aber steril. Wir müssen beide Fragen in ihrem eigenen Interesse aus dieser Verklammerung wieder lösen.

---

1) „Sein und Zeit", S. 45 ff., anders freilich in „Kant und die Metaphysik", S. 199 ff.

I. Teil

Mensch und Gott
(Religiöse Anthropologie)

1. Kapitel

Anthropologisches im Alten und Neuen Testament

Es gehörte zu den nicht ausgeführten anthropologischen Plänen Schelers, eine Geschichte des Selbstbewußtseins der Menschheit zu schreiben, eine Geschichte der Grundarten, wie der Mensch sich selbst und wie er sich in die Ordnungen des Seins hineingestellt sah. Nur einen Entwurf dieses Plans hat er in dem Vortrag „Mensch und Geschichte" vorlegen können, und er hat dort fünf verschiedene Grundtypen der Anthropologie unterschieden.

Einer dieser Grundtypen ist die religiöse Anthropologie. In den Religionen ist die älteste Kunde vom Menschen eingeschlossen. Aller Glaube berichtet nicht nur vom Wesen und Wirken der Gottheiten, sondern immer auch etwas vom Menschen. Vor allem sein Ursprung, das Schicksal seiner Seele (deren Begriff genuin der Religion entstammt) nach dem Tode, ihre Weiterexistenz in bisheriger oder neuer Form, ihre Verdammung oder Erlösung, ist Domäne religiösen Urwissens. Aber auch die Aufgaben, die er im Leben als Mensch zu erfüllen hat und deren Erfüllung seinem Leben Sinn gibt, werden dem frühen Menschen von einer religiös durchtränkten Tradition vorgeschrieben.

An der Konfrontation mit den Göttern rankt sich menschliche Selbstreflexion allererst empor. Bei Homer heißen die Götter die „Unsterblichen", neben ihnen ist der Mensch das „sterbliche Tageswesen", „eines Schattens Traum" (Pindar, Pyth. 8, vgl. Psalm 62,10 und 116,11). Verglichen mit den Himmelsbewohnern ist er der homo (= der am humus, dem Erdboden Haftende), verglichen mit ihrer Schicksalslosigkeit wird er leidend „wie Wasser von Klippe zu Klippe geworfen" (Hölderlin). An der überlegenen Macht der Götter wird er seines eigenen Schwachseins, an ihrer geheimnisvollen Verborgenheit wird er der Begrenztheit auch seines Wissens inne. Daß er sich nicht überheben, nicht in vermessener Hybris trachten soll, den Göttern gleich zu werden, bildet einen ersten Grundsatz religiöser Ethik. Und doch muß er sich vor ihnen nicht nur beugen, sondern stolz darf er sich ihnen auch verwandt und von ihnen erwählt fühlen. „Eins ist der Menschen, eins der Götter Geschlecht, aber aus einem Schoße atmen wir beide" (Pindar, Nem. 6).

Man hat den Menschen schon im Altertum dadurch definieren wollen, daß er als einziges Wesen Religion habe. Es war der stets wiederholte Gedanke Berdiajews, „daß die ontologische Frage nach dem Menschen und die Frage nach der Religion in ein und derselben Tiefenschicht des Existierens liegen". Wenn man mit Rudolf Otto im religiösen Erlebnis zwischen mysterium tremendum und mysterium fascinosum unterscheidet, so wird man freilich zugeben müssen, daß das mysterium tremendum nicht nur vom Menschen erfahren wird. Auch Tiere können vor Ungewohntem und Bedrohendem einen gleichsam acherontischen Schauder empfinden. Dagegen scheint ihnen das mysterium fascinosum, das Angezogensein von dem wiewohl Unheimlichen, verwehrt zu sein. Doch gibt es noch vieles andere neben der Religion, was ebenfalls nur dem Menschen eignet.

a) Der biblische Schöpfungsbericht als anthropologisches Dokument

Die Eingangskapitel der Genesis verschmelzen alte anthropologische Mythen. Ein solcher liegt bereits darin, daß Adam – und das ist eigentlich kein Eigenname, sondern heißt schlechthin „der Mensch" –[1]) von Gott geschaffen

1) Daher nennt sich noch Christus „Menschensohn" = zweiter Adam. Ähnlich ist im Rigveda Manus Eigenname des ersten Menschen und zugleich Bezeichnung *aller* „Menschenkinder".

sein soll. Das ist nicht in allen Mythologien so. Der Mensch hat hier in Gott nicht nur den Höheren und Stärkeren zu verehren, sondern hat sich als sein „Geschöpf" zu fühlen. Zugleich konnte hier später der Gedanke der Gotteskindschaft anknüpfen.

Und zwar schafft Gott den Menschen, indem er ein erstes Paar schafft, von dem dann alle Menschen abstammen. Man hat später diese Auffassung von der einen gemeinsamen Abstammungswurzel der Menschheit die monophyletische Theorie genannt; ihr steht die polyphyletische Theorie gegenüber. Im 18. Jahrhundert waren die Monophyletiker die bibelgläubigen Reaktionäre, die Polyphyletiker dagegen die aufgeklärt-fortschrittlichere Partei.[2]) Die heutige Abstammungslehre gibt eher wieder den Monophyletikern recht.

Der Bibel selbst freilich liegt es fern, eine naturwissenschaftliche These aufstellen zu wollen. Sie symbolisiert den Menschen in einem Urpaar. Eher könnte man aus dem biblischen Bericht eine ethische These herauslesen – jedenfalls ist sie später häufig in ihn hineingelesen worden –: daß wir durch gemeinsame Abkunft von Adam alle, daß auch feindliche Völker untereinander verwandt sind, daß die Menschheit eine einzige große Familie bildet.

Das Geschaffensein durch Gott teilt der Mensch mit der gesamten übrigen „Schöpfung". Und doch ist die Erschaffung der Welt in der Bibel nur wie die Vorbereitung für die Erschaffung des Menschen. Gott schafft ihn nicht zusammen mit den Tieren, sondern an einem eigenen Schöpfungstag: der Mensch entspringt einem neuen

---

2) Eckermann (7. Oktober 1828) berichtet von einem Gespräch Goethes mit einem Naturforscher, der die Sage der Heiligen Schrift auch dadurch zu erhärten suchte, daß die Natur in ihren Produktionen höchst ökonomisch zu Werke gehe. „Dieser Meinung", sagte Goethe, „muß ich widersprechen. Ich behaupte vielmehr, daß die Natur sich immer reichlich, ja verschwenderisch erweise, und daß es weit mehr in ihrem Sinne sei, anzunehmen, sie habe, statt eines einzigen armseligen Paares, die Menschen gleich zu Dutzenden, ja zu Hunderten hervorgehen lassen. Die begabten Männer, welche das Wort Gottes aufzeichneten, hatten es zunächst mit ihrem auserwählten Volk zu tun, und so wollen wir auch diesem die Ehre seiner Abstammung von Adam keineswegs streitig machen. Wir andern aber hatten gewiß auch andere Urväter."

Schöpfungsakt, er ist – wogegen sich die spätere Naturwissenschaft so sehr empörte – kein Teil des Tierreichs, sondern ein Reich für sich. Und zwar schafft Gott den Menschen am letzten der Schöpfungstage als letztes Lebewesen (auch nach der modernen Biologie tritt der Mensch als eine der letzten Arten auf der Erde auf): der Mensch ist das Ziel oder jedenfalls die „Krone der Schöpfung".

Das wird verstärkt durch die gewichtigste anthropologische These des Schöpfungsberichtes: „Gott schuf den Menschen ihm zum Bilde, zum Bilde Gottes schuf er ihn." Die andern Wesen sind nur Gottes Geschöpfe, der Mensch dagegen ist sein Ebenbild, imago dei. Inhaltsschwere, schicksalsschwere, tausendfach wiederholte Worte, die später oft auch postulatorisch gewendet worden sind: der Mensch gewinnt an seiner Gottesebenbildlichkeit seinen eigenen höchsten Maßstab. „Ihr sollt heilig sein, denn ich bin heilig" (3. Mos. 19, 2, vgl. Math. 5, 48).

Auch zwischen den Göttern Homers und den Menschen besteht Ähnlichkeit. Aber die Homerischen Götter sind „gesteigerte Menschen". Daß der Mensch Gott ähnelt, impliziert hier kein Problem. Die Aussage der Bibel dagegen wiegt umso schwerer, als der biblische Gott transzendent und unfaßlich ist. Von ihm soll man sich nicht nur kein Bildnis machen, man kann es auch nicht. Wie also kann von ihm, den kein Bildnis faßt, der Mensch dennoch ein Abbild sein? Der Widerspruch erklärt sich so, daß der Schöpfungsbericht eine ältere Stufe festhält, auf der Gott noch anthropomorpher vorgestellt wurde. Was in Wirklichkeit Anthropomorphismus ist: die Vorstellung Gottes nach dem Bilde des Menschen, wird umgekehrt als die Erschaffung des Menschen nach dem Bilde Gottes gedeutet. Der gestaltlose reine Geistgott stellt erst eine spätere Stufe dar. Von dieser späteren Stufe hat man sich dann die Aussage der Genesis etwa so zu deuten versucht, daß das Gottähnliche im Menschen seine Seele, seine Vernunft oder seine Gerechtigkeit sei[1]).

1) Eine Blütenlese der Deutungen bei Karl Barth. Dogmatik, III, 1, 1947.

Die Genesis selbst scheint die Gottähnlichkeit der Menschen auch darin zu finden, daß sie „herrschen über die Fische im Meer, über die Vögel unter dem Himmel und über die Tiere der Erde." Der Mensch stellt nicht nur eine eigene höhere Stufe neben den Tieren dar, er ist auch ihr Herrscher. Wie Gott über die Welt und den Menschen, so herrscht der Mensch über die Tiere.

Auch das weitere Anthropinon, daß nur der Mensch im Unterschied zu den Tieren Sprache hat, wird zwar von der Genesis nicht ausdrücklich als Vergleichsmoment zwischen ihm und Gott hervorgehoben, und doch ist es ein solches, denn sprechend hat Gott die Welt hervorgebracht. Doch hat der Mensch die Sprache nicht, wie spätere Philosophie dann oft lehrt, von Gott zum Geschenk erhalten, sondern er selbst „gibt Namen". Er gibt sie insbesondere „allem Vieh und allen Vögeln des Himmels und allen Tieren des Feldes": damit soll wohl eigens hervorgehoben werden, daß er sich auch durch diese Fähigkeit über sie hinaushebt. (Ähnlich nennen die Griechen die Tiere geradezu Aloga, d. h. die [Vernunft- und] Sprachelosen. So ist schon hier wie vor allem bei Herder der Mensch das „Sprachgeschöpf".

Trotz der Gottesebenbildlichkeit des Menschen läßt aber die Bibel über den ungeheuren Abstand zwischen Gott und Mensch nirgends einen Zweifel, ja sie erblickt die Grundseinslage des Menschen darin, daß er sich in diesem Abstand befindet, dessen Bewußtsein daher auch nie genug wachgehalten und intensiviert werden kann. Vielleicht ist sogar der Ebenbildlichkeitsvers zu übersetzen: Gott schuf den Menschen als ein Schattenbild und nur als einen dunklen Schemen seiner selbst. Der zweite Begriff soll den ersten noch abschwächen. Nie würde die Bibel einen Menschen, so wie Homer den Telemach, als „göttergleich" feiern, nie könnten sich Heroen, so wie im griechischen Mythus, göttlichen Geblüts rühmen, oder, wie Herakles, nach dem Tode zu Göttern erhoben werden. Daß sie den – vom Hellenismus übernommenen – römischen Kaiserkult nicht mitmachen konnten, das brachte ja Juden und Christen später sogar in realen Konflikt mit dem römischen Reich. Die Römer sahen nicht, daß sie durchaus loyal sein wollten – gebt dem Kaiser, was des Kaisers ist! – und daß nur ihre ganz andere Auffassung von Gott und Mensch sie hinderte, einem lebenden Menschen religiöse Verehrung zu zollen. Zwar ist gerade für das Christentum der Logos Fleisch geworden: Gott hat Menschengestalt angenommen. Und daran knüpfen sich nie endende theologische Spekulationen. Cur deus homo? (Anselm) Der transzendenteste Gott gewinnt (in seinem Sohn) ein menschliches Schicksal. Aber weder wird er dadurch ins Menschliche herabgezogen noch die Menschheit ins Göttliche aufgehöht.

Wie wenig die Gottebenbildlichkeit den Menschen Gott annähert, das zeigt sich auch an dem Verbot, vom Baume der Erkenntnis[1]) zu essen. Die Erkenntnis von Gut und Böse hat Gott sich selbst vorbehalten. Daß das Wissen um Gut und Böse ein göttliches Prädikat ist und den Menschen wie Gott machen wird, spricht auch die Schlange in ihren Verführungsworten aus.

Ihrer Verführung nachgebend, essen Adam und Eva doch vom Baume der Erkenntnis. Sie eignen sich die ihnen von Gott nicht zubestimmte Göttlichkeit so noch zu. Damit ist ein weiteres Anthropinon herausgestellt: der Mensch ist ein ethisches Wesen, das Gut und Böse kennt, und eben dies ist ein Göttliches in ihm. Aber er verdankt dieses Göttliche nicht Gott, sondern sich selbst. Er hat es Gott gegen Gottes Absicht entrissen. Er gewinnt sein Höchstes nur durch Schuld. Gleicht er auch nicht jenen mit Gott wetteifernden Titanen, so mag man sich doch an Prometheus erinnern, der das Feuer für die Menschen den Göttern *stehlen* muß. Und wie er für seine Schuld bestraft wird,

---

1) Daß es, wie tabuierte Sphären überhaupt, so auch ein Wissenstabu, ein numinoses ignorandum, gebe, ist allgemein religiöse Überzeugung. Noch Sokrates spricht von einem Wissen, das nur den Göttern gehört.

so auch Adam und Eva: sie werden aus dem Paradies vertrieben.[1])

Und das bedeutet nicht nur, daß sie den schönen Garten für das rauhe Feld eintauschen müssen. Neben dem Baume der Erkenntnis wuchs im Paradies der des ewigen Lebens. Von ihm hatten Adam und Eva ursprünglich essen dürfen: hiergegen richtete sich kein Verbot. Nachdem sie aber gefrevelt haben, zieht Gott die ihnen ursprünglich zugedachte gottgleiche Unsterblichkeit wieder zurück. Diese Strafe hatte er von Anfang an für den Fall des Frevels angekündigt. „Von dem Tage, an dem du davon issest, wirst du Sterbling sein." Er verstößt sie aus dem Paradies und stellt einen Engel davor, „zu bewachen den Weg zum Baum des Lebens", von dem sie so ewig abgeschieden bleiben. Darin liegt: der Mensch muß sterben; und er hat sich dieses Schicksal selbst zuzuschreiben.

Mit dem später sog. „Sündenfall" bringt nun der Verfasser noch eine Reihe weiterer von ihm beobachteter Anthropina zusammen. Schon ihm ist aufgefallen, daß der Mensch im Unterschied zum Tier *Schamgefühl* empfindet und daher bekleidet geht, daß er als einziges Wesen *arbeiten* muß, um seinen Lebensunterhalt zu gewinnen, und daß die Menschenfrau stärker als das Tierweibchen unter *Schwangerschaftsbeschwerden* und *Geburtsschmerzen* leidet. Auch all dies muß nun nach mythischer Art erklärt, es muß eine Ursache dafür angegeben werden. Ursprünglich, so heißt es, gingen Adam und Eva nackt „und schämten sich nicht"; erst durch das Essen vom Baume der Erkenntnis wurden ihnen auch hierfür „die Augen aufgetan" (das soll aber nicht heißen, daß Gut und Böse sich ursprünglich nur auf die Sphäre des Geschlechtlichen be-

---

[1]) Daß die Menschwerdung in einer paradiesischen Umwelt vor sich gegangen sein muß, daß der Mensch erst von dort aus zu rauherer Lebensweise erstarkte, das ist auch wieder eine Hypothese der modernen Anthropologie. Nur mit Hilfe kultureller Erfindungen kann sich ja der instinktarme Mensch ernähren, gegen Kälte und Tiere schützen usf. Wie aber konnte er überdauern in der Zwischenzeit nach seiner Entstehung und vor den ersten Erfindungen? Offenbar nur unter relativ gefahrlosen und verschwenderischen, unter „paradiesischen" Bedingungen.

zogen hätten). Ursprünglich mußte der Mensch nicht arbeiten; die Speise fiel ihm im Paradies unbemüht zu. Daß er arbeiten muß, und ebenso die Geburtsschmerzen der Frau, dies beides wird nun – ebenso wie die Sterblichkeit – als eine göttliche Strafe für das Übertreten des Verbotes gedeutet, als Verfluchung zu einem nur deshalb so harten Dasein.

Schon in der Genesis prallen zwei entgegengesetzte Bewertungen des Menschen, eine erhöhende und eine erniedrigende, aufeinander, die sich vielleicht notwendig aus der Ambivalenz des religiösen Grundgefühls selbst ergeben, in dem das Aufgerichtetsein durch Gott und das Vernichtetsein durch ihn in „Kontrastharmonie" (R. Otto) nebeneinanderliegen (die aber ihr Pendant auch in der Polarität von Nationalstolz und Bewunderung des Auslandes haben). Auch die Welt als ganze steht als von Gott geschaffene einesteils ihm nahe: er hat sie so gewollt und geordnet; und gleichzeitig liegt ein Graben zwischen ihr und ihm: er bleibt ihr Lenker, er ist heilig und sie ist es nicht. Verglichen mit der übrigen Schöpfung steigert sich beim Menschen die Nähe zu Gott: er ist als sein Ebenbild von ihm erwählt. Aber verglichen mit Gott hat dennoch auch er an der Nichtgöttlichkeit alles Geschaffenen teil, ja er hat sich gegen ihn versündigt und ist von ihm bestraft worden. So ist das Selbstbewußtsein des Menschen hier eigentümlich gespalten. Das Gefühl der Herausgehobenheit und der Abhängigkeit, Stolz und Demut verschlingen sich in ihm. Ähnlich stellt auch der 8. Psalm wieder beide Aspekte nebeneinander: „Was ist doch der Mensch, daß du seiner gedenkst?" und dennoch: „Mit Ehre und Hoheit kröntest du ihn." Hier knüpfen die Worte Pascals an: „Wenn er sich rühmt, so demütige ich ihn; wenn er sich demütigt, so rühme ich ihn" und: l'homme passe infiniment l'homme".[1])

[1]) Vgl. auch noch Shakespeare (Hamlet II, 2): „Die Zierde der Welt! Das Vorbild der Lebendigen! Und doch, was ist mir diese Quintessenz von Staube?" Ähnlich Rückert: „Daß wir Menschen nur sind, der Gedanke beuge das Herz dir; Doch daß Menschen wir sind, richte dich freudig empor."

b) Homo peccator

Im Alten Testament haben Adam und Eva zwar gesündigt, und deshalb leben die Menschen nicht mehr im Paradies, aber keineswegs ist darum jeder Spätgeborene mitsündig. Der fromme Jude lebt noch heute nicht aus dem Gefühl, mit einer Erbsünde behaftet zu sein. Der Fall des ersten Menschen hat nicht die ganze menschliche Natur korrumpiert. „Die Seele, die du in mich gelegt hast, sie ist rein."

Demgegenüber begreifen extreme Formen christlicher Theologie den Menschen als homo peccator. Er ist nicht nur im Vergleich zu Gott unvollkommen und nichtig, sondern er ist auch in sich von Grund auf sündhaft und schuldbeladen. Er lebt konstitutionell in einem Zustande der Defizienz.

Und doch ist die Sündhaftigkeit nichts Unüberwindliches. Gottes Gnade kann aus ihr erlösen. Die Sündhaftigkeit ist also zugleich Erlösungsbedürftigkeit und -fähigkeit. Der Erlösung erweist man sich aber nur wert durch den Glauben. Daher erscheint der Glaube als der einzig menschengemäße Urakt.

Die Sündhaftigkeit ist aber nicht moralisch, sondern rein religiös oder, wenn man so will, metaphysisch zu verstehen. Auch der sittlich Höchststehende hat allein dadurch, daß er ein Mensch ist, genau so wie jeder andere an der allgemeinen Sündhaftigkeit teil. Die Schuld, in der wir vor Gott stehen, beruht nicht auf individuell begangenen Fehltritten. Daher kann sie auch nicht durch eigenes Verdienst vermieden oder wieder gutgemacht werden, sondern allein die Gnade kann aus ihr emporheben. Das eigene Verdienst ist nicht einmal eine Sprosse zur Gnade, ja es steht ihr oft sogar im Wege. Denn gerade der Gesetzestreue und Sittenstrenge neigt leicht zu Selbstgerechtigkeit (καυχᾶσθαι) und wird so seiner trotz aller moralischen Güte nach wie vor fortbestehenden Erlösungsbedürftigkeit gar nicht gewahr; damit aber ist er sogar doppelt verworfen, „er vernimmt nichts vom Geiste Gottes". Der moralisch Verlorene dagegen ist eben dadurch aufgelokkert, sich demütig in seiner auch außermoralischen Verlorenheit zu erkennen. Daher sagt Christus: „Die Zöllner (= Betrüger) und Huren werden eher ins Himmelreich kommen als ihr (Pharisäer)". Und ganz ähnlich Paulus (1. Kor. 1, 26 f.): „Nicht viele Edle sind berufen", sondern „das Unedle vor der Welt und das Verachtete hat Gott erwählt und was da nichts ist, daß er zunichte mache, was etwas ist, auf daß sich vor ihm kein Fleisch rühme". (Deshalb ruft er auch dem Sklaven zu: du bist Herr und dein Herr ist Sklave!) Irdische und göttliche Maßstäbe, das Ethische und das Religiöse, fallen auseinander.

Ein Dilemma liegt aber darin, daß der Mensch verderbt und sündig sein und daß er dennoch von Gott, der doch allmächtig, gütig und barmherzig ist, geschaffen sein soll. In diesem Dilemma gewinnt die Sündenfallegende erneute Funktion. So wie der Mensch aus der Hand Gottes hervorging, im „paradiesischen Urzustand", war er noch vollkommen. Erst dadurch, daß er Gottes Verbot übertreten hat, also durch eigenes Verschulden, ist er in seine jetzige Verderbnis hineingeraten. Gott – der ihn freilich mit der Fähigkeit ihr zu widerstehen ausgestattet hat – trifft für sie kein Vorwurf.

Ebensowenig trifft aber für sie den Einzelmenschen ein Vorwurf. Darin liegt eben der Unterschied zur moralischen Schuld, für die man ihn behaften kann. Jeder Einzelne findet sich als Glied der Gesamtmenschheit bereits sündig vor, er ist nur sündig wegen der Erbsünde, die Adam als erster Mensch über alle verhängt hat und die sich von Generation zu Generation fortpflanzt. Allein durch die Tatsache, daß wir post lapsum existieren, haben wir alle am peccatum originarium teil. Die Sündhaftigkeit ist also jedenfalls für uns Postadamiten doch ein Urerbteil der menschlichen Natur. Adams Fall hat unsere Natur umgestoßen.

Gerade darin aber, daß sie nicht immer sündhaft war, liegt ein unendlicher Tiefsinn. Zunächst ergibt sich die Konzeption eines Vorsündenstandes rein aus der Struktur des ätiologischen Mythus, der ein Seiendes als Gewordenes erklärt und damit eo ipso ein (zeitloses) Vorher setzt. Die Menschen, sagt der Mythus, sind sündig, weil der erste Mensch gesündigt hat: also muß er auch einmal sündlos gewesen sein. Daraus aber folgt: die Sündhaftigkeit ist nicht die wahre und letzte Natur des Menschen. Hinter ihr verborgen liegt noch eine eigentlichere und höhere. Und das gibt den tiefsten Grund dafür ab, weshalb er nach Erlösung Verlangen trägt und hoffen darf, sie zu erreichen. Daher ist auch die Erlösung, wiewohl nur Gott sie ihm gewähren kann, doch gleichsam schon in ihm angelegt. Sie bringt ihm nichts fundamental Neues, sondern schenkt ihm nur das schon einmal Besessene und dann Verlorene zurück.

Aber wie über einen reuigen Sünder im Himmel mehr Jubel ist als über tausend Gerechte, so ist der zurückgeschenkte Gnadenstand ein anderer als der seinerzeit verscherzte. Er stellt zwar diesen wieder her, aber er tut es auf höherer Spiraldrehung, Hegelisch gesprochen: auf dialektisch höherer Stufe (Hegel hat sich ja für seine Dialektik an diesem heilsgeschichtlichen Aufriß inspiriert). Daher konnte Augustin ausrufen: felix culpa! Denn Adams Sündenfall war die Voraussetzung für die Erlösung und damit für ein noch reicheres Heil, als es der im Paradieszustand verharrenden Menschheit je zuteil geworden wäre. (Aus ähnlicher Logik bildeten sich im Mittelalter Judassekten, die gerade den Verräter Christi verehrten, weil ohne ihn Christus nicht für uns den Kreuzestod gestorben wäre. Der moralisch Schuldige war metaphysisch ein Werkzeug der Gnade und ist so ex post gerechtfertigt.)

Auch die Erlösung ist wie der Sündenfall ein Ereignis in der Zeit: sie erscheint in und mit Christus. Auch nach dem Erscheinen Christi muß zwar jeder Einzelne sich der Erlösung durch den Glauben und die Sakramente vergewissern, er muß durch Christus erweckt und in ihm wiedergeboren werden. Und doch ist in einem tieferen Sinne die Menschheit als ganze bereits durch das Erscheinen Christi als solches erlöst. Indem er ihre Sünden auf sich nahm, ist ein neuer Äon sub gratia angebrochen. Adam und Christus sind so die beiden Eckpfeiler der menschlichen Geschichte. Das unmittelbare Geborgensein in der Gnade, das durch Adam verraten wurde, hat Christus wieder hergestellt. Nach langen Jahrhunderten des Abfalls kehrt der Mensch in den Schoß Gottes zurück. Wie wir schon einmal sahen, ist damit gegenüber aller rein philosophischen Anthropologie, die nach einem gleichbleibenden Wesen des Menschen forscht, ein Neues gewonnen: der Mensch ist ein geschichtliches Wesen, das im Lauf seiner Geschichte grundlegende Wandlungen durchmacht: je nach seiner Zeitstelle ist er ein anderer. Adam vor und nach dem Fall, die Menschheit vor und nach Christus ist jeweils nicht nur in Außenbezirken, sondern bis ins Innerste hinein verschieden. Anthropologie krönt sich in Geschichtsphilosophie.

c) Die Anthropologie des Apostels Paulus

Paulus unterscheidet zwei Gruppen von Menschen: solche, die κατὰ σάρκα, gemäß dem Fleisch, und solche, die κατὰ πνεῦμα, gemäß dem Geist leben. (Paulus denkt dabei wohl daran, daß Gott dem ersten Menschen seinen Odem, seinen Geist einblies.) Es gibt natürliche und geistliche Menschen, Unbekehrte und Bekehrte, Verlorene und Errettete, Weltkinder und Gotteskinder. Die erste Gruppe deriviert von Adam, die zweite von Christus.

Der „natürliche Mensch" ist aber nicht etwa, wie man zunächst vielleicht glauben möchte, ein roher Naturmensch! Weltliche Unterschiede wie die der Kultur und Gesittung kümmern Paulus nicht. Der Gegensatz des natürlichen Menschen ist nicht der Kulturmensch, sondern der Begnadete. Der natürliche Mensch kann durchaus von ethischen Grundsätzen geleitet und philosophisch gebildet sein. Man hat oft den Eindruck, daß Paulus sein Bild vom natürlichen Menschen geradezu von den griechischen Philosophen abnimmt. Paulus bekundet damit einen Wesenszug aller vornehmen Geister, den eigenen Feind nicht grundsätzlich zu erniedrigen, sondern ihn in seiner höchsten

Möglichkeit zu sehen. Aber alle als solche durchaus achtbare Weisheit des natürlichen Menschen ist doch nur „menschliche Weisheit", „Weisheit dieser Welt", nicht die „verborgene Weisheit Gottes". Der natürliche Mensch sieht das Menschsein selbstherrlich als ein Höchstes an. Der Geist Gottes ist ihm eine Torheit, die er gar nicht vernehmen *will.* Und deshalb bleibt er trotz seiner hohen Eigenschaften der Sünde verhaftet.

Demgegenüber mag der Pneumatiker unwissend und lasterhaft sein, dennoch wird er durch den Geist Gottes, von dem er ergriffen ist und von dem er sich abhängig weiß, zu Gottes Kind. Als Tempel Gottes, in dem der Geist Gottes wohnt (1. Kor. 3, 16), steht er über dem bloß fleischlich-natürlichen Menschen. „Wir aber haben nicht empfangen den Geist der Welt, sondern den Geist aus Gott ..."; wir „reden nicht mit Worten, welche menschliche Weisheit lehren kann, sondern mit Worten, die der heilige Geist lehret" (1. Kor. 2, 12 u. 13).

Auch der Pneumatiker aber wird nicht als solcher geboren, sondern er entsteht erst aus dem sarkischen Menschen.

Auch nach den griechischen Mysterien vollzog sich die Menschwerdung in zwei Phasen: die Urmenschen waren noch unfertig und hatten auch äußerlich nicht die gegliederte menschliche Gestalt.[1]) Erst durch eine kulturbringende Gottheit traten sie in die zweite, abschließende Phase des Menschseins. Dieser Vorgang der vollen Menschwerdung war es, der in den Mysterien nochmals zelebriert wurde. Daher empfanden sich die Mysten, im Unterschied zu den Nichteingeweihten, als die erst wahrhaften Menschen. Sie nannten sich Teleioi, d. h. die Vollendeten. Ähnlich lehrt auch innerhalb des Christentums Tatian, als Vernunftgeschöpf sei der Mensch noch gar nicht wahrhaft Mensch, dies sei erst „wer über sein Menschentum hinaus zu Gott vorgeschritten ist".

Wie schon im alttestamentlichen Begriff der Teschuba vorweggenommen ist, muß nach Paulus eine plötzliche Umkehr, eine verwandelnde Umgeburt stattfinden. In seiner Jugend noch Gegner und Verfolger der Christen, hat Paulus selbst in der Stunde von Damaskus eine solche jähe Umgeburt erfahren. Gott macht „uns selig durch das Bad

---

[1]) Nach Hans von Prott (der „ein nu lang die Olympischen sah", wie Stefan George von ihm rühmte): „*Μ τηϱ*, Bruchstücke zur griechischen Religionsgeschichte", Archiv f. Relig.-Wiss. 9, 1906.

der Wiedergeburt und die Erneuerung (ἀνακαίνωσις) des heiligen Geistes" (Tit. 3, 5; vgl. Röm. 12, 2; 6, 4 u. 7, 6). Der Pneumatiker, der den alten Menschen aus- und einen neuen „angezogen" (Eph. 4, 22/24, vgl. Kol. 3, 9/10) hat, ist ein anderer, neuer Mensch, eine „Neugründung" (2. Kor. 5, 17). Wie sehr sich freilich der Mensch nach einer solchen geistigen Erneuerung sehnen mag, er kann sie nie selbst herbeiführen. Sie bleibt göttliches Geschenk.

Daß es Erfahrungen gibt, mit denen für den Menschen ein „anderes Leben" (Plotin) beginnt, das ist Erbgut aller Mystik, und auch sie legt Zeugnis davon ab, daß die Berührung mit Gott und der dadurch bewirkte Durchbruch eines neuen Menschen aus dem alten nur in einem plötzlichen „Sprung" (raptus) erfolgen kann. Dem stehen andre Erfahrungen entgegen, nach denen das Neue im Menschen wie ein Keim allmählich wächst und sich nicht revolutionär, sondern evolutiv durchsetzt. In wieder andern Erfahrungen setzt es sich überhaupt nie völlig durch, wir können nur darum ringen. So kämpft nach Augustin der durch den Sündenfall krank gewordene Mensch hier auf Erden vergeblich um die Wiedererlangung der sanitas, ohne sie je ganz zu erreichen: quamdiu vivimus, pugnamus. („Denn ich bin ein Mensch gewesen, und das heißt ein Kämpfer sein.") Was uns bleibt, ist letztlich nur die Sehnsucht und das Streben, und erst sabbato vitae aeternae requiescemus in te. Diesen drei Erfahrungen entsprechen aber auch drei menschliche Typen, deren jeder vor allem zu einer von ihnen disponiert ist.

Auch nachdem das göttliche Pneuma in den natürlichen Menschen schon eingezogen ist, bleibt aber die pars naturae in ihm erhalten. Der Pneumatiker zerfällt in eine Doppelnatur: in Fleisch und Geist, in Adam und Christus. Paulus nennt diese beiden Menschen, die in uns sind, gelegentlich den „äußeren" und den „inneren" Menschen (2. Kor. 4, 16, vgl. Röm. 7, 22). An anderer Stelle (2. Kor. 4, 7) unterscheidet er zwischen dem irdenen Gefäß, das der Mensch von Natur bloß ist – eine uralte und heute noch lebendige Metapher –, und dem herrlichen Schatz, dem Thesaurus, den die Tat Gottes durch Christus in dieses Gefäß hineinlegt. Das Fleisch wird „Tempel des heiligen Geistes" (1. Kor. 6, 19).

Diese Zweiteilung des Menschen in ein äußeres Gefäß und einen inwendig verborgenen Schatz scheint an die orphische (und auf noch älteres Religiöses zurückgehende) Lehre vom Körper als bloßem „Mal“ der Seele zu erinnern, so wie für ewig beeindruckend Platon vor allem im „Phaidon“ sie gestaltet hat. Paulus selbst – der ja Kenntnis zumindest von der hellenistischen Vulgärphilosophie hatte – leistet der Verwechslung seiner Unterscheidung mit der Platonischen Vorschub, indem er das im Menschen wohnende Pneuma gelegentlich auch als sein Inneres, sein Bewußtsein (der Gotteskindschaft) und seine Seele bezeichnet. Dennoch ist dies bei Paulus ganz anders gemeint:

Nach Platon stammt das Böse nur aus dem Leibe; die Seele ist das reine, göttliche Prinzip in uns. Sie bleibt dies auch noch, nachdem Platon zugeben mußte, daß auch ihr ein Böses mit- und angeboren ist. Nach Paulus dagegen ist der natürliche Mensch als ganzer sündig, und auch seine Seele ist davon nicht als ein unberührter besserer Teil ausgenommen. Es stehen sich gar nicht der böse Leib und die reine Seele gegenüber, sondern auch die Seele – die bei Paulus oft nur wie eine Übersetzung des alttestamentlichen „Leben“ tönt[1]) – gehört ganz auf die Seite des Irdischen (ähnlich auch in der griechischen Mysteriensprache). Darum nennt Paulus den natürlichen Menschen ebensogern wie den sarkischen auch den Psychiker. Leib und Seele haben ihren gemeinsamen Gegensatz im Pneuma. Wer am Denken Platons geschult ist, muß also hier völlig umlernen. Andere haben später den Platonischen und den Paulinischen Aufriß zu harmonisieren gesucht und gelangten so zu einer Dreiteilung. Justin nennt den Körper ein Haus der Seele, die Seele ein Haus des Geistes. Daher unterscheiden dann Clemens und Origines je nach dem überwiegenden Bestandteil drei Klassen von Menschen: Hyliker, Psychiker und Pneumatiker.

Im Grunde aber denkt Paulus – wiewohl manche seiner Äußerungen das Mißverständnis nahe legen – als Anthropologe überhaupt nicht dualistisch. Er ersetzt nicht die Platonische Psyche durch das Pneuma, das dem Leib und der Seele ebenso gegenüberstünde, wie nach Platon die Psyche dem Leibe. Nach Paulus ist der Pneumatiker

[1]) Auch das Wort „Was hülfe es dem Menschen, wenn er die ganze Welt gewönne und nähme Schaden an seiner Seele“ bedeutet nur: „... wenn er doch sterben muß“.

als ganzer, mitsamt seinem Leibe, pneumatisch. Stirb und werde! Im Bad der Verwandlung wird alles an ihm integriert ins läuternde Pneuma. Deshalb kennt das Christentum auch nicht nur eine Unsterblichkeit der Seele, sondern eine (vgl. 1. Kor. 15) „Auferstehung des Fleisches" (eine Vorstellung, die damals den Spott der heidnischen Philosophie über das im Himmel entstehende Gedränge hervorrief). In eigentümlicher Weise dreht sich hier unsere sonstige Vorstellung von Griechen- und Christentum um: die Griechen, die als die heidnischen Leibbejahenden gelten, sind die Dualisten. Platon konfrontiert die Seele dem Leibe, und nur sie wird unsterblich. Dem Christentum dagegen, dem man Leibfeindschaft und Akzentuierung der reinen Innerlichkeit nachzusagen pflegt, ist der Leib-Seele-Dualismus (ebenso wie dem Judentum) ursprünglich fremd, und deshalb nimmt hier auch der Leib an der jenseitigen Verklärung teil.

2. Kapitel

Fünf Hauptthesen religiöser Anthropologie und ihre Bestreitung

a) Der Theozentrismus

In der Bibel schafft Gott den Menschen. Er schafft ihn nach seinem Bilde. Dem steht die Antithese gegenüber: der Mensch ist es, der Gott schafft. Und auch er schafft ihn nach seinem Bilde. Der Mensch ist nicht ein Schattenbild Gottes, sondern Gott ein Idealbild des Menschen. „In seinen Göttern malet sich der Mensch" (Schiller). Wir erwähnten schon Xenophanes' Angriff gegen den Anthropomorphismus der homerischen Götter. Aber Xenophanes war kein Gottesleugner. Er ist der erste, der sich einen neuen, philosophischen Gottesbegriff bildet. Später ist es zu zahlreichen „Religionsentstehungstheorien" gekommen, die das Göttliche rein aufklärerisch überhaupt nur Menschenwerk sein lassen.

Der den Epikureern nahestehende Euhemeros schrieb einen Roman, die „Hiera Anagraphä", in dem er erzählte, er habe auf einer Insel im Ozean eine Inschrift gefunden, auf der Heldentaten des Kronos und des Zeus aufgezeichnet gewesen seien. Offenbar seien sie also ursprünglich nur mächtige Könige verschollener Reiche gewesen und erst nachträglich – wie die zeitgenössischen hellenistischen Herrscher – deifiziert worden. Auf diese Weise will Euhemeros die Götter auf Menschen: auf große Figuren der Vorwelt zurückführen.

Im Abendland ist es in Renaissance und Aufklärung ein neu erwachendes Selbstgefühl des *Menschen,* das sich gegen jede Abhängigkeit auflehnt. Von seinen eigenen Schaffens- und Erkenntniskräften berauscht, will der Mensch nur auf sich stehen. Er will sich nicht mehr nur als Glied im Reich Gottes, sondern als Herr seines eigenen Reichs fühlen.

Am krassesten hat, wie schon erwähnt, *Feuerbach* Gott nur Projektion des Menschen sein lassen. Wie für Hegel der Weltgeist nur auf dem Wege über seine eigenen geschichtlichen Manifestationen zu Selbstbewußtsein kommt, so wird sich nach *Feuerbach* auch der menschliche Geist seiner bewußt nicht in direkter Reflexion, indem er sich auf sich selbst zurückwendet, sondern nur, indem er sich aus sich selbst heraussetzt. Erst in objektivierter Form kann er sich selbst anschauen. Und wie der göttliche Geist Hegels sich in der menschlichen Geschichte objektiviert, so objektiviert sich Feuerbachs menschlicher Geist in Gott. Gott ist nichts als das nach außen gekehrte und gegenständlich gesetzte, „durch die Einbildungskraft verselbständigte Wesen des Menschen". Gottes Allmacht entspringt der Allmacht des menschlichen Geistes, Gottes Gerechtigkeit unserem eigenen moralischen Gefühl, Gottes Güte unserem eigenen Gemüt. In Gott fassen wir daher erst uns selbst. „Das Wissen des Menschen von Gott ist das Wissen des Menschen von sich."

Hegel wie Feuerbach sind mit dieser Überzeugung, daß der Geist sich erst in seinem eigenen Niederschlag wie in einem Spiegel erkennt, beide bereits abhängig von Kant, nach dem wir die Kategorien unseres Denkens nur finden, indem wir vom Faktum der Wissenschaften, in denen sich diese Kategorien niedergeschlagen haben, transzendental auf die Bedingung seiner Möglichkeit zurückfragen. Kants erkenntnistheoretische Methode wird von Hegel und Feuerbach metaphysisch und kulturgeschichtlich ausgeweitet. Später hat Dilthey sie individualpsychologisch gewendet: auch die eigene Selbsterkenntnis wird nicht durch Introspektion, sondern auf dem Wege über früheren „Ausdruck" gewonnen.

Nachdem aber Gott heute als bloße Projektion durchschaut ist, gilt es nach Feuerbach, die vom Menschen Gott geliehenen Eigenschaften wieder auf ihn zurückzuübertragen. Da alle Aussagen über Gott von jeher Aussagen über den Menschen waren, braucht man nur den wahren Sinn dieser Aussagen freizulegen, indem man sie genau umdreht, indem man Subjekt und Prädikat miteinander vertauscht. Sagt das Christentum: Gott leidet für andere, so lautet die richtige Umkehrung: Leiden für andere ist göttlich. Successive wird so Gott um seine Existenz gebracht und sein ganzer Reichtum auf den Menschen gehäuft. Die Theologie, die immer nur eine verkappte Anthropologie war, löst sich in eine manifeste Anthropologie auf. „Gott war mein erster Gedanke, die Vernunft mein zweiter, der Mensch mein dritter und letzter Gedanke".

Feuerbach war für das eigentlich Religiöse blind. Seine religionskritische Konstruktion söhnt aber dadurch mit sich aus, daß ihr Hochakzent weniger auf der Entthronung Gottes als auf der Erhöhung des Menschen liegt. Hatten Frühere sich gegen die Menschförmigkeit Gottes gesträubt mit dem Argument, Gott sei erhabener als alles Menschliche, so ist umgekehrt für Feuerbach der Mensch das Erhabenste und auch Gott hat sein Erhabenes nur von ihm. Feuerbach ist nur deshalb ein Gegner der Religion, weil sie der wahren Schätzung des Menschen entgegensteht, ihm seine Größe und seinen Glanz raubt. Aus dem Imaginären muß man sie dem wirklichen Menschen zurückrauben. Man muß ihn dahin bringen, die Erfüllung seiner Wünsche nicht mehr – vergeblich – vom Jenseits zu erhoffen, sondern sie selbsttätig im Diesseits zu verwirklichen. Der von Gott befreite Mensch wird nicht nur höher von sich denken, er wird auch der Wirklichkeit nach höher steigen (ebenso dann bei Marx). Feuerbachs Antitheismus erweist sich als Prohominismus. Der Angriff auf Gott dient der Verteidigung des Menschen.

Ähnlich heißt es bei *Nietzsche*[1]) (und auch Sartre hat diesen Gedanken wieder aufgegriffen): „Gott ist tot" (dies in wörtlichem Anschluß an Bruno Bauer), „nun wollen *wir*, daß der Übermensch lebe" (VI 418). Auch bei ihm soll der Mensch das Erbe Gottes antreten, ja Gott hat die volle Entfaltung des Menschen so sehr verhindert, daß sich mit seinem Untergang erst die letzte und höchste Möglichkeit des Menschen, der Übermensch, herausschält. Nach Nietzsches Überzeugung leben wir selbst in der menschheitsgeschichtlichen Stunde des „Großen Mittags", an dem sich der Tod Gottes und die Geburt des Übermenschen vollzieht. Auch hier ist der deus mortalis, der sich gegen den deus immortalis empört.

Von ethischer Seite ist es bei *Max Scheler* und *Nicolai Hartmann* geradezu zu einem „postulatorischen Atheismus" (Scheler) gekommen. Für Kant war der (theoretische unerweisliche) Gott als Garant der moralischen Weltordnung, in der der Gute nach dem Tode glückselig wird, noch ein Postulat der praktischen Vernunft. Umgekehrt stellt Hartmann am Schluß seiner „Ethik" (vgl. auch sein nachgelassenes Werk „Teleologisches Denken") fünf unbehebbare Antinomien zwischen Religion und Sittlichkeit auf: Religion vernichtet den Menschen als moralische Person. Insbesondere die Existenz des Weltlenkers, der schon

---

1) Wie eine Paraphrase Feuerbachs wirkt sein Aphorismus (Wille zur Macht 135, „Kritik der Religion"): „All die Schönheit und Erhabenheit, die wir den wirklichen und eingebildeten Dingen geliehen haben, will ich zurückfordern als Eigentum und Erzeugnis des Menschen: als seine schönste Apologie. Der Mensch als Dichter, als Denker, als Gott, als Liebe, als Macht: o über seine königliche Freigebigkeit, mit der er die Dinge beschenkt hat, um sich zu verarmen und sich elend zu fühlen! Das war bisher seine größte Selbstlosigkeit, daß er bewunderte und anbetete und sich zu verbergen wußte, daß er es war, der Das geschaffen hat, was er bewunderte." In der gleichen Tradition steht auch noch die Strophe Georges:

Wo einst sie wurden müssen sie die lunten
Entzünden gehn für obere gloriole.
Sie steigen jeden weltentag nach unten
Und neigen dienend sich an irdische sohle.

von sich aus dem Guten zum Siege verhilft, würde dem Menschen jede Verantwortlichkeit und würde ihm den Auftrag nehmen, die Welt selbst mit Sinn zu durchdringen.

b) Der Anthropozentrismus

Wie nach dem religiösen Weltbild Gott Herr der Welt, so ist der Mensch Herr der Erde, und ihm gilt Gottes besondere Fürsorge. Das religiöse Weltbild ist nicht nur theozentrisch, es ist auch anthropozentrisch. Das bildet keinen Widerspruch. Und es bildet daher auch keinen Widerspruch, daß die Neuzeit, wiewohl sie gegen den Theozentrismus die Eigenständigkeit des Menschen hervorhebt, sich dennoch zugleich gegen den Anthropozentrismus wendet.

Schon im Alten Testament ist gegen das Sich-ins-Zentrum-Setzen des Menschen Widerspruch laut geworden. Als Hiob (38 ff.) verlangt, Gott solle den Menschen mit besonderer Schonung behandeln, wird er belehrt, Gott habe nicht nur den Menschen, sondern alles in der Welt geschaffen. Kein Wesen habe höheren Anspruch auf ihn als jedes andere.

Die nachhaltigste Erschütterung des menschlichen Dünkels, eine privilegierte Stellung in der Welt einzunehmen, ging vom Kopernikanismus aus. Solange man nämlich mit Ptolemäus glaubte, die Erde bilde die Mitte des Weltalls, lag es nahe, diese Mittehaftigkeit auch auf den Menschen zu übertragen. Sobald dagegen nun die Erde nur noch „ein Stern unter Sternen" ist, wird damit auch der Glaube an die herausgehobene Einzigkeit des Menschen hinfällig. Wie schon Cusanus erwog, könnten auf anderen Planeten uns gleichgestellte, vielleicht sogar höhere Wesen wohnen. Die Kirche hat diese anthropologische Konsequenz des Kopernikanismus frühzeitig erkannt. Der Kopernikanismus war ihr mehr als eine intern astronomische Irrlehre, mit Recht befürchtete sie von ihm eine Veränderung des gesamten bisherigen Welt- und Lebensgefühls. Das ist der wahre Grund für den Ingrimm, mit dem sie ihn verfolgte. Kopernikus selbst hat sein Werk zwar noch dem Papst gewidmet und ist ohne Anfeindung gestorben; gegen Galilei und Giordano Bruno aber führte die Kirche um des Kopernikanismus willen einen zähen Inquisitionskampf. Bruno wurde 1600 – vor wenig mehr als 350 Jahren! – für seine Überzeugung verbrannt.

Gerade Giordano Bruno hat zwar den Kopernikanismus umgebildet und ihm damit die Spitze abgebrochen. Kopernikus hatte das geozentrische System durch ein heliozentrisches ersetzt. Die Erde und mit ihr der Mensch war nun an einen beliebig-peripheren Punkt des Alls verschlagen. Aus Bruno dagegen spricht das Unendlichkeitserleben der Renaissance. Im Unterschied zu Antike und Mittelalter empfindet die Renaissance die Welt nicht mehr als begrenzt. Wo aber keine Grenze mehr ist, da auch kein Mittelpunkt. Oder, wie man genau so gut sagen kann: der Mittelpunkt ist überall. So hat es schon Cusanus gewußt, so hat es schon ein alter mystischer Satz ausgedrückt: deus est sphaera, cuius centrum ubique (circumferentia nusquam). Dann aber hat Kopernikus doppelt Unrecht: die Sonne kann nicht statt der Erde Mitte sein, denn es gibt keine Mitte mehr; auch die Erde aber bleibt nach wie vor Mitte, denn Mitte ist überall.

Bruno geht sogar noch weiter. Für das Mittelalter war die Erde zwar Mittelpunkt, aber die unreine, terrestrische (sublunare) Sphäre war von der reineren, lunaren, und diese wieder von der reinsten, der solaren (siderischen) Sphäre streng geschieden gewesen. Jede dieser Sphären galt für qualitativ anders beschaffen, eine Verbindung zwischen ihnen schien ausgeschlossen (deshalb leugnete man sogar, daß Meteorsteine „vom Himmel fallen"). Für die Renaissance dagegen fällt aufgrund ihres pantheistischen Grundgefühls diese Sphärentrennung dahin. Die Welt wird zum an jeder Stelle göttlich durchregten Allzusammenhang. (Auch die vielbestaunte Entdeckung Newtons, daß ein und dieselbe Naturkraft, die Gravitation, sowohl den Apfel zur Erde zieht wie den Mond um die Erde dreht, daß also auch am Himmel dieselben mechanischen Gesetze gelten wie auf Erden, daß es eine „Himmelsmechanik" gibt – diese Entdeckung konnte nur gelingen auf dem Hintergrund des neuen Gefühls von der durchgängigen Einheit der Welt.) Für Bruno ergibt sich aus dem neuen Weltgefühl die Folgerung, daß auch die terrestrische Sphäre vom Glanze der ihr früher jenseitigen siderischen mit umgriffen sei. Es ist am Himmel ein neuer Stern entdeckt worden: die Erde. „Wir sind schon am Himmel" jubelt er – und darin liegt für ihn: wir bedürfen des Himmels der Kirche nicht mehr. Ging das christliche Selbstgefühl des Menschen immer zugleich mit demütiger Unterwürfigkeit gegen Gott einher, so tritt an die Stelle bei Bruno die Selbstherrlichkeit des Renaissanceindividuums, das sich in seiner Autonomie und Schöpferkraft selbst als „alter deus" weiß. Dies ist der Grund, weshalb die Kirche Bruno verfolgte: nicht weil er den Menschen aus der göttlichen Obhut in die Verlorenheit des unendlichen Raums hinausschleuderte, sondern weil er ihn selbst deifizierte; nicht weil er den Anthropozentrismus abbaute, sondern weil er ihn sogar noch überbot.

Im 18. Jahrhundert hat sich der Gedanke vom Menschen als Weltmittelpunkt neu durchgeführt und banausisch aufgebläht. Hatte noch Leibniz nur gelehrt, daß die Welt von Gott in sich zweckmäßig geordnet sei, so lehrt nun Wolff: er hat sie geordnet auf den Zweck des Menschen hin – (dieselbe Entartung des Gedankens findet auch von Aristoteles zur Stoa hin statt)[1]). Die Sonne scheint, damit der Mensch nicht friert und damit er sehen kann; sie geht nachts unter, damit er schlafen kann; gleichzeitig scheint aber der Mond, damit wir, wenn wir nachts einmal aufstehen müssen, nicht ganz im Finstern tappen! Der Mensch kommt sich in der Welt vor wie der Kurgast in einem Hotel, wo alles auf seine Bedürfnisse eingerichtet ist. So hatte es die Bibel nicht gemeint, so meint es auch später Nietzsche nicht, wenn er den Menschen den „Sinn der Erde" nennt. Schon Schiller hat diesen anthropistischen Dünkel einer Teleoklinität der Welt auf den Menschen hin – nach der der Korkbaum nur wächst, damit der Mensch seine Flaschen zustöpseln kann – in seinem bekannten Distichon gegeißelt. Ebenso hat Goethe zwar im Gegensatz zur Mechanistik an immanente finale Kräfte in der Natur geglaubt, aber sich gegen eine anthropo-finale Tendenz der Gesamtnatur ausgesprochen. Deshalb rühmt er an Spinoza, den er hierin als seinen Mitstreiter ansah, die „grenzenlose Uneigennützigkeit"; in dem vielzitierten Wort schwingt mit, daß auch Spinoza keine Zielgerichtetheit der Natur auf den Menschen hin kennt.

---

[1]) Vgl. schon den anthropologischen Abriß bei Xenophon, Memorabilien I 4, mit IV 3, ferner Cicero, De natura deorum, §§ 133–167.

Neben der Astronomie hat später die Biologie, neben dem Kopernikanismus der Darwinismus dem Glauben an die Vorzugsstellung des Menschen einen Stoß versetzt. Nach der Bibel hat Gott den Menschen in einem besonderen Schöpfungsakt geschaffen. Nach dem Darwinismus dagegen geht, wie alle Arten auseinander hervorgehen, auch der Mensch kontinuierlich aus dem Tierreich hervor. Zwischen ihm und dem Tierreich läuft kein unüberspringbarer Graben. In letzter Konsequenz ist er selbst nur ein besonders hoch entwickeltes (oder degeneriertes) Tier. Wie sich der Mensch erst geschichtlich entwickelt hat, so kann er eines Tages wieder untergehen. „Das Leben auf der Erde: ein Augenblick, ein Zwischenfall, eine Ausnahme ohne Folge", sagt Nietzsche, und auch die Tierart Mensch hat ihre befristete Lebensspanne: „es sind schon so viele Tierarten verschwunden". So wird auch hier der Mensch seiner vermeintlichen Einzigartigkeit entkleidet. Wie er für den Kopernikanismus nur noch einen beliebigen Punkt im Weltall bewohnt, so bildet er für den Darwinismus nur noch einen beliebigen Durchgangspunkt im allgemeinen organischen Evolutionsprozeß. Nicht mehr der Priester, sondern der Zoologe hat das letzte Wort über ihn zu sprechen.

Drei Schocks, so ist einmal gesagt worden, hat das menschliche Selbstbewußtsein im Lauf der letzten Jahrhunderte erlitten. Dem Kopernikanismus und dem Darwinismus gesellt sich der Historismus zu. Wie in den biblischen Religionen der Mensch als solcher sich vor allen andern Wesen erwählt glaubt, so pflegt sich auch *innerhalb* der Menschenwelt jede einzelne Gruppe vor der andern dadurch erwählt zu glauben, daß nur *ihre* Anschauungen, Wertschätzungen und Sitten die wahren seien, daß nur sie Trägerin der der Menschheit eigentlich gemäßen Kultur sei. Diese naive Überzeugung wird seit dem Ende des 18. Jahrhunderts durch den Historismus zum Wanken gebracht: alle Formen der Kultur sind einander grundsätzlich gleichwertig, man darf keine an der andern und am wenigsten die fremden an der eigenen messen. Durch diese Einsicht verliert das bisherige ungebrochene Selbstgefühl des Menschen ebenfalls Boden und Stütze. Was er für ein Absolutum hielt, erweist sich als ein Versuch neben andern.

c) Die Erbschuldlehre

Das Bewußtsein einer Schuld, für die wir uns vor Gott „rechtfertigen" müssen, hat sich der abendländischen Menschheit so tief eingegraben, daß es als Tönung noch nachwirkt, wo seine ursprüngliche religiöse Provenienz längst aufgegeben und vergessen ist. Der Mensch ist „aus zu krummem Holze", als daß er je ganz gerade werden kann, lesen wir bei dem im übrigen fortschrittsgläubigen, aber aus pietistischem Elternhaus stammenden Kant. Er sprach auch vom „radikal Bösen" im Menschen, womit er, wie Goethe sagte, seinen Philosophenmantel befleckt hat. Daß am Menschen etwas gebrochen, daß er tief verunglückt und krank ist, das bildet die Stimmungslage, aus der heraus noch Nietzsche seinen Zarathustra ausrufen läßt: „Ihr littet noch nicht genug am Menschen!" Gewiß ist es nicht die christliche Sündhaftigkeit, unter der gerade er leidet. Und doch muß, in einem umfassenderen Sinne, gerade wer den Menschen wie Nietzsche enthusiastisch liebt, umso tiefer an ihm leiden. Erst in einem neuen Wesen, das nicht mehr im bisherigen Sinne Mensch wäre, im Übermenschen, könnte der im Menschen schlummernde höhere Keim zur Entfaltung kommen. Auch die Existenzphilosophie steht noch in der gleichen Linie: sie rollt eine Nachtansicht des Lebens vor uns auf, ein wahres Kaleidoskop des „abgefallenen", Gott unebenbildlichen Menschen mit seinen Zerrissenheiten, Fragwürdigkeiten und Unzulänglichkeiten, mit seinem Scheitern und seiner Absurdität.

Ein erster Einwand gegen die Lehre von der Sündhaftigkeit richtet sich gegen eine Entstellung dieser Lehre. Für Paulus war der fleischliche Mensch soviel wie der natürliche Mensch im Gegensatz zum Pneumatiker. Er dachte dabei nicht an das Fleisch im eigentlichen Sinne, geschweige denn an die Sexualität. Bei und seit Augustin dagegen gewinnt „Fleisch" vielfach die engere Bedeutung von „Sexualität". „Das Fleisch ist schwach" heißt jetzt nur noch: der Mensch kann seiner geschlechtlichen Begierde nicht wiederstehen. Und in diese Begierde wird nun die eigentliche Sünde gesetzt. Auch der „Sündenfall" besteht nach Augustin, wie er völlig unhistorisch interpretiert, im Anheimfall an die Geschlechtssünde. Als die höchste Tugend erscheint daher von hier aus, bis zu Tolstoi hin, die Keuschheit. Nur in der Ehe soll die „Fleischeslust" gerechtfertigt sein, manche extremen Richtungen verpönen sie sogar hier. Askese und Abtötung der Sinnlichkeit, Kasteiung werden zur gottgefälligsten Vorbereitung auf die Erlösung. Daher kennt das christliche Abendland nur wenig erotische Kultur. Das aus der Lebensheiligung ausgenommene Erotische fällt dem Dämonischen anheim.

Erst die auf die Antike zurückgreifende Renaissance, sowie innerhalb des Christentums Luther, haben uns das gute Gewissen zur Geschlechtlichkeit zurückgegeben. Aus seiner Frömmigkeit vor allem Natürlichen heraus schreibt Goethe an Lavater, das christliche Dogma von der unbefleckten Empfängnis und von der jungfräulichen Geburt Mariä stießen ihn ab. Diese Bejahung des „Natürlichen" setzt sich auch in der Gegenwart fort (so hat uns z. B. das Sportwesen auch die Scheu vor dem nackten Körper genommen). Die Psychoanalyse hat die Schäden zu weit gehender sexueller Verdrängungen aufgedeckt und die Formel aufgestellt: ein Drittel der Libido solle man verdrängen, ein Drittel sublimieren, ein Drittel aber ausleben. Die Forderung nach Askese dürfte heute dasjenige Moment am Christentum sein, dessen Sinn am wenigsten noch verstanden wird. Wir erwachen wie aus einem tausendjährigen Alptraum und atmen endlich wieder frei.

Die Interpretation der Erbsünde als Geschlechtssünde ist jedoch, wie wir sagten, nur eine verengende Fehlinterpretation. Der Erbsündengedanke ist grundsätzlicher gemeint. Daher muß auch seine Bestreitung ihm grundsätzlicher entgegentreten. Aus pantheistischen, weltgläubigen Wurzeln genährt, kommt es im 18. Jahrh. zum Gegengedanken einer ursprünglichen Güte des Menschen und zu einer Wiederbelebung vor- und außerchristlichen Diesseitsstolzes (mit sehr realen Folgen z. B. für die Pädagogik: solange man annahm, der Mensch sei von Natur böse, herrschte die auf Eindämmung und Abschreckung des Bösen gerichtete Prügelpädagogik – so wie man nach Luther den alten Adam täglich ersäufen muß und wie der natürliche Egoismus nach Hobbes nur durch Zwang gebrochen werden kann –; ist der Mensch dagegen, mit Locke und Rousseau, von Natur gut, so genügt es, seine gute Anlage wachsen zu lassen und durch Liebe zur Entfaltung zu bringen). Später hat sich Nietzsche über diese ganze Alternative hinausgeschwungen: Das Leben ist weder gut noch böse, sondern es steht jenseits von beiden – oder, wie man auch sagen könnte: beides ist in seinem Mischkrug dionysisch gemischt. Mit unerhörter Härte klagt er das Christentum – dessen Schuldbegriff von ihm rein moralisch und nicht metaphysisch verstanden wird – an, daß es dem Werden seine Unschuld genommen habe. Nicht der Mensch ist von Natur krank, sondern erst das Christentum hat ihn krank gemacht. Nietzsches neue Lebensreligion will ihm seine Gesundheit zurückverleihen.

Eine Art Synthese zwischen dem Glauben an die Schlechtigkeit und Verlorenheit des Menschen und dem Glauben an seine Güte und Vollkommenheit stellt die *Perfektibilitäts-* und *Fortschrittstheorie* des 18. und 19. Jahrh. dar: zwar früher und noch heute liegen die menschlichen Dinge im argen; in allmählichem Fortschritt entwickeln wir uns aber immer mehr der Vollendung zu. Der Mensch ist also sowohl schlecht wie gut, aber er ist es nicht simultan sondern successiv: die Schlechtigkeit beherrscht den Anfang der Geschichte, die Güte setzt sich im Lauf der Zeit steigend durch.

Und doch hat in dieser Synthese die Güte das Übergewicht. Auch der noch unvollendete Mensch trägt für die Fortschrittstheorie den Keim der Vollendung in sich: sonst könnte er nicht den Fortschritt auf sie hin ins Werk setzen. Daß er die Vollendung noch nicht erreicht hat, betrifft nur seine einstweilige geschichtliche Erscheinung. Im

Kern ist er auf die Vollendung angelegt, der er sich asymptotisch nähert. Die Fortschrittstheorie erweist sich damit als Säkularisation der christlichen Geschichtsmetaphysik: der Mensch muß aus einem Sündenstand in einen Gnadenstand gewandelt und emporgeläutert werden, aber dies entfaltet und steigert nur seine ursprüngliche Güte.

Ebenso bei dem großen Gegner der Fortschrittstheorie, bei Rousseau. Die Analogie zum christlichen Heilsaufriß liegt bei ihm sogar noch deutlicher zutage. Wie in der Bibel geht bei ihm der Mensch rein aus den Händen des Schöpfers hervor. Wie in der Bibel der Mensch selbst sein Verderben herbeiführt, so tut er dies auch nach Rousseau, und zwar besteht der „Sündenfall" eben im vermeintlichen Fortschritt, in der Zivilisation. Und auch bei Rousseau daher die Sehnsucht nach einer Rückkehr zum paradiesischen Ausgangspunkt, nach einer Rückkehr zur „Natur", die nach ihm dadurch bewerkstelligt werden soll, daß man den sogenannten Fortschritt wieder umdreht. So scheint es, als ob die christliche Drei-Stufen-Anthropologie – Urstand, Sündenstand, Gnadenstand – bei Rousseau bloß in weltlichem Gewand wiederkehre.

Und doch erweisen sich bei näherem Zusehen die Akzente als ganz anders verteilt. Für das Christentum ist der Sündenstand die eigentliche Realität des Lebens. Der Urstand ist nur eine ferne Erinnerung, ein metaphysischer Traum ohne Wirksamkeit für die Gegenwart. Und auch der Gnadenstand bleibt, wiewohl Christus ihn schon initiiert hat, dennoch für den Einzelnen wie für die Gesamtmenschheit nur Verheißung. Für Rousseau dagegen ist der Sündenstand der Zivilisation nur etwas Ephemeres, ein Zwischenzustand, erst in geschichtlicher Zeit entstanden und in geschichtlich naher Zukunft wieder überwindbar. Eigentlich bestimmend und kennzeichnend für den Menschen ist nicht dieser vorübergehende Zivilisationsschaden, sondern seine frühere Naturvollkommenheit. Und daher wohnt ihm auch die Kraft inne, diese frühere Eigenschaft aus eigener Einsicht und Anstrengung wieder zu gewinnen.

d) Die Gnadenlehre

Die Fortschrittstheorie stellt nicht nur gegen die christliche Sündenlehre ihren Glauben an die ursprüngliche Güte des Menschen, sie steht auch gegen die christliche Gnadenlehre. Denn im Christentum kann der gefallene und von sich aus ohnmächtige Mensch nur durch das Geschenk der göttlichen Gnade erlöst werden. Nach der Fortschrittstheorie dagegen kann sich der in ihren Augen eben lange nicht so tief gefallene Mensch aus eigener Kraft aufrichten und „sich die Pfade zum Olymp emporarbeiten". Beide kennen sie eine „Selbsterlösung".

Auch das Christentum selbst aber kennt verschieden strenge Ausprägungen der Gnadenlehre. Es kennt zwar keine Selbsterlösung, aber immerhin sind wir nach manchen christlichen Lehren nicht ganz unbeteiligt an unserer Erlösung. Ob alles noch so reine menschliche Bemühen unzulänglich und eitel ist und wir nur durch die irrationale Gnade – solo gratia – gerettet werden können, oder ob der Mensch sich der Gnade wenigstens ein Stück weit entgegenbewegen und gleichsam den Boden für sie vorbereiten kann, das bildete den Streitpunkt zwischen *Augustin* und *Pelagius*. Auch bei Pelagius hat zwar der Mensch seine Erlösung nicht selbst in der Hand, er bedarf einer supranaturalen Ergänzung. Aber dennoch wohnt uns eine nobilitas ingenita ein. Dank dieses naturhaft eingeborenen Adels sind wir nicht ganz nur darauf angewiesen, daß sich das Heil von oben über uns ausschüttet, sondern können ihm von uns aus zustreben. Zur Wirksamkeit Gottes, zu dem, was Gott im Menschen schafft, tritt die menschliche Synergie.

Augustin dagegen faßt die Sündhaftigkeit als eine Grundbeschaffenheit des Menschen, die Gott über uns verhängt hat und an der wir daher von uns aus nichts ändern können, sondern die wiederum nur durch Gott, durch seine Gnade, behoben werden kann. Gute Taten mögen wir begehen oder nicht, zur Herbeiführung der Gnade tragen sie nicht bei. So gelangt Augustin zu den in ihrer religiösen Radikalität unheimlichen Sätzen: pecca fortiter, sündige unbekümmert! ama deum et fac quod vis, liebe Gott und tue was du willst!

Man interpretiert diesen letzten Satz fälschlicherweise oft so, als ob er bedeute: wer Gott wahrhaft liebt, kann nichts Böses tun, er bedarf keiner moralischen Richtschnur mehr, denn er tut von selbst das Gute. Augustin meint es aber ganz anders: der Gläubige kann nach ihm durchaus Böses tun; für die Gnade aber, so will er sagen, kommt es darauf gar nicht an, sie richtet sich nicht nach Wohlverhalten oder Übeltat.

Augustin denkt exklusiv religiös, während Pelagius den religiösen Sinn der Sünde und die Geschenkhaftigkeit der Gnade zwar nicht leugnet, aber daneben die moralische Eigenverantwortung nicht von unsern Schultern nehmen möchte. In Pelagius, so haben seine Gegner richtig gesehen, lebt noch ein Stück „heidnischer" Antike. Der Mensch ist für ihn nicht nur der auf göttliches Erbarmen Angewiesene, sondern schafft auch selbst durch seinen Geist und Willen etwas aus sich. Wiewohl der Pelagianismus zu seiner Zeit erbittert verfolgt wurde, hat er doch in der abgeschwächten Form des Semipelagianismus im Katholizismus weitergelebt. Die Erbsünde hat den göttlichen Keim im Menschen zwar geschwächt, aber nicht ganz erstickt und zerstört. Sowohl handelnd mag es ihm gelingen, sich durch „gute Werke" ein Verdienst zu erwerben, wie auch erkennend in einer „natürlichen Theologie", noch diesseits aller Offenbarung, aus eigener Vernunft, einige Stufen der Gotteserkenntnis zu erklimmen. So wenig wie die Sittlichkeit durch die Gnade wird die Wahrheit der Philosophie durch die Offenbarung entwertet. Nicht zufällig war der schon erwähnte Lafiteau, der als erster die naturhafte Ethik und Religiosität auch der nichtchristlichen Völker zu würdigen wußte, als Jesuit Pelagianer.

Dagegen setzt sich in *Luther* die Linie des Paulus und des Augustin fort. Die Erbsünde hat die menschliche Natur in einer Weise angefaßt, daß sie bis ins Innerste von ihr ergriffen und ganz in die perditio hineingeglitten ist, aus der sie sich durch eigenes Bemühen nicht wieder zu erheben vermag. Nicht durch sittliches Verdienst, nur durch den Glauben – sola fide – dürfen wir hoffen, der wiederherstellenden göttlichen Gnade teilhaft zu werden. Nicht durch Vernunfterkenntnis, einzig durch den geoffenbarten Wortlaut der Bibel wissen wir überhaupt um Gott. Nach Luther – und noch mehr nach Calvin – ist der Mensch wieder ganz Sünde und Schwäche, nur dunkler Schattenpol zum Lichtpol Gottes. Daher auch der Gegensatz zwischen Reformation und Mystik, obwohl in beiden stärker als bisher das subjektive Glaubenserlebnis hervortritt. Der Mystiker findet Gott am Grunde der eigenen Seele, für die Reformation bleibt er der ewig Transzendente.

Luther stand aber nicht nur dem Katholizismus, sondern auch dem Humanismus eines *Erasmus* gegenüber, der in seiner berühmten Streitschrift de libero arbitrio gegen Luther die innere Freiheit des Menschen vertrat. Und dieser humanistische Glaube, daß der Mensch auch aus eigenen Kräften Großes hervorbringen kann, setzt sich im 18. Jahrh. und vollends im Geniekult und Freiheitsidealismus der Goethezeit immer mehr durch. „Hast du nicht alles selbst vollendet, heilig glühend Herz?“ – solch prometheischer Titanismus und Gottestrotz bildet dann den Extrempunkt dieser Linie.

Die radikalste Verneinung der Gnadenlehre aber ist ihre Umdrehung. Gott hängt von der Gnade des Menschen ab. Nach uralter, im Iran beheimateter Lehre ist die Welt der Schauplatz des Ringens zwischen einem guten und einem bösen Prinzip. In diesem kosmischen Ringen hat auch der Mensch Partei zu ergreifen, er soll sich auf die Seite des guten Prinzips stellen und Mitstreiter Gottes sein, ja vielleicht hängt der schließliche Sieg des Lichtes über die Finsternis an seiner Entscheidung und Tatkraft. Max Scheler geht sogar noch einen Schritt weiter. Er amalgamiert die Lehre mit dem gnostischen Gedanken, daß Gott kein ruhend-vollendeter, sondern ein werdender Gott ist, und mit dem mystischen Gedanken, daß „ohne mich Gott nicht ein Nu kann leben.“ Daher ist nach Scheler der Mensch mehr als nur Mitstreiter Gottes. Vielmehr ist er es, der Gott selbst erst in einem unendlichen theogenetischen Prozeß verwirklicht. Indem der Mensch im Lauf seiner Geschichte die Welt zunehmend mit Sinn erfüllt, indem er immer neue Sphären des Wertreichs in Tat umsetzt, „wirkt er der Gottheit lebendiges Kleid". Die Eigenwirksamkeit des Menschen, die ehedem gegen das, was Gott in uns wirkt, nicht oder nur geringfügig in Anschlag kam, wird hier selbst zur Gottbewirkerin.

e) Der Unsterblichkeitsglaube

Nach der Stoa ist unsere individuelle Vernunft nur Modus und Tätigkeitszentrum einer einzigen kosmischen Vernunft. Deshalb fordert sie auch überall das Gleiche und verbindet Stände und Völker. Der Weltlogos ist es, der sich als derselbe im Logos eines jeden von uns regt. Unsere Seele ist gar nicht unser Eigentum, sondern nur eine Abspaltung der âme universelle unique, wie Malebranche später sagt, gleichsam ein Funke des ewigen göttlichen Feuers. Darum geht sie zwar nach unserm Tode nicht unter, sie dauert fort, aber – wie vor allem Averroes das ausgeführt hat – nicht eigentlich als unsere, sondern nur in der allgemeinen Seele. Ähnlich besteht auch bei den Indern das Fortleben nicht im Erhaltenbleiben des eigenen Sonderseins, sondern im Zurücktauchen in den präindividuellen Seinsgrund.

Im Christentum sowie in vielen andern Religionen und Philosophien dagegen harrt unser eine *persönliche* Jenseitsexistenz. Auch im Leben erwartet ja das Christentum von jedem einen individuellen Gottesbezug und entdeckt – nach Harnack – den „unendlichen Wert der Einzelseele". (Es darf insofern eine Vorläuferschaft beanspruchen für die in der Neuzeit – bei Cusanus, Leibniz, Schleiermacher u. a. – durchbrechende Wertschätzung des [außermenschlichen wie menschlichen] Individuellen, die im Unterschied zum Platonismus das Höchste nicht auf seiten des Allgemeinen, sondern gerade auf seiten des Einzigartigen und so nie wiederkehrenden Einmaligen erblickt).

Wie wir sahen, hat im Christentum an der jenseitigen Fortdauer auch unser Leib Anteil. Unter dem Eindruck der Verwesung des Leibes hat sich schon früh auch die Vorstellung herausgebildet, daß nicht der ganze Mensch, sondern nur seine Seele unsterblich wird. Überhaupt ist „Seele" ursprünglich gegenüber dem Numinosen außer uns der Inbegriff für das Numinose in uns. Da lag es nahe, auch die Unsterblichkeit, die ja ein göttliches Prädikat ist, nur ihr zukommen zu lassen.

Auch Platon lehrt (neben den beiden irdischen Formen der Unsterblichkeit durch Kinder und durch ewigen Nachruhm) eine Unsterblichkeit nur der Seele. Als Platon später – von der „Politeia" ab – seine Psychologie ausbaute, ergab sich freilich folgende Schwierigkeit: er unterscheidet nämlich nun verschiedene Seelen*teile*, unter ihnen – während noch im „Phaidon" das Schlechte ausschließlich vom Leibe herrührte – einen genuin schlechten Seelenteil; wenn nun die Seele als ganze unsterblich werden soll, dann folgt, daß auch der schlechte Seelenteil mit unsterblich wird – und er ist doch dessen gar nicht würdig! Nur als göttlich reine und gute sollte die Seele unsterblich werden! Platon kennt zwar zwei Stufen der Unsterblichkeit: einesteils ist jede Seele als solche unsterblich, andernteils bildet die wahre und höchste Unsterblichkeit nur eine Belohnung für die Guten. Wer sich auf Erden untugendhaft verhielt, dessen Seele wird zur Strafe neu eingekörpert. Seine Unsterblichkeit besteht nur in einem unaufhörlichen Wiedergeborenwerden (wobei wie bei den Indern aus Menschen auch Tiere werden können). Die eigentliche Unsterblichkeit in einer leibfreien Postexistenz jenseits unserer Welt erringen nur die Guten. Wiewohl jedoch der schlechte Seelenteil von ihnen unterdrückt wird, gehört er doch, wie zu jeder Seele, auch zu ihrer, nimmt also an ihrer Unsterblichkeit teil, und das ist ein Widerspruch, mit dem Platon gerungen hat, den er aber nicht aufzulösen vermochte.

Der Widerspruch fällt dahin für Aristoteles, der nur den vernünftigen – und d. h. zugleich: den guten – Seelenteil der Unsterblichkeit würdigt (und damit zugleich auch die Unsterblichkeit auf den Menschen, der allein den vernünftigen Seelenteil besitzt, eingrenzt: so dann auch in der Scholastik). Ist für Platon nur ein Teil des Menschen, die Seele, unsterblich, so ist es für Aristoteles nur ein Teil dieses Teils, allerdings der nach ihm höchste, die Vernunft. Daraus aber ergibt sich nun abermals eine Unzuträglichkeit. Es läuft nämlich darauf hinaus, daß das jenseitige Leben darin besteht, daß wir dort endlich der reinen Vernunfttätigkeit obliegen, in letzter Konsequenz: reine Mathematik treiben können. Ähnlich beschränkt sich die Tätigkeit der leibbefreiten Seele schon nach Platon auf die – freilich zugleich emotional getönte – Schau der Idee (und das ist sogar ins Christentum eingegangen: Schau der göttlichen Glorie, visio dei, ist – neben der Musik – das ganze Ergötzen der Seligen im Himmel; der Islam hingegen malt die Himmelsfreuden viel sinnlicher aus). Damit aber bildet die Philosophie den Unsterblichkeitsglauben derart um, daß sein ursprünglicher religiöser Sinn völlig entstellt wird. Aus einer Unsterblichkeit der lebendigen Person macht sie eine solche der bloßen Vernunft, aus der Erhöhung des Seins eine solche des Wahrheitserkennens, aus dem Jenseits einen Philosophenhimmel (analog setzt sich nach Fichte, der im Handeln das Höchste erblickt, dieses Handeln ebenfalls im Jenseits fort).

Wie die Philosophie die Unsterblichkeitsvorstellung mit ihrem eigenen Gehalt erfüllt, so tut sie dies auch mit der Gottesvorstellung: auch Gott „treibt Geometrie" oder – weil nur der höchste Gegenstand seiner würdig ist – „Erkenntnis der Erkenntnis" (Aristoteles). Und auch hier geht daher der ursprüngliche religiöse Sinn verloren. Aus dem „lebendigen Gott" wird der verdünnte und vor allem von Pascal abgewehrte „Gott der Philosophen". Sowohl das subjektive wie das objektive Numinose löst sich unter dem Zugriff der Philosophie auf.

Dem Christentum, Platon und den Indern ist aber eines gemeinsam: alle halten das jenseitige Dasein für reiner und vollkommener als das diesseitige. Erst im Jenseits erreicht der Mensch die höchste Sprosse. Daher wird ihm das Jenseits schon hier zum erstrebenswerten Ziel. Das irdische Dasein trägt seinen Sinn nicht in sich, sondern rückt herab zu einer kurzen Vorbereitungs- und Bewährungzeit, während das Schwergewicht des Gesamtlebens aufs jenseitige Dasein fällt. Bei Orphikern und Neuplatonikern gelangt die Seele nach dem Tode sogar nicht erstmalig ins Jenseitsreich, sondern stammt ursprünglich von dort. Sie ist in die irdische Materie nur herabgefallen oder zur Strafe gestürzt worden und hat sich ihrem Wesen entgegen mit ihr verbunden. Umso mehr geht ihre ganze Sehnsucht danach, sich aus dieser Verbindung wieder zu befreien und in ihre wahre Heimat zurückzukehren, die emanatio durch die remanatio rückgängig zu machen. Auf Erden befindet sie sich nur in einem vorübergehenden Exil.

Das sind ungünstige Voraussetzungen für eine Anthropologie. Der Mensch stellt hier nichts Letztes, keinen letzten Wert, sondern gewissermaßen nur die Raupe dar, aus der sich ein lichteres und beschwingteres Wesen loswinden soll. Seine tiefste Hoffnung geht gerade auf die Transzendierung seines Menschseins, auf eine transhumane Existenzform. Die Anthropologie betrifft nur eine Phase, und nicht einmal die ruhmreichste, eines umfassenderen Seelenschicksals. Sie steht nicht für sich, sondern bildet nur ein dienendes Teilglied der Soteriologie.

Demgegenüber liegt für Homer aller Glanz und alle Schönheit beim diesseitigen Leben, mit dem verglichen das Leben im Hades sich auf eine beklagenswerte Schattenexistenz beschränkt. Ohne Kraft und Vernunft taumeln die Seelen, zu denen der Totengesang Odysseus hinabsteigen läßt, armselig dahin. Erst das Blut eines geschlachteten Tieres leiht ihnen die Sprache zurück. Und Achill, der stolzeste der Helden vor Troja, gesteht: lieber wäre ich auf Erden ein armer Taglöhner als hier König über die Toten. Indem Homer die Existenz der Toten zur Schattenhaftigkeit herabdrückt, höht er aber nicht nur das Leben im Lichte gegen sie auf, sondern nimmt den Lebendigen zugleich die Furcht vor revenants, eine Furcht, die die ganze frühe Menschheit beherrschte und der z. B. auch die Sitte des Grabsteins, der den Toten am Heraussteigen aus dem Grabe verhindern soll, einen ihrer Ursprünge verdankt.

Während Homer das Leben nach dem Tode nur entwertet, geht das Alte Testament noch einen Schritt weiter und tilgt es ganz. Wie das Alte Testament in seiner Rationalität die Göttermythen des Polytheismus abstößt, so auch die Mythologie jenseitiger Wohnungen und Existenzformen der Seele (während das Christentum dann beiden Formen des Mythus wieder offener steht). Das ist um so erstaunlicher angesichts des jahrhundertelangen Wohnens der Juden in dem vom Totenkult ganz beherrschten Ägypten. Erst spät, am meisten durch die gnostisch beeinflußte Kabbala, dringen auch ins Judentum Jenseitsvorstellungen ein, haben jedoch nie die Stellung erlangt, wie im Christentum oder gar im Islam.

Aber das Alte Testament sagt nicht: es gibt kein ewiges Leben. Es spricht bloß einfach nicht von ihm. In der Neuzeit hat sich der neu durchbrechende Diesseitsglaube häufig zum Jenseitsglauben in einen ausdrücklichen Gegensatz gestellt. Das Höchste liegt gerade nicht im Ewigen, es liegt in der Glorie der Vergänglichkeit. Irdische Ziele, etwa die Vervollkommnung der eigenen Persönlichkeit oder des Gesellschaftsgebildes sind die wahren Ziele des Menschen. Das Leben ist nicht bloß eine Vorbereitung auf eine andere Welt, sondern hat seinen immanenten Sinn und soll nach rein weltlichen Maßstäben möglichst würdig, schön und reich gestaltet werden. Nach Marx ist unser irdisches Leben sogar nur deshalb so trostlos, weil wir in der Hoffnung, daß uns drüben ein besseres Los erwarte, die an sich durchaus mögliche Verbesserung der irdischen Einrichtungen verabsäumt haben. (Marx basiert bereits auf dem pietätlos-cruden Wort Feuerbachs von der Religion als „Lebensversicherungsanstalt"). „Ich beschwöre euch, meine Brüder, bleibt der Erde treu und glaubt denen nicht, welche euch von überirdischen Hoffnungen reden", so läßt auch Nietzsche Zarathustra (Vorr. 3) seinen Diesseitsglauben verkünden. Das größte Dokument dieses Glaubens sind aber die Verse, die Goethe – trotz seiner anderslautenden Äußerungen nach dem Tode Wielands – dem alten Faust in den Mund legt:

Der Erdenkreis ist mir genug bekannt,
Nach drüben ist die Aussicht uns verrannt.
Tor, wer dorthin die Augen blinzelnd richtet,
Sich Wolken über seinesgleichen dichtet!
Er stehe fest und sehe hier sich um!
Dem Tüchtigen ist diese Welt nicht stumm.
Was braucht er in die Ewigkeit zu schweifen!
Was er erkennt, läßt sich ergreifen.
Er wandle so den Erdentag entlang,
Wenn Geister spuken, geh er seinen Gang.

II. Teil

Der Mensch als Geistwesen I: Der subjektive Geist (Vernunftanthropologie)

1. Kapitel

Die Glorifizierung der Vernunft

a) Die Griechen als Entdecker der autonomen Vernunft

In der Bibel hat Gott dem Menschen das Essen vom Baum der Erkenntnis als Sünde untersagt. Höher als das, was wir selbst erkennen können, steht das, was Gott früher geoffenbart hat und noch jetzt durch den Mund der Propheten kündet. Und nach dem Christentum vollends ist all unser Wissen nur eitles Stückwerk. „Wir sehen jetzt durch einen Spiegel in einem dunklen Wort." Die wahren Tugenden des Menschen liegen in religiösen Gefühlen, darin, daß er glaubt, liebt und hofft.

Bei den klassischen Griechen treten wir in eine andere Welt ein. Sie begreifen den Menschen nicht von Gott her, sondern aus sich selbst, aus seinen *geistigen* Gaben. Er ist für sie das Wesen, das Vernunft hat. So heißt es in den

Anakreonteen: „Die Natur gab den Stieren Hörner, den Pferden Hufe, den Hasen Schnelligkeit, den Männern aber den Gedanken". Bei Platon bildet das Logistikon unsern höchsten Seelenteil, und ebenso ist es bei Aristoteles und den Stoikern.

Nicht zufällig sind die Griechen die ersten, die das Moment des Theoretischen verselbständigt und das Wissen um seiner selbst willen gesucht haben (einzig „der Erkenntnis wegen" haben Solon und Herodot, der dies von ihm sagt, fremde Länder bereist). Die an sich nicht unbeträchtlichen Kenntnisse der orientalischen Völker, von denen die Griechen zunächst abhängig sind, standen im Dienst praktischer Zwecke (z. B. die Astronomie im Dienst von Schiffahrt, Kalender und Wahrsagekunst). Erst bei den Griechen, die daher jene Ansätze rasch überflügelt haben, wird die Wahrheit zu einem autonomen, nicht von anderem Licht strahlenden Wert. Erst bei ihnen entstehen daher die autonomen Kulturgebiete der Philosophie und Wissenschaft und folglich die menschlichen Gestalten des Denkers und Gelehrten.

Wie die theoretische, so autonomisiert sich bei den Griechen auch die praktische Vernunft. Die Ethik der Bibel ist theonom: man soll die sittlichen Gebote befolgen, weil Gott sie erlassen hat. Allenthalben richten sich die Menschen nach von alters überkommenen und pietätvoll bewahrten Traditionen, die mit Selbstverständlichkeit gelten und bei denen niemand fragt, ob sie sich vor dem Forum der Vernunft rechtfertigen lassen. Erst bei den Griechen begründet sich Vernunftethik: gewinnt der Mensch ein derartiges Zutrauen zu seiner eigenen Vernunft, daß er nunmehr wagt, nicht mehr nur göttliche oder traditionale Vorschriften zu befolgen, sondern sich statt dessen nach dem zu richten, was die innere Stimme ihm anrät. Die philosophischen Ethiken geben zwar dem Guten verschiedenen Inhalt, aber alle basieren auf dem Gemeinsamen, daß der Mensch überhaupt – und das war einmal eine gewaltige Neuerung – dasjenige Gute tun dürfe und solle, das sich vor seiner Vernunft bewährt. (Faktisch wird er immer, und mehr als er weiß, nach wie vor von Traditionen gelenkt bleiben; sehr oft wird die Vernunft auch inhaltlich bloß das traditionale Gute bestätigen, so daß das Verhalten äußerlich dasselbe bleibt wie bisher, aber von der Legalität auf die höhere Stufe der Moralität gehoben.)

Der aus seiner Vernunft lebende Mensch ist erst der wahrhaft individuelle Mensch. Seiner Vernunft gehorchen heißt nur sich selbst gehorchen, heißt seine Direktiven nicht aus allgemeinen Überlieferungen und Regeln, sondern aus der eigenen Seele empfangen. Vernunftethik ist autonome Ethik, und auch die ungehinderte Entfaltung der theoretischen Vernunft setzt ein autonomes, durch das Herkommen nicht mehr gebundenes Individuum voraus. Nachdem eine gewisse Verselbständigung des Individuums bereits eine Leistung der Hochkultur als solcher war, die den griechischen Vernunftglauben ermöglichte, treibt dieser Glaube den Verselbständigungsprozeß noch weiter voran.

Wie die neuentdeckte Vernunft nach außen dem Überlieferten gegenübersteht, so hat sie auch innerhalb des Menschen selbst ihre Gegnerschaft, sie steht hier andern Kräften der Seele, steht den Trieben und Leidenschaften gegenüber (traditionale, rationale und emotionale Motive unterscheidet Max Weber als die drei Hauptmotivgruppen des Handelns). Bei Platon soll die Vernunft, als die höchste Kraft in uns, die Begierden beherrschen, bei den Stoikern soll sie die Affekte womöglich ganz unterdrücken: unbewegte Gemütsruhe (Ataraxia) ist ihr Ideal, ja Aristoteles rechtfertigt die Tragödie damit, daß sie eine „Reinigung von Leidenschaften“ bewirkte. Noch Kant steht in dieser Traditionslinie: ethisches Verhalten reduziert sich für ihn darauf, daß die vernunftgeborene Pflicht der sinnlichen Neigung Herr wird. Demgegenüber weiß die Ethik seit dem Sturm und Drang, daß auch die nichtvernunfthaften Seelenschichten ihre notwendige Lebensfunktion haben. Sie können gar nicht völlig unterdrückt werden, und schon ihre über das Notwendige hinausgehende Unterdrückung verarmt das Leben.

Bei den Stoikern verleiht die Vernunft – die für die inneren Werte der Person überhaupt eintritt – nicht nur Autonomie, sondern Autarkie. Sie macht uns unabhängig nicht nur von Affekten, sondern auch vom Äußeren der Güter und des Schicksals. „Der Weise ist sich selbst genug." Auch wenn er nichts Materielles mehr besitzt, so darf er doch gleichmütig bleiben, denn er besitzt immer noch, was mehr ist als alles Materielle: sich selbst und seine ihm unentreißbare Tugend. Si fractus illabatur orbis impavidum ferient ruinae! Damit ist eine bisher nicht gekannte Stufe der Verinnerlichung erreicht, und auch das Christentum konnte daher später Stoisches in sich aufnehmen. Nicht auf „irdischen Tand" kommt es im Leben an, sondern auf die eigene Seele und ihre Läuterung.

Indem freilich die Stoa uns nicht nur das Innere höher schätzen lehrt als das Äußere, sondern das Äußere für wertlos und gleichgültig erklärt, überspannt und diskreditiert sie ihr eigenes Prinzip. Nicht *alles* Außerseelische ist Tand. Nicht allein gibt es hohe immanent weltliche Werte der Kultur – ist denn das Brandenburgische Konzert „Tand"? –, sondern auch die Seele selbst kann ihr Bestes nur im Umgang mit Weltlichem entfalten. Subjektives und Objektives, Inneres und Äußeres lassen sich nicht trennen. Nur durch höhere Bildung verfeinert sich mein Geist, nur im Umgang mit dem Freund blühe ich menschlich auf, nur in der beruflichen Tätigkeit kann ich meine Kräfte schulen und ausleben. Wenn man mich nun von der höheren Bildung ausschließt, wenn der Freund mir nicht begegnet oder sich mir nicht schenkt, wenn der Beruf, für den ich begabt bin, überfüllt ist und mir keine Chance bietet, so hilft es wenig, wenn ich mir mit den Stoikern sage, all dies seien nur Allotria, was zähle sei allein der ungebrochene Charakter. Wo das Äußere sich versagt, liegt auch das Innere brach. Dieses ist zwar das Höhere, aber es setzt jenes als sein Fundament voraus.

b) *Weltvernunft und Menschenvernunft*

Nach alter orientalischer Auffassung kehrt am Menschen nur in verkleinertem Maßstab wieder, was den ganzen Kosmos durchwaltet. Er ist Mikrokosmos.[1]) Daher *tritt der Orientale der Natur nicht, wie der Europäer, als ein Anderer* gegenüber. Im Unterschied zu jenem, der daher auf ihn ursprünglich raubtierartig wirkte, fühlt er sich nicht dazu berufen, sie geistig und technisch zu beherrschen (das Motiv der Herrschaft begegnete uns schon in der Genesis): so hängt die Gesamtkultur letztlich vom Menschenbild ab. Wie wir auf ostasiatischen Gemälden bewundern können, fühlt sich der Mensch hier wie ein Gewächs in der Landschaft, wie ein integrierender Ton in der großen Melodie des Alls. Und da er nur Glied der Natur ist, so kann man ihn auch von ihr aus begreifen (später wendet die Neuzeit den Mikrokosmosgedanken umgekehrt so, daß man vom Menschen aus die Natur – als Makranthropos – begreifen müsse. Ihre Gesetze müssen auch für ihn gelten. Daher die assyrisch-babylonische Astrologie: dasselbe Geschehen, das sich in der Sternenwelt abspielt, muß sich auch an den Schicksalen der Menschen wiederholen. Auch noch die Vorsokratik macht allgemeine Seinsaussagen, die die Natur und den Menschen gemeinsam umspannen (deutlich z. B. bei Pythagoras); er bildet für sie kein Sonderthema der Philosophie.

Daß die Vernunft das hervorstechende Anthropinon ist, besagt daher noch nicht ohne weiteres, daß er allein Vernunft habe und daß er durch sie einer besonderen, ihn über alles sonstige Sein stellenden Würde teilhaft sei. Mag er die Vernunft vor den Tieren voraus haben, so gibt es doch nach manchen neben der seinen eine göttliche oder

---

1) Der Mikrokosmosgedanke ist schon von den Griechen (Demokrit fr. 34, vgl. W. Jäger, Nemesios von Emesa, S. 134 ff.) rezipiert und später von der Renaissancephilosophie (Campanella!), von Lotze und Scheler erneuert worden. Er ist aber im antik-abendländischen Denken stets ein Hemmschuh geblieben. Denn für uns (ebenso wie für die Bibel) stellt der Mensch etwas Einzigartiges, so im Kosmos nirgends Wiederkehrendes dar.

Weltvernunft. Für die Griechen bildet die Welt einen gesetzmäßig geordneten „Kosmos". Diese Ordnung, so nahmen viele an, kann nur dadurch in ihn gekommen sein, daß eine höhere Vernunft ihn planvoll geordnet hat. So argumentiert noch der physiko-theologische Gottesbeweis. Nach Platon (wie noch Kepler!) sind die Planeten beseelte Wesen, denn wie könnten sie sonst in ihrer Bahn Kreise beschreiben, d. h. Geometrie treiben. Das objektiv Vernunftgemäße scheint ihm selbst subjektiv vernunftbegabt sein zu müssen. Nach dem Vorgang schon Heraklits haben die Stoiker von einem Weltlogos gesprochen. Wie schon die Orphiker unsere Seele aus einem höheren Lichtreich herabgestiegen sein lassen, mit dem sie mehr Verwandtschaft hat als mit dem Irdischen, so erblicken auch die Stoiker in unserm menschlichen Logos einen Samen des Weltlogos. (Ähnlich regt sich nach der Romantik in jedem Einzelgeist der größere „Volksgeist".)

So könnte sich der Mensch auch mit seiner Vernunftnatur nur als „Spiegel des Alls" empfinden. Allein der Grieche verteilt die Gewichte anders als der Orientale. Wohl entspricht der menschlichen Vernunft eine göttlich-kosmische. Aber im Vergleich zum Irdischen begründet dies eine Überlegenheit. Als einziger unmittelbarer Geschlechtsgenosse der Götter, „kein Sproß der Erde, sondern des Himmels" (Platon, Tim. 90 a), nimmt der Mensch neben allen übrigen Wesen einen einmalig unvergleichlichen Rang ein. Die Verwandtschaft nach oben schafft Distanz nach unten. Wie in der Genesis durch seine Gottebenbildlichkeit, so ist er bei den Griechen durch seine Vernunft ausgezeichnet und erhöht. Deshalb konnten in der abendländischen Tradition das griechische und das biblische Menschenbild eine so feste Synthese eingehen. Als praeambula fidei nimmt die Scholastik die Lehre vom Menschen als Vernunftwesen in ihr System auf.

War für Platon das denkende Bewußtsein nur der höchste Teil der Seele gewesen, so definiert Descartes die Seele überhaupt nur noch als Bewußtsein. Die Seele *hat* nach ihm nicht nur Bewußtsein, sondern *ist* Bewußtsein. Er ist damit ebenso der Vater des neuzeitlichen Rationalismus wie Locke derjenige der Aufklärung. Ähnlich heißt es auch bei Pascal, daß der Mensch dem Universum, das ihn mit seiner Größe zermalmt, dennoch etwas Größeres entgegenzuhalten hat: er ist zwar das schwächste Schilfrohr der Natur, mais un roseau pensant. Auch Linné klassifiziert den Menschen als das animal rationale, als homo sapiens. „Er unterscheidet, wählet und richtet" (Goethe). Die Überspannung des Vernunftglaubens hat zwar in der Goethezeit und im 19. Jahrhundert zu einer neuen Anthropologie geführt, die ganz andere Kräfte als die der Vernunft für die uns bestimmenden ansieht. Und doch ist die Vernunftanthropologie nie ganz aus dem Felde geschlagen worden. Wenn heute der Mensch als „weltoffen" im Gegensatz zum umweltgebundenen Tier bestimmt wird, so lebt sie auch hier noch nach.

Auch die Verbindung zwischen Vernunftanthropologie und allgemeiner Vernunftmetaphysik kehrt in der Neuzeit wieder. Nicht nur im Kosmos, auch in der Weltgeschichte ist es nach Hegel, der das Erbe der prophetisch-christlichen Geschichtsphilosophie in die Vernunftmetaphysik hineinbildet, „vernünftig zugegangen". Während es jedoch nach den Griechen eine göttlich-vollendete Vernunft ist, die den Kosmos formt, und ebenso auch in der Religion Gott schon vor aller Geschichte seinen „Heilsplan" hat, gibt der deutsche Idealismus dem Gedanken eine andere Wendung. Der Welt liegt zunächst nur eine unreflektiert dumpfe, sich selbst nicht kennende Vernunft zugrunde. Und die Entstehung der Natur sowie der Prozeß der Geschichte, all dies dient bloß der Selbstentfaltung und dem allmählichen Zu-sich-selbst-kommen der Vernunft. Das Anorganische, das Organische und das Reich der Kultur sind bloß Stufen, durch die hindurch die ihrer noch unbewußte Vernunft zu immer höherer Wachheit empordrängt und über die sie sich emporarbeitet zum Endziel des völligen Beisichseins. Ähnlich gebricht es schon nach Plotin (der deutsche Idealismus ist Neoplotinismus) dem

Ureinen an Selbsterkenntnis: jede Erkenntnis setzt eine Zweiheit, ein Intelligentes und ein Intelligibles voraus. Daher spaltet sich nun das Eine, und die ganze Stufenleiter der Hypostasen entsteht durch Proodos, durch einen Hervorgang aus ihm; aber alle Stufen sind beherrscht von der Sehnsucht, das Eine zu schauen und in der Schau zu ihm zurückzukehren.

Alles ist also vernunfthaltig, aber erst in einem langwährenden Aufstieg steigert sich die anfänglich noch – um mit Leibniz, der auch in diese Linie gehört, zu sprechen – „schlafende" Vernunft bis zur letzten Helligkeit. Von hier findet der deutsche Idealismus in anderer Weise als die Antike den Weg, trotz der Vernunfthaltigkeit des Alls der Menschenvernunft eine Sonderstellung einzuräumen. Sie ist nicht nur blasser Abglanz der göttlichen, sondern erst in ihr erfüllt sich jene. In der menschlichen, zumal in der philosophischen Vernunft gelangt die Weltvernunft zu Selbstbewußtsein. Daher darf der Mensch hier auch im emphatisch-moralischen Sinne selbstbewußt sein. Er ist die Stelle im Weltganzen, an der die geheime Urabsicht des Weltprozesses sich erst vollendet. Wie in der Bibel ist das späteste Glied der Schöpfung ihre Krone, ja die Schöpfung war von jeher auf diese späte Krone angelegt. Dieselbe Finalität der Natur auf den Menschen hin vertritt noch der heute viel gelesene Teilhard de Chardin, bei dem freilich auch der Mensch nur einen Übergang bildet zur endhaft zu erreichenden „Noosphäre".

c) Der Dualismus Vernunft – Natur

Kraft seiner Vernunftnatur soll der Mensch den Höchstrang auf Erden innehaben. Aber nicht alles am Menschen ist Vernunft. Dem Geist steht der Körper, dem Denken Trieb und Gefühl gegenüber. So involviert die Vernunftanthropologie einen anthropologischen Dualismus. Wie nach Platon zwischen Idee und Wirklichkeit eine Tmäma, ein Schnitt, liegt, und ebenso nach der Religion zwischen

Gott und Welt, so geht auch durch den Menschen ein solcher – oder vielmehr, da die Seele das Idee- und Gottverwandte in uns ist: derselbe – Schnitt quer hindurch. Der extrahumane Chorismos wiederholt sich intrahuman. Der Mensch ist durchaus ein Erdenwesen, das aber mit seiner Vernunft in das obere Reich hineinragt. Zwiegehörig hat er an beiden Reichen Anteil und ist auf die Spannung zwischen ihnen gestellt.

Schon in den altchinesischen Schriften gilt der Mensch als eine Verbindung des himmlischen Yang und des erdhaften Yin. Auch in der Bibel – die jedoch hieraus keinen grundsätzlichen Dualismus ableitet – setzt er sich aus gekneteter Erde und dem göttlichen ruach zusammen. Nach einem Mythus der Orphiker entstand der Mensch aus der Asche der vom Blitz getroffenen Titanen, der Erdentsprossenen, die jedoch zuvor den Zeussohn Zagreus verzehrt und sich dadurch göttliche Kräfte einverleibt hatten. Der von den Orphikern ausgebildete Leib-Seele-Dualismus beherrscht durch Platon, der die Seele in die Geistseele setzte, fast die gesamte seitherige Tradition. Im Vergleich mit dem Christentum scheint es oft, als hätten die Griechen noch aus einer ungespaltenen Harmonie gelebt. Und doch haben sie erst die Spaltung radikalisiert. Von ihrer philosophischen und der christlichen (sowie der gnostischen) Tradition gespeist läßt Descartes die beiden Substanzen der cogitatio und extensio sich so heterogen sein, daß sie nicht einmal aufeinander einwirken können. Dennoch wohnen sie im Menschen bei- und nebeneinander. Wir sind „Bürger zweier Welten" (Schiller), „Drang" und „Geist" kommen in uns zusammen (Scheler).

Das aber begründet einen Konflikt. Es zieht uns sowohl nach der einen wie nach der andern Seite. Nie liegt nur ein Weg vor uns, immer müssen wir uns zwischen zwei Wegen entscheiden. Wir leben in einer permanenten Krise. Vielleicht ist es die Urerfahrung dieses Konflikts, die die dualistische Theorie erst hervortreibt.

Theoretisch ist zwar der Konflikt immer bereits zugunsten der einen Seite entschieden. Die beiden Prinzipien in uns sind nicht gleichwertig: die Vernunft ist das höhere. Sie ist immer im Recht, und wenn wir ihr nicht folgen, so nur aus Schwäche, ja nach Sokrates nur, weil wir noch nicht das wahre Wissen besaßen.

Von hier entsteht sogar die Überzeugung, daß der Dualismus nur etwas Vorübergehendes sei und daß wir von den Leiden an ihm dereinst erlöst werden sollen. Wie nach Platon nur die Idee jedes Ding zu dem macht, was es ist, so macht im Grunde nur die Vernunft uns zu Menschen, das übrige bleibt „ein Erdenrest zu tragen peinlich". Gegen seine Natur ist das Geistige in die es alterierende Materie verstrickt worden. Aber es will und wird sich aus dieser Verstrickung wieder befreien. Unsere „Zwienatur", ist Abfall von unserm ewigen Wesen, ist etwas schon im Leben durch Kampf gegen das Irdische zu Überwindendes und vollends im Tode Überwindbares.

Auch aus der ihn umgebenden, als nicht zugehörig empfundenen Welt möchte der Mensch sich hier deshalb ausgrenzen. Der Geist ist „wie ein Fremdling in der sichtbaren Natur" (Aristoteles, De anima I, 4). Wiewohl sich stolz bewußt, durch den Geist zum Herrscher der Erde bestimmt zu sein, fühlt sich der Mensch durch ihn auf der Erde unheimisch und nur wie ein Gast. Er hat hienieden keine bleibende Stätte und strebt nur, „von hier so schnell wie möglich dorthin zu entfliehen" (Platon).

Wir werden später sehen, wie in Goethezeit und Gegenwart die Zwei-Welten-Theorien allgemein metaphysisch und anthropologisch überwunden sind. Man entgeht dem Dualismus nicht, indem man sich emphatisch auf die eine Seite schlägt und die andere verketzert, sondern indem man das Geistige und das Körperliche des Menschen aus einer tieferen Einheit heraus versteht.

2. Kapitel

Die Entthronung der Vernunft

a) Die Höherbewertung außervernunftmäßiger Erkenntnis- und Seelenkräfte

Bald ist Vernunft nur ein anderes Wort für unser Erkenntnisvermögen überhaupt, bald wird sie im engeren Sinne nur in das Denken gesetzt. Über Wahrnehmungserkenntnis verfügt auch das Tier, ja manche Tiere haben schärfere Sinne als wir. Nur dem Menschen aber, so wird gesagt, gelingt die höchste Form der Erkenntnis, das Denken. Schon Parmenides hat dem Wahrnehmen als dem nicht nur untergeordneten, sondern täuschenden Organ das Denken als das metaphysische Organ konfrontiert. Und Platon hat dem eine Bestimmung hinzugefügt, die bis an die Schwelle der Gegenwart erhalten geblieben ist: im Unterschied zur Wahrnehmung, die am Individuellen und Konkreten haftet, ist Denken Begriffserkenntnis, Erkenntnis des Allgemeinen. So lehrt es noch der Nominalismus, der im übrigen die Platonische Metaphysizierung des Allgemeinen nicht mitmacht. Der Mensch ist das Vernunftwesen, das heißt also hier genauer gefaßt: nur er denkt allgemeine Begriffe. Descartes und Leibniz sind sogar noch weiter gegangen: bei ihnen bildet das Denken nicht nur die höchste, sondern die einzige Form des Erkennens, ja des Seelenlebens überhaupt. Daher nennt Descartes die Seele cogitatio. Alles Nichtdenkerische in ihr ist nur „verworrenes Denken." Tiere, da sie nicht denken können, haben überhaupt keine Seele, sind bloße Automaten.

Diesem Rationalismus ist der Empirismus Lockes entgegengetreten: all unser Erkennen beginnt mit dem Wahrnehmen. Auch Tiere haben darum Erkenntnis und Seele (aus Lockes Schule erwächst die erste Tierpsychologie), was freilich für Locke – ebenso wie für Hobbes (Leviathan 17) – den Graben zwischen Tier und Mensch gleichwohl nicht aufhebt (während sich später, etwa für Schopenhauer, dieser Graben dadurch verringert, daß er den Menschen überhaupt nicht mehr aufs Kognitive, sondern aufs Emotionale stellt). In genauer Umdrehung zu Decartes entstehen nach Locke sogar die Begriffe erst aus Abblassungen der Wahrnehmung. Allein diese genetische These impliziert keine neue Bewertung der beiden. Auch für den Empirismus bleibt das Begriffsdenken Ziel aller Erkenntnis.

Das ändert sich erst mit Vico, mit Baumgarten, Hamann, Herder und der Romantik. Bei ihnen dient die *sinnliche Erkenntnis* nicht mehr nur der Vorbereitung der begrifflichen, sondern steht ihr im Rang gleich, ja über ihr. Bei Feuerbach entsprechen die Sinne dem bisher verachteten dritten Stand; wie dieser in der französischen Revolution Gleichberechtigung erlangte, so nun auch die Sinne. Während man früher die „Sinnlichkeit" als ganze zusammenfaßte und innerhalb ihrer, da sie nur eine untergeordnete Vorstufe war, nicht näher differenzierte, geht als erster Herder auch den spezifischen Leistungen der einzelnen Sinnesorgane nach. Er ist damit der Vorläufer der modernen Aesthesiologie etwa von Plessner und Katz. (Allerdings waren auch ihm schon Diderot und Lessing vorhergegangen, der in seinem „Laokoon" die unterschiedlichen Gesetze der Dichtung und der bildenden Kunst darauf zurückgeführt hatte, daß jene dem Ohr, diese dem Auge zugeordnet ist.)

Die Aufhöhung unserer subjektiven Sinnlichkeit ist aber nur die Folge einer veränderten Auffassung der sinnlichen Gegenstandswelt. Der Platonisch-Aristotelische Dualismus, der sich als kategoriales Gerüst bis tief in die Neuzeit hinein gehalten hat, unterschied hier Materie, dort Idee und Form. So tief wie die Materie unter Idee und Form, stand daher auch Wahrnehmen unter Denken. So ist es noch bei Kant. Der in der Renaissance anhebende und in der Goethezeit erneut durchbrechende Pantheismus aber hatte diesem Dualismus einen Monismus entgegengesetzt. Alles Wirkliche ist als solches gott- und sinnhaltig. Die Sinnmomente liegen nicht in einer abgetrennten eigenen

Sphäre, sondern sind dem Wirklichen selbst immanent. So steigt hier das Wirkliche im Rang. Und mit ihm steigt daher auch das Wahrnehmen. Das Wahrnehmen erfaßt im Wirklichen nicht mehr bloß amorph rohe Materie, sondern das ihm einwohnende Göttliche. Es ist sinnerfassendes Wahrnehmen. Ja es steht sogar höher als das reine Denken: denn der mit dem Wirklichen zu Symbolen verwobene Sinn ist unendlich reicher und tiefgründiger als die materiefrei isolierten Abstraktionen, zu denen das Denken gelangt. Daher stellt die Goethezeit das ästhetische (nicht mehr der Denker, der Dichter ist der wahre Mensch!) sowie historische Sehen über die sinnenfremde Erkenntnisweise von Philosophie und Wissenschaft, gegen die es bisher nie aufkam. Daß die Goethezeit eine Hochblüte der Dichtung bringt und das historische Organ weckt und öffnet, hängt beides zusammen, ruht auf dem gleichen weltanschaulichen Grund. Der Dichter, der sich im Individuellen bewegt, der Historiker, der das Wesen z. B. des Staates nicht rational zu konstruieren sucht, sondern sich in die Phänomene gewachsener Staaten versenkt, sie beide, die die lebendige Fülle des Konkreten ausschöpfen, sind auch als Erkennende den bloßen Vertretern der Vernunft überlegen. Ihre Anschauungen erschließen uns Geheimnisse, die die armselige, bloß denkende Vernunft uns nie wird lehren können.

Aber nicht nur die Wahrnehmung wird gegen das Vernunftdenken ausgespielt. Was im 18. Jahrh. Denken hieß, war nicht mehr die emotional gefärbte Platonische Ideenschau, der sich ein gestalthaft gegliedertes Reich des Wesenhaften eröffnete, nicht die Spinozistische Intuition, in der Welterkenntnis und Gotteserkenntnis koinzidieren, sondern das zerlegende, messende, rechnende Verstandesdenken, das die Welt in ein mechanisches Geschiebe quantitativer Partikeln auflöst und so technisch beherrschbar macht. Das Korrelat dieses Denkens ist nur noch eine geheimnislose, entzauberte, „entgötterte Natur" (Schiller). Demgegenüber erklärt die Goethezeit: so arm und öde, „so grau, so kimmerisch, so totenhaft" – wie Goethe von Holbachs „Système de la nature" sagte – ist die Welt nicht. Aber um ihre wahre verborgene Tiefe auszuloten, dazu darf man sich ihr nicht nur denkend nähern, auch nicht nur wahrnehmend; dazu muß der Mensch als ganzer in Aktion treten, auch mit den innersten Kräften seines Gemüts, mit seinen *Gefühlen*. Die Tiefe drüben antwortet nur der Tiefe in uns. Sie wird nicht so sehr gedacht als erlebt. Die Gefühle, soeben erst von Rousseau für die Gebildeten und von Tetens auch für die philosophische Psychologie entdeckt, sind nicht bloß Zustände des Subjekts, sondern haben eine weltaufschließende („intentionale", wie Franz Brentano und Scheler es ausdrückten) Kraft. Zumal die frühe Menschheit – die Naturvölker, auch das noch glaubensgehaltene Mittelalter –, die noch mehr aus dem Vollen atmete als wir durch die Aufklärung flach gewordenen Verstandesmenschen, war daher nicht bloß, wie man bisher dünkelhafterweise glaubte, unfortgeschritten und zurückgeblieben, im Gegenteil, wir müssen sie bewundern und beneiden: mit ihrer Ergriffenheit, mit ihrer „Ahndung" – ein Lieblingswort der Romantik –, mit ihrem visionären Traum stand sie dem Wesen der Dinge, dem göttlichen Weltgrund, noch näher als wir. Aber auch wir sollen versuchen, soweit es uns heute noch gelingen kann, nicht nur unsern Verstand zu schulen, sondern jene elementareren Seelenschichten (die „Instinkte", wird Nietzsche später sagen) in uns zu reaktivieren und so gleichsam wieder „erste Menschen" zu werden. Nicht die Vernunft ist der göttliche Teil in uns! An die Stelle des homo sapiens tritt der homo divinans. Und entsprechend verschiebt sich daher auch die Einschätzung der menschlichen Objektivationen. Wir sahen bereits, daß die Goethezeit der Kunst einen höheren Weisheitsgehalt zubilligt als der Philosophie und Wissenschaft. Sie tut dies aber nicht nur um der Sinnlichkeit, sondern auch um der stärkeren Gefühlsgetragenheit der Kunst willen. Neben die Kunst gesellt sich aus dem gleichen Grunde die Religion.

Weiser als die Vernunft ist nach der Goethezeit nicht nur das Gefühl, sondern auch das *Unbewußte*. Damit entfernen wir uns noch mehr von der Geistanthropologie als bisher. Mit Wahrnehmung oder Gefühl stellt man noch Kräfte des Bewußtseins gegen seine denkerische Kraft. Jetzt dagegen wird das Bewußtsein als ganzes depraviert. Mag immerhin nur der Mensch Bewußtsein besitzen: es ist nicht zu seinem Ruhme. Das Beste in ihm ist nicht dies, wodurch er sich von anderem Seienden abhebt, sondern daß auch er noch von der allgemeinen unbewußten Weisheit der Natur, an die man jetzt glaubt, durchregt wird. „Der Mensch kann nicht lange in bewußtem Zustand verharren; er muß sich wieder ins Unbewußte stürzen: denn darin lebt seine Wurzel" (Goethe).

Der Begriff des Unbewußten stammt schon von Leibniz. Aber für Leibniz war das Unbewußte nur eine Minusstufe des Bewußtseins, kein eigenes Positivum. Alles Unbewußte drängt zum Bewußtsein als seinem Ziel. Noch Schelling und Hegel – wir hörten es schon – lassen zwar Natur und Geschichte das Werk nicht eines bewußt planenden Gottes, sondern eines sich unbewußt manifestierenden Weltgeistes sein, aber das Ziel, das der Weltgeist dabei verfolgt, ist das Selbstbewußtsein, und er erreicht dieses Ziel im und durch den Menschen, der also hier ganz im Stil der klassischen Überlieferung durch seine Geisteshelle unterschieden und ausgezeichnet bleibt.

Sturm und Drang und Romantik dagegen feiern das Unbewußte als das Ursprünglichere, Höhere und Echtere. Wie es außerhalb des Menschen wirkt, so auch in ihm, ja je mehr es dies tut, um so substantieller ist er. Das Bewußtsein und der Verstand sind unser Unglück, sie ersticken das naturhaft Dumpfe in uns und schnüren uns von unsern tiefsten Kraftströmen ab. Sie führen uns heillos in die Irre, bleiben überall beim Vordergründigen stehen, und was sie hervorbringen ist nur Künstelei. Nur aus dem Unbewußten wachsen die notwendigen Werke, die einen vollkommenen Spiegel der Schöpfung darstellen, weil sie selbst ein echtes Stück Schöpfung sind. Deshalb sind nach Herder die größten Dichtungen Volksdichtungen, weil das Volk noch mehr im Dämmer des Unbewußten webt. Der Einzelne, zumal in den Spätzeiten, steht immer in der Gefahr, nur aus der Dünne des Verstandes zu dichten. Sein Machwerk bleibt erzwungen und seicht, ohne ernsteren Wahrheitsgehalt. Nur wenn er ein Genie ist, kann auch er noch aus den unbewußten Quellen schöpfen, wird, wie die damalige Formel lautet, nicht bloß *die* Natur – die natura naturata –, sondern *der* Natur – der natura naturans – nachahmen, die in ihm selbst noch lebt, und auch sein Erzeugnis wird daher von der Weisheit der Natur durchtränkt sein.

Das sind Überzeugungen, die zwar im 19. Jahrh. durch eine neue Welle des Rationalismus weggeschwemmt wurden und sich nur bei wenigen – etwa Carus – lebendig hielten. Sie sind aber in der Tiefenpsychologie wieder machtvoll hervorgetreten. Freud, dessen Begriff des Unbewußten (über Herbart) an Leibniz anschließt, will zwar das Unbewußte zur Helligkeit emporläutern, entdeckt aber die eigene, archaisch-bildhafte „Logik des Unbewußten". Bei C. G. Jung, der in der Romantik wurzelt, stellen die aus dem (kollektiv) Unbewußten entstehenden Mythen der frühen Völker und die Traumgesichte noch des heutigen Menschen die höchste Offenbarung dar.

Das Unbewußte ist nach der Goethezeit nicht nur um seiner Erkenntnisleistung willen das Höhere. Es ist dies auch deshalb, weil es verglichen mit der sterilen Verstandesreflexion die schöpferische Instanz in uns bildet. Damit kündigt sich eine grundsätzlich andere Anthropologie an als die bisher behandelte: der Mensch ist nicht so sehr zum Erkennen als zum schöpferischen Hervorbringen berufen.

Er ist ferner zum *Leben* im vollen Sinne berufen. Das Unbewußte ist bloß eine tiefere Schicht innerhalb des Psychischen; hier dagegen wird unter das Psychische als Ganzes zu der nächsttieferen Schicht des Lebens hinabgegriffen. Die Aufgabe des Menschen besteht überhaupt nicht darin, Einsichten zu gewinnen, seien es nun bloß rationale oder wesenhaftere. Die Goethezeit erstmalig stellt das Leben über den Geist: primum vivere! In fast schon lebensphilosophischer Weise sieht sie im Leben selbst das Elementarere, das daher auch vor allem zu seinem Recht kommen muß. „Optimus Maximus verlangt von uns nicht Kopfschmerzen, sondern Pulsschläge“ (Hamann). In seinem Seetagebuch beklagt Herder seine in gelehrter Schriftstellerei vertane Jugend, ähnlich spottet Schiller über das „tintenklexende Saeculum“, und Faust, der sich alle Wissenschaften einverleibt hat, gibt die Bücherwelt enttäuscht auf, um sich in den Strudel der Begebenheiten zu stürzen, alle Höhen und Tiefen des Gefühls – „Gefühl ist alles!“ – zu durchmessen und so erst zu erfahren, was das Leben sei.

Radikaler hat Nietzsche diese Tendenzen fortgesetzt. „Mensch bedeutet Denker: da steckt die Verrücktheit!“ Der Mensch ist kein bloßer „kalter Dämon der Erkenntnis“, sondern lachend und tanzend sollen wir alle Vernunftspinnennetze wieder wegfegen; das Telos des Lebens liegt allein in der immer höheren Steigerung seiner eigenen Schönheit und Kraft. „Der Denkrausch weicht dem Lebensschauer“ (Gundolf). Die Erkenntnis steigert nach Nietzsche nicht nur das Leben nicht, sondern jedes Zuviel von ihr lähmt und schwächt es sogar. Wir sollen uns unserer Unwissenheit von Herzen freuen, denn „der Irrtum ist das Leben“. Nicht schrankenloses und wahlloses Wissen, durch das wir innerlich Barbaren bleiben, sollen wir anstapeln, sondern nur solches, das der Entfaltung des Lebens dient. Der Geist soll nicht wuchern, sondern sich wie ein Organ funktional dem größeren Gesamt des Lebens einordnen.

An die religiöse Anthropologie anknüpfend, hat endlich Kierkegaard dem Spekulieren das Existieren konfrontiert. Eine Wahrheit bleibt gleichgültig, wenn wir nicht mit ihr ernst machen, sie uns aneignen, sie wählen. Auch dies ist in die Gegenwart eingeflossen.

b) Die Abhängigkeit der Vernunft von elementareren Seinsschichten

Bis jetzt haben wir gehört, daß andere Kräfte als die Vernunft die erkenntnisfähigeren und überhaupt die höherzuschätzenden seien. Vielleicht aber ist die Vernunft selbst nichts Autonomes, sondern nur Sonderausprägung ihr vorgelagerter und stärkerer Seinsschichten, oder erhält zumindest von diesen erst Richtung und Sinn. Diese Schichten können innerhalb oder außerhalb des Bewußtseins, in der Materie oder im Leben, im Sozialen oder im Kulturellen und Traditionellen gesucht werden: Immer hat die Vernunft ihre Determinante in etwas ihr Fremdem. Diese gemeinsame These ist es, die das 19. Jahrhundert mit wechselnder Instrumentierung vorträgt.

a) Der Materialismus

Der *physikalistische, mechanistische* Materialismus will nicht nur den Bereich der unbelebten Materie, dem sie entnommen sind, sondern alles aus quantitativ mechanischen Prinzipien erklären. Descartes war dieser schon aus der Renaissance (und dem antiken Atomismus Demokrits und Epikurs) stammenden Theorie so weit entgegengekommen, daß er ihr für den Bereich des Lebendigen Recht gab. Soweit wir Glieder der Raumwelt sind, mit unserer Körperlichkeit, unterstehen wir auch nach Descartes, wie die Raumwelt überhaupt, den Gesetzen der Mechanik. Die Tiere, die in der Raumwelt aufgehen, tun es ganz. Borelli hat das dann genauer durchzuführen gesucht: unser Körper als ein System von Hebeln und Pumpen. Aber neben der extensio besteht der Mensch nach Descartes aus cogitatio, und das Bewußtsein hat seine ganz anderen und eigenen Gesetze. Descartes ist also Mechanist nur des Lebendigen, nicht des Geistes; einerseits Erneuerer der Philosophie, erweist er sich als Anwalt der Tradition: er rettet die (unsterbliche) Seele vor dem Zugriff der Mechanistik. Seine Philosophie konnte deshalb offiziell werden, weil sie der Mechanistik in einer Weise Eingang verschaffte, die dem Dogma nicht gefährlich zu werden vermochte.

Die konsequente Mechanistik kann sich mit diesem Dualismus nicht zufrieden geben. Sie will eine Metaphysik sein und muß auch den Geist in ihre räumlich-materielle Gesamtweltdeutung mit einbeziehen. Auch der Mensch ist monistisch zu begreifen; auch mit dem Geist begründet sich nichts grundsätzlich Neues über die Natur hinaus, auch er ist „nur Natur", nur „verfeinerte Natur".

Am krassesten hervorgetreten ist diese Tendenz in dem Buch des französischen Arztes Lamettrie „L'homme machine". Er wurde deshalb in Frankreich verfolgt, aber kein Geringerer als Friedrich der Große berief ihn an seine Akademie und hielt ihm bei seinem Tode eine Grabrede. Auch was wir Seele nennen, ist für Lamettrie nur denkende und fühlende Materie. Auch der sog. Geist ist nur eine bestimmte Art Bewegung einer bestimmten Art Materie. „Die Materie hat nur für grobe Augen, die sie in ihren glänzendsten Werken verkennen, etwas Niedriges an sich." Daher müßte sich auch die Philosophie eigentlich in Physik verwandeln, und der einzige Wissenschaftler, der sich um seine Heimat verdient macht, ist der Arzt. Zwischen Mensch und Tier besteht kein Unterschied, die Natur hat für beide ein und denselben Teig benutzt und nur die Hefe ist verschieden. Auch daß der Mensch Sprache hat, begründet keinen grundsätzlichen Unterschied; die Tiere könnten sprechen lernen, sie wollen es bloß nicht, sie haben auch wie der Mensch schon Ethik und soziales Leben.

Gesinnungsgenossen Lamettries sind der Baron Holbach, in England Mandeville, in Deutschland später Moleschott und Ludwig Büchner – ein Bruder des Dichters Georg Büchner –: „Das Gehirn sondert Gedanken ab wie die Niere Urin."

Nicht *als* Materie, aber *nach Analogie* der Materie werden Geist und Seele begriffen von der – auf höherem Niveau stehenden – mechanistischen Psychologie, die schon auf Locke zurückgeht, in Hume und Mill hervorragende Vertreter findet und ihrer Vollendung entgegengeführt wird von Herbart und Fechner, von dem dann die experimentelle Psychologie eines Wundt und G. E. Müller ihren Ausgang nimmt. Wie die Außenwelt von der Mechanistik als ein mit Körpern erfüllter *Raum* gefaßt wird (etwas „geometrisch" erklären sagt man im 17. Jahrhundert noch statt „mechanisch" erklären), so die Seele von diesen Psychologen als ein mit Vorstellungen erfüllter Innenraum. Daher die auf Herbart zurückgehenden und durch seine Schüler noch an Freud weitergegebenen räumlichen Bilder von der „Schwelle" und „Enge" des Bewußtseins, wegen deren manche Vorstellungen ins „Unterbewußte" „verdrängt" werden. Wie die Körper im Raume sich naturgesetzlich anziehen und abstoßen, so assoziieren sich auch die Vorstellungen nach bestimmten Assoziationsgesetzen, die den Naturgesetzen entsprechen, ja selbst Naturgesetze sind. Neben die Mechanik der äußeren Natur tritt die Mechanik der Seele. Von Herbart rühmten seine Schüler, er habe mehr geleistet als Newton mit seiner Mechanik des Himmels, da die Seele soviel höher stehe und komplizierter sei als die Körperwelt. – Nach dem Vorgang der Goethezeit weiß unser Jahrhundert wieder, daß die Seele nicht nach dem Vorbild der Körperwelt aufgebaut ist und hat daher die Assoziationspsychologie durch eine „verstehende Psychologie" abgelöst.

Die religiöse Anthropologie deutet den Menschen supranaturalistisch von oben: von seiner gottgeschenkten ewigen Seele. Hier dagegen begegnet uns eine naturalistische Anthropologie von unten: auch der Mensch, auch der Geist stellen im Vergleich zur Natur nichts grundsätzlich anderes und Neues dar; die gleichen Gesetze herrschen hier wie dort. Diese Theorien vom Typus „x ist nichts anderes als y" sind aber, wie die Phänomenologie uns belehrt hat, grundsätzlich falsch, weil sie am Eigengehalt der Phänomene vorübergehen. Sie reduzieren ihn erklärend auf etwas anderes, statt ihn in seiner Spezifität anzuerkennen. Sie machen sich, in der Sprache von Nicolai Hartmann, der „Schichtenverfehlung" schuldig. Weder kann man mit den Kategorien einer höheren Schicht die niedrigeren begreifen, so wie Plotin alles vom Geist oder Bergson alles vom Leben her begreifen will. Noch mit den Kategorien einer niedrigeren Schicht die höheren; man bekommt ihr „kategoriales Novum" nicht in Sicht. Die mechanistische Geisttheorie läßt sich eine Schichtenverfehlung zuschulden kommen.

β) Der Biologismus

Neben der mechanistischen Entgeistigung des Menschen steht die biologistische. Während jene heute in der westlichen Welt auf Ablehnung stößt, hält diese noch zahlreiche

Bastionen. Wir können zwei Formen des Biologismus unterscheiden. Die eine stellt das genaue Pendant zum Mechanismus dar. Wie der Mechanismus sagt: Geist ist nur eine Art Materie, so sagt dieser Biologismus: Geist ist nur eine Art Leben. So wollte Comte die Psychologie in Biologie auflösen. Nach Haeckel bildet der Mensch nur die höchste Entwicklung des organischen Eiweiß.

Der Pragmatismus. Die andere, vorsichtigere Form des Biologismus konzediert, daß Geist etwas anderes ist als Leben. Aber er ist nur dienendes Organ des Lebens. Er trägt seinen Zweck nicht in sich selbst; seine Aufgabe ist nicht, wie die Griechen wollten, möglichst reiche und tiefe Wahrheit um ihrer selbst willen zu erkennen. Er soll dem Leben nur eine zulängliche Orientierung vermitteln, mit deren Hilfe es sich zielgerecht und gefahrlos in der Welt bewegen kann. All seine Wahrheit ist deshalb von vornherein auf die Bedürfnisse des Lebens zurechtgeformt, ja sie hat ihr Kriterium an ihrer „Lebensdienlichkeit". „Wir denken in den Kategorien unseres Handelns."

Für Platon stammt der Geist aus einer höheren Welt und hat sich im Leben nur vorübergehend inkorporiert. Von dorther schon mitgebracht hat er sein ihm einwohnendes Gesetz: nach Wahrheit zu streben. Daß er nicht frei im ewigen Reigen schwebt, sondern ins Leben hineinverwoben ist, empfindet er nur als Störung: es lähmt und trübt seine Erkenntniskraft. Trotzdem erkennt er auch als lebensverhafteter vieles richtig, und zwar sowohl Lebensirrelevantes wie diejenige Wahrheit, nach deren Maßgabe er das Leben zu lenken sucht. Im angelsächsischen Pragmatismus (James, F. C. Schiller, Dewey) die genaue Umkehrung dieses Aufrisses. Hier wächst der Geist völlig aus dem Leben hervor und empfängt von ihm seine Direktiven. Selbst seine eigenste Aufgabe, die des Erkennens, vollbringt er nur im Auftrag des Lebens. Weit entfernt davon, daß es ihn bei seiner Tätigkeit beeinträchtigte, strebt er vielmehr nach der Wahrheit nur, *weil* sie lebenswichtig ist, und er strebt daher auch nur nach derjenigen Wahrheit, *die* lebenswichtig ist. Und auch ob sie im strengen Sinne

Wahrheit ist, kümmert ihn nicht: genug, wenn die Praxis durch sie zufriedengestellt wird (daher Pragmatismus). Der ältere, klassische Sinn von Wahrheit als getreuer Wiedergabe des Objekts ist illusorisch. Mit dem klassischen Wahrheitsglauben fällt aber auch das klassische Menschenbild. Aus dem homo sapiens wird der homo faber, der seine Intelligenz nur dazu verwendet, die Dinge auf ihre für ihn nützlichen Eigenschaften hin zu prüfen und selbst nützliche Dinge hervorzubringen.

Schopenhauer und Marx. Der Pragmatismus darf auf eine illustre Ahnenreihe zurückblicken. Schon Schopenhauer hat energisch abgestritten, daß Welt und Mensch im tiefsten Grunde Geist seien. Im tiefsten Grunde sind beide Wille (vgl. aber schon die Lehren vom Vorrang des Willens bei Augustin, Gabirol, Duns Scotus und Maine de Birans „volo ergo sum"). Der Wille erst ist es, der sich den Intellekt als seinen Diener erzeugt, damit er ihm, der zwar der Stärkere, aber von Haus aus blind ist, den Weg erleuchte. Auch Schopenhauer also begreift den Intellekt von seiner praktischen Funktion her; er ist nur „Medium der Motive". Ja Schopenhauer ordnet ihn sogar nicht einmal genuin der Wahrheit zu. Der Wille bedarf zu seiner eigenen Intensivierung der Illusionen. Daher gaukelt ihm der Intellekt Vorstellungsziele vor, die metaphysisch besehen nicht existieren. Sein ursprünglicher Zweck ist gar nicht das Erkennen, sondern das Täuschen. Schopenhauer wußte sich damit im Gegensatz zur Geistmetaphysik Hegels und zum Geistgallimathias der Hegelianer, und unwillig schrieb er: „Geist? Wer ist denn der Bursche und woher kennt ihr ihn?"

Schopenhauer hat eine starke Zeitstilähnlichkeit mit Marx. Auch Marx wendet sich dabei gegen Hegel: nach Hegel bestimmt das Bewußtsein das Sein; in Wahrheit bestimmt das Sein das Bewußtsein. Das entspricht ganz der Überzeugung auch Schopenhauers. Schopenhauer denkt zwar individualpsychologisch; das bestimmende Sein ist für ihn der Wille jedes Einzelnen, das Bestimmte sein Intellekt. Marx dagegen hat das Ganze eines Volkes und einer

Kultur im Auge; das bestimmende Sein liegt in den „materiellen Produktionsverhältnissen", deren Produkt die geistigen Objektivgebilde sind. Über dieser Divergenz erheben sich aber weitere Gemeinsamkeiten. Wie nach Schopenhauer der Intellekt willensdienliche Illusionen erzeugt, so sind nach Marx die bisherige Kunst, Religion und Philosophie Ideologien, die keinen Wahrheitsgehalt, sondern den alleinigen Zweck haben, den ökonomischen und gesellschaftlich-politischen Vorrang der jeweils herrschenden Klasse zu sanktionieren. Nach Schopenhauer wie nach Marx errichtet sich also jeweils über einem realen Unterbau ein irrealer Überbau. Die vorgeblichen Gebilde der Erkenntnis halten nichts Wirkliches fest, sondern sind nur Schemen, die den Bedürfnissen des tragenden Grundes entspringen und ihnen genügen sollen. Marx hat hierfür den Terminus vom „ideologischen Überbau" geprägt. Alle Schöpfungen der Kultur sind nur Ausdruck sozial-ökonomischer Gegebenheiten und Absichten. Sie unterstehen dem, was man den „Ideologieverdacht" genannt hat. Subjektiv mögen die Philosophen lauter sein und in guten Treuen die Wahrheit suchen. Aber ohne daß sie es wissen und wollen, wird der Klasseninstinkt aus ihnen sprechen; die Begriffe werden sich ihnen so formen, die Dinge so darstellen, wie ihr Klasseninteresse es erheischt. Und ebenso auch in Kunst und Religion. So rechtfertigt die Kirche den Kapitalismus, denn solange die unteren Klassen noch auf eine bessere Welt im Jenseits hoffen, werden sie sich um so eher mit ihrem bedrückten und kärglichen Lose abfinden und nicht daran denken, die Verteilung von Besitz und Macht in dieser irdischen Welt zu revolutionieren.

Wiewohl Schopenhauer und Marx insofern Vorläufer des Pragmatismus sind, als sie den Gliedcharakter des Geistes im Gesamtleben herausstellen, halten sie am klassischen Wahrheitsbegriff fest: der vom Willen und von der Klasse dirigierte Geist liefert nicht nur eine lebensdienliche Orientierung, nach deren objektivem Wahrheitsgehalt nicht weiter gefragt wird, sondern – da ja nach der klassischen Theorie der Einfluß des Lebens aufs Erkennen nur stört – „Illusionen“ und „Ideologien“. Neben dem lebenseingehafteten, täuschenden kennen aber beide noch einen lebensenthobenen, wahrheitsfähigen Geist. So setzt sich trotz ihrer neuen Blicke in eigentümlicher Durchmischung auch bei ihnen die Tradition noch fort. Sie versöhnen in sich zwei Interpretationen des Geistes, indem sie zwei Arten des Geistes annehmen. Man könnte sie daher – ähnlich wie später Bergson und Scheler – Semipragmatisten nennen.

Man mag sich an Aristoteles erinnert fühlen, der gelehrt hat, ursprünglich, solange der Mensch noch hart mit der Natur kämpfen mußte, weil die elementarsten Kultureinrichtungen wie Ackerbau, Hausbau usf. noch nicht erfunden waren, habe der Geist ganz im Dienst der Praxis gestanden. Erst als das Leben auf Grund jener Erfindungen leichter wurde und die Menschen Muße fanden, konnte der Geist sich auch unnotwendigen Beschäftigungen wie der Philosophie und der Wissenschaft zuwenden. So unterscheidet schon Aristoteles praktische (und zwar wirklich praktische, nicht nur, wie dann die Stoiker und noch Kant das Wort verwenden, ethische) und theoretische Vernunft. Und auch nach Aristoteles täuscht uns zwar die praktische Vernunft nicht gerade, wie bei Schopenhauer und Marx, aber auch nach ihm ist sie der theoretischen unterlegen: nur die theoretische dringt zum metaphysischen Wesen der Dinge und zur Erkenntnis der Ursachen vor.

Wie bei Aristoteles durchläuft bei Marx der Geist eine Entwicklung von zwei Phasen. Nach Aristoteles jedoch ist die zweite Phase bereits eingetreten: die Menschen erkannten am Anfang praktisch und erst später theoretisch. Auch dann aber behält das praktische Erkennen seine Berechtigung: beide Formen bestehen nun nebeneinander. Nach Marx dagegen liegt die zweite Phase in der Zukunft. Bis heute gab es immer eine herrschende Klasse, und alle geistige Hervorbringung war daher ideologischer Überbau. Aber demnächst soll die klassenlose Gesellschaft entstehen, und damit erfolgt auch geistig der „Sprung in die Freiheit“. Wenn der Geist einmal keine sozial-ökonomischen Herrschaftspositionen mehr zu verteidigen hat, wird es ihm nur noch um reine Wahrheit gehen. Die Ideologien dagegen werden dann völlig ausgespielt haben (ähnlich wie nach dem gleichzeitigen Comte das religiöse und metaphysische Zeitalter, nachdem das positive angebrochen ist). Der Anbruch des Wahrheitszeitalters ist nach Marx nicht nur ein Nebenertrag der allein wichtigen Sozialreform, sondern beide Ziele haben gleiche Dignität. Daher lebt in allem Sozialismus bis heute – mehr als im Faschismus – ein Funke Ehrfurcht vor dem Geist.

Marx baut die Lehre von den beiden Formen des Geistes in eine Geschichtsphilosophie und Prophetie ein: die beiden sollen sich im Lauf der Geschichte ablösen. Nicht so der allem geschichtlichen Denken fremde Schopenhauer: die höhere Geistform kann zu jeder Weltstunde durchbrechen. Aber während sie nach Marx allen Menschen zuteil wird, gelingt sie nach Schopenhauer immer nur *wenigen*. Nur beim Genie und beim asketischen Heiligen entwindet sich der Intellekt der Herrschaft des Willens und gaukelt ihm nicht mehr bloß illusionäre Ziele vor, sondern wird zum interesselosen „reinen Weltauge", das durch den „Schleier der Maya" hindurch zum Metaphysischen dringt. Auch alle große Kunst, die die ewigen Grundlinien der Welt freilegt und darstellt, ist Ausdruck eines nicht vom Willen gelenkten, sondern emanzipierten Intellekts.

Trotz eines gewissen Parallelismus im philosophischen Grundriß der beiden denkt jedoch Schopenhauer biologistischer als Marx, der traditionsverhafteter bleibt. Nach Marx liegt es nicht in der Natur unseres Geistes, Ideologien hervorzutreiben. Das tut er nur, weil und solange eine verkehrte Gesellschaftsordnung ihn dazu zwingt. Seiner Natur nach ist er, ganz wie in der klassischen Auffassung, auf Wahrheit angelegt. Und sobald daher die rechte Gesellschaftsordnung hergestellt ist, wird diese seine Natur, die nur unterdrückt und abgebogen war, wie von selbst durchbrechen. Nach Schopenhauer dagegen ist der menschliche Intellekt ursprünglich nicht auf Wahrheit eingerichtet. Der Wille hat ihn ja eigens nur als Illusionsorgan erzeugt. Er ist nicht gleichsam nur durch äußeres Mißgeschick unter die Herrschaft des ihm Illusionen abfordernden Willens geraten, sondern auch selbst und von innen her sucht er die Illusion. Wenn er sich dann trotzdem zur Wesensintuition aufschwingt, so geschieht das nicht nur in einem Sklavenaufstand gegen den Willen, sondern sogar in einer Gegenwendung gegen seine eigene, eigentlich ganz anders angelegte Natur. Wenn auch bei Schopenhauer Wahrheitserkenntnis Ziel und distinguens des Menschen wird, den er einmal sogar das animal metaphysicum nennt, so also nur durch Gegenwendung gegen seine Urbestimmung. Wesenhaft ist der Mensch nicht mehr „zum Sehen geboren, zum Schauen bestellt", wesenhaft ist er Vitalwesen.

Nietzsche. Schopenhauer hat bereits verkündet, die dominierende Kraft in uns sei nicht der Intellekt, sondern der Wille. Aber Schopenhauer hatte gleichsam noch nicht den Mut zu seiner eigenen Einsicht. Er läßt uns doch zur Erkenntnis nicht nur befähigt, sondern sogar berufen sein, ja auf sie gestützt sollen wir den Willen ertöten. Er hat schon eine neue Anthropologie, aber noch nicht das zu ihr gehörige Ethos. Dieses neue Ethos hat erst sein folgerichtigerer Schüler Nietzsche. Was unser tiefstes Wesen ist, dagegen können wir uns unter keinem Rechtstitel zur Wehr setzen, sondern das müssen wir auch bejahen. Sind wir Wille, so müssen wir den Willen – oder, wie er sagt, das Leben – auch wollen. Das Leben, wir sagten es schon einmal, hat nach Nietzsche seine Aufgabe nicht über sich hinaus, sondern an sich selbst: es soll sich zu immer höherer Macht und Schönheit emporsteigern. Erkenntnis ist weder sein Auftrag noch seine Begabung. Alle Hervorbringungen des Geistes sind nur „Symptome" des sich in ihnen äußernden Lebens. Auch die vorgeblichen Theoretiker stehen „fatalistisch im Bann ihrer Instinkte" und fälschen aus der An-sich-Welt das Bild heraus, dessen wir subjektiv bedürfen. Allerdings steht uns auch nach Nietzsche, wie nach Schopenhauer, die Wahrheit offen. Er hat aber zu ihr eine zwiespältige Stellung. Bald verwirft er sie, weil sie das Leben krank macht, das nur in einer Dunstschicht von Wahnbildern gedeiht. Bald wieder fordert er sie und wirft den bisherigen Philosophen Mangel an Wahrhaftigkeit vor.

Ähnlich wie vor ihm Kierkegaard kommt Nietzsche zu der Entdeckung, daß die Lebenseinhaftung die Erkenntnis keineswegs, wie man von Platon an glaubte, zu stören braucht: Lebensinteressen können sie auch stimulieren, machen sie auf vieles überhaupt erst aufmerksam und stellen ihr die Probleme. Das hat dann vor allem Scheler aufgenommen und weitergeführt. Auch in erkennender Absicht müssen wir uns nicht vom Leben lossagen, müssen uns vielmehr gerade seiner letzten Tiefe überantworten.

Wie sehr unsere Überzeugungen aus dem Leben entspringen und seinen Forderungen untertan sind, das hat Nietzsche vor allem für unsere moralischen Überzeugungen aufgezeigt. In seiner „Genealogie der Moral" unterscheidet er starkes und schwaches, aufsteigendes und niedergehendes Leben. In soziologischer Sicht deckt sich diese Unterscheidung mit der zwischen Herrschenden und Dienenden. Auch Nietzsches Biologismus ist – wenn auch nicht so ausschließlich wie der von Marx – ein Sozialbiologismus. Schon die französischen Sozialisten hatten, wie die Antike, gesehen, daß jede Gesellschaft eigentlich in zwei Gesellschaften zerfällt, daß sich in ihr eine obere und eine untere Schicht gegenübersteht. Während jedoch diese Urgegebenheit nach den Sozialisten gerade überwunden werden soll, ist sie es nach Nietzsche bereits zu sehr und soll im Gegenteil wieder hergestellt werden. Jede der beiden Schichten entwickelt nun nach Nietzsche eine ihre soziale Position wiederspiegelnde Moral. Die Moral der Herrschenden ist Symptom ihres Machtwillens, die Werte des Edlen und Vornehmen dominieren in ihr. In der Moral der „Schlechtweggekommenen" dagegen dominieren Mäßigung, Sanftmut, Mitleid: durch solche Tugenden will sie das Los der Unterdrückten doch noch einigermaßen erträglich gestalten. Das kann allerdings nur gelingen, wenn auch die Unterdrücker selbst diese Tugenden zu den ihren machen. Und das ist geschehen: in der platonisch-christlichen Moral hat sich die „Sklavenmoral" allgemein durchgesetzt, so daß es heute so scheint, als sei sie überhaupt „die" Moral. Während nach Marx der ideologische Überbau stets den Interessen der herrschenden Schicht entstammt, entstammt also nach Nietzsche die Moral den Interessen gerade der dienenden Schicht. Unter ihrem Einfluß haben die Herrschenden ihre eigene „Herrenmoral", die ihnen eigentlich gemäß wäre, aufgegeben; sollen nach Nietzsche allerdings jetzt, nachdem sie eingesehen haben, wie sehr sie sich haben übertölpeln lassen, zu ihr zurückkehren.

Freud. Marx führt den Geist auf den Besitztrieb zurück, Nietzsche auf den Machttrieb resp. auf den Trieb der Machtlosen, sich gegen die Mächtigen zu behaupten, auf einen dritten großen Lebenstrieb, auf die Sexualität, Sigmund Freud. Er knüpft damit an Schopenhauer an, dessen „Wille" Züge des sexuellen Begehrens trägt. Nach Freud ist die Libido das primum movens im Menschen. Auch der Erkenntnis„trieb", wie er schon früher, jedoch nicht in naturalisierender Absicht, genannt wurde, bildet nur einen Seitenzweig des allbeherrschenden Geschlechtstriebes. Er entspringt der schon kindlichen libidinösen Schaulust und dem Verlangen des Kindes nach Aufklärung über die Tatsachen der Geschlechtlichkeit.

Nicht all unsere Libido ist uns aber bewußt. Großenteils wirkt sie nur aus dem Unbewußten. Unsere Kultur zwingt uns zum Triebverzicht. Die Triebe, die wir real nicht ausleben dürfen und uns oft nicht einmal einzugestehen wagen, sind deswegen nicht ausgelöscht: ins Unbewußte abgedrängt existieren sie fort. Auch seelische „Traumata" sinken ab zu unbewußten „Komplexen". Unser vielgerühmtes Bewußtsein nun ruht ganz auf dem Unbewußten als dem Fundamentaleren und wird von ihm als dem Stärkeren dirigiert. Meist wissen wir das zwar nicht und leben subjektiv des Glaubens, aus rationalen Motiven zu handeln. Insgeheim aber sind es unbewußte Mechanismen und Strebungen, die unser Handeln determinieren. Von ihnen stellt das Bewußtsein nur eine Rationalisierung dar. Die essentielle Wirklichkeit spielt sich gar nicht an der Bewußtseinsoberfläche ab, sondern in unbewußter Tiefe, die daher durch eine „Tiefenpsychologie“ aufgehellt werden muß und deren Krankheiten auch nur durch sie geheilt werden können. In der Aufspaltung des Menschen in einen uneigentlicheren Vordergrund und eine verborgene Eigentlichkeit hat die Psychoanalyse eine äußere Zeitstilverwandtschaft mit der Existenzphilosophie.

Schon Schopenhauer und Nietzsche hatten das Maskenhafte und trügerisch Verhüllende unseres Lebens herausgestellt. Unser Jahrhundert wollte dann die Fassaden des 19. Jahrhunderts zerschlagen und zur unbedingten Echtheit zurückkehren. Nachdem wir die Echtheit kennen gelernt haben, bewundern wir wieder die Weisheit der Fassaden ...

Daß unser Bewußtsein seine Wurzeln im Unbewußtsein hat, lernten wir schon als die Einsicht Herders und der Romantik kennen. Allein nach ihnen werden nicht alle Menschen in gleicher Weise vom Unbewußten beherrscht. Der spätgeborene Einzelne kann den Kontakt mit ihm verlieren. Nur die Frühzeit, nur das Volk, nur das Genie atmet ganz aus ihm. Nach Freud dagegen bildet die Abhängigkeit vom Unbewußten einen durchgängigen menschlichen Grundzug. Herder und die Romantik empfinden ferner das Durchwogtsein vom Unbewußten als eine Gnade. Es ist nach ihnen, verglichen mit dem Bewußtsein, nicht nur das Stärkere, sondern auch das Weisere und Wertvollere. Nur aus ihm werden wir produktiv, während das sich selbst überlassene Bewußtsein unfruchtbar bleibt. Nach Freud dagegen ist das Unbewußte zwar das Stärkere, das Bewußte aber das Höhere. Als Arzt hat er erkannt, wie häufig der Einfluß des Unbewußten uns vergiftet und lähmt. Daher hat er seine Methode ersonnen, wie wir uns seinen schädigenden Einflüssen entwinden können. Was die Goethezeit beklagt: daß wir uns aus der Tutel des Unbewußten lösen können, das strebt Freud gerade an. C. G. Jung hat auch die Wertung der Goethezeit für die Psychoanalyse fruchtbar gemacht. Aber auch er weiß um die nicht in unsre Persönlichkeit integrierten Teile unseres Wesens, die uns als „Schatte“ und „dunkler Bruder“ dauernd begleiten.

Freud läßt das Bewußtsein von der unbewußten Triebschicht nicht nur abhängig sein; er läßt es aus ihr *entstehen*. Das Geistige hat seinen Ursprung in einer – mit einem Termnius schon Nietzsches – „Sublimation“ der Triebe.

Die von Natur auf Sexuelles gerichteten Energien, denen dieses Ziel von der Kultur nur partiell zugestanden wird, suchen sich andere Ziele und setzen sich in religiöse, philosophische und künstlerische Energie um. Der Geist ist nur Epiphänomen der sich hinter ihm maskierenden, Entwicklungsprodukt der sich zu ihm destillierenden Libido. Als solches pflichtet er dann freilich seinem eigenen Gesetz. Bei Schopenhauer erzeugt der Wille den Intellekt zwar als ein substantiell Heterogenes, aber als seinen Diener; nach Freud wächst der Geist aus der Libido selbst als ihre Vergeistigung hervor, steht ihr also genetisch näher, vermag sich dann aber in seiner Richtung und in der Wahl seiner Gehalte weiter von ihr zu entfernen. Wie allerdings die Umsetzung der triebhaft-libidinösen Energie in geistig-kulturelle vor sich gehen soll, darauf bleibt uns Freud, so wie alle Entwicklungstheorien, die Höheres aus Niedrigem erklären, die Antwort schuldig.

Vielleicht meint er es aber auch nur so: der Geist, der als Teilmoment der Libido oder außerhalb ihrer schon ursprünglich vorhanden gewesen sein mag, erfährt eine ungeheure Steigerung und wächst sozusagen über sich selbst hinaus dadurch, daß die Libido ihm ihre ganze, der Absicht nach nicht für ihn bestimmte Naturgewalt leiht und ihn von hinten in seiner eigenen Bahn weiterstößt.

Damit wird der Geist vom Leben nicht nur inhaltlich gelenkt, entsteht nicht nur aus ihm, sondern empfängt auch nur von ihm seine eigene Kraft, seine Intensität und seinen Elan. Die Triebe geben ihr eigenes Ziel – und damit eigentlich sich selbst – auf, um den Geist bei der Erreichung des seinen zu unterstützen. Andere haben gefragt: wie vermag sich der Geist gegen die Mächte der Seele und der Welt durchzusetzen? Sie antworten: nicht als Geist, sondern nur dadurch, daß sich ihm von Haus aus bewegkräftigere Impulse beigesellen, die sich als solche jedoch keineswegs aufzugeben haben, deren Ziel vielmehr mit dem Geistziel koinzidiert und die es somit nicht nur durch ihre Stoßkraft, sondern durch ihre eigene Finalität mitbewirken. Schon Spinoza hat gegen die sokratisch-stoische Ethik, nach der die Vernunft die Leidenschaften von sich aus niederhält, die auf psychologischer Erfahrung beruhende Gegenthese aufgestellt: das gelingt der Vernunft nur, wenn sie eine andere Leidenschaft gegen sie mobilisieren kann, wenn sie gewissermaßen selbst zum „Affekt" wird. Ähnlich wirken nach Marx auch weltgeschichtlich Ideen nur, wenn reale Interessen hinter ihnen stehen, sonst „blamieren" sie sich. (Nach ihm hat Max Scheler von der grundsätzlichen Machtlosigkeit des Geistes gesprochen, und Nicolai Hartmann hat als allgemeines Weltgesetz aufgestellt, daß das Höhere immer das Schwächere sei.) Marx basiert bereits auf Hegels Lehre von der „List der Vernunft", die den Gedanken freilich aus dem Anthropologischen ins Metaphysische transponiert.

Bei Hegel wird die Tatsache, daß die Menschen nicht so sehr aus Erkenntnis als aus Leidenschaft handeln, von der „Weltvernunft" einkalkuliert. Deshalb richtet sie die Weltgeschichte so ein, daß die großen Individuen, die den Gang der Dinge entscheidend bewegen, in Situationen geraten, in denen sie wie in einer prästabilierten Harmonie aus persönlichen Interessen genau das tun, was im Plan der Vorsehung liegt. Ein Feldherr vollbringt seine Taten nur aus Ehrgeiz; aber dennoch treiben diese Taten die Ereignisse in der gesollten Richtung weiter und bedeuten einen Schritt im Zusichselbstkommen des Geistes.

c) Die Vernunft als Gegnerin des Lebens

In der antiken wie den modernen Geist-Leben-Theorien weiß der Geist auch für das Leben das Richtige. Wenn von beiden Teilen der eine durch den andern beeinträchtigt wird, so ist es der Geist. Dieser Aufriß hat eine Umkehrung erfahren bei Ludwig Klages (und Theodor Lessing). Auch Klages' Liebe gehört dem Leben – er nennt es Seele –. Aber während die bisher behandelten Denker dem Leben die Kraft zuschreiben, sich den Geist zum gefügigen Werkzeug zu machen, und ihn daher nicht zu depravieren brauchen, sind die beiden nach Klages „wesensgegensätzliche Mächte". Der Geist – ehedem der göttliche Funke in uns! – wird aus unserm Ruhmestitel zu unserm Verhängnis und zum Inbegriff des Negativen. Er bricht in die Bezirke der Seele, die zwar das Wertvollere, aber das Wehrlosere ist, von außen als ein ungerufener und unassimilierbarer Fremdling, ja als Widersacher ein: mit seiner wollenden Aktivität scheucht er sie aus ihrem pflanzenhaft-wandellosen Schlummerglück auf, schwächt sie und zerstört sie. Aller Glanz fällt auf die Seele als den mütterlich gebärenden und nährenden Grund des Lebens; die naturhaft wilden und destruktiven Seiten der Seele sieht Klages nicht. Umgekehrt kennt er auf der Seite des Geistes nur den zersetzend-erkältenden, nicht den schaffend-formenden Geist.

Wie in manichäisch-gnostischen Spekulationen ist aber der Antagonismus Geist – Seele kein notwendiger Urantagonismus von Weltprinzipien. Auch nach Klages hat sich das Böse erst nachträglich gegen das Gute empört. Auch seine Anthropologie weitet sich hier zur Geschichtsphilosophie. Es gehört nicht zum Wesen des Menschen, von Anfang an von der Geistkrankheit heimgesucht zu sein. Ursprünglich war der Mensch wie alle andern Lebewesen intakt, und erst in später, geschichtlich nicht einmal so weit zurückliegender Zeit, erst mit den Griechen, hat seine Dekadenz durch den parasitären Geist eingesetzt.

Und er hat sie nicht einmal selbst durch einen „Sündenfall" provoziert. Ausdrücklich erklärt Klages, weder für die Genese des Geistes als solche noch für ihren Zeitpunkt sei ein innerer Grund erfindlich. Wie eine Naturkatastrophe brach er über die Menschheit herein. Und alle geistigen Errungenschaften, auf die die Menschheit stolz gewesen ist, der Fortgang vom Symbol zum Begriff, von der Magie zur Technik, vom chthonischen Mutterrecht und -glauben zum Vaterprinzip, all dies waren in Wahrheit nur Stationen auf dem Wege des Niedergangs.

Schon Rousseau hat den Fortschritt Rückschritt genannt, Sturm und Drang und Nietzsche haben in der zunehmenden Vernunftkultur eine Unterhöhlung der menschlichen Substanz erblickt. Allein nach ihnen allen ist das Verhängnis nicht unausweichlich. Wie nach den Manichäern am Ende das Licht über die Finsternis siegt, so kann die Menschheit ihre bisherige Entwicklung wieder zurückdrehen und in die gesundenden Ursprungsfluten des Lebens zurücktauchen. Klages dagegen denkt apokalyptisch. Der Pestbazillus des Geistes wird sich immer tiefer in den Menschen einfressen und wird ihn schließlich töten. „Das Wesen des geschichtlichen Prozesses der Menschheit ist der siegreich fortschreitende Kampf des Geistes gegen das Leben mit dem logisch absehbaren Ende der Vernichtung des letzteren."

Allein so wenig man den Menschen als lebenfreien Geist begreifen kann, so wenig als geistfreies Leben. Leben ist nie bloß bewußtloses existere, immer enthält es, wenn auch in dumpfer Form, ein Wissen um sich selbst und um die Welt. Auch die Vorgeistmenschen, die von Klages vielgerühmten sog. Pelasger[1]), verfügten daher über Erkenntnis, ja da sie den großen Mächten des Kosmos noch nicht durch den Geist entfremdet, da sie noch mit ihnen eins waren, so standen sie ihnen sogar auch erkennend näher. Sie hatten ein ihnen naturhaft mitgegebenes und sich in der Ekstasis des Rausches noch steigerndes tiefes Urwissen um den lebendig bewegten Fluß von Welt und Dasein, wie der alles Kontinuum zerreißende, statisierende Geist (so schon Palagyi) es niemals erzielen wird. Indem Klages die pelasgischen Urmenschen vom Geiste rein hält, will er ihnen also keineswegs alle Einsicht absprechen, im Gegenteil. Bloß soll das Organ dieser Einsicht im Unterschied zum Geist die Seele sein. Geist heißt in seiner Sprache nur: Abstrahieren und Berechnen; er geht – Schelerisch gesprochen – nur aufs Leistungswissen, nicht auf das auch von Klages bejahte Heilswissen. Gerade dieses aber war es gewesen, das Platon und Spinoza im Auge gehabt hatten, als sie den Menschen durch den Geist ausgezeichnet sein ließen. Der Angriff, den Klages gegen die Geistanthropolo-

---

1) Da das „übermäßig begabte Volk der Griechen" den Geist hat groß werden lassen, so ist es nur logisch, daß Klages für sein Vergangenheitsvorbild hinter die Griechen zurückgreift. Auf der Suche nach einer vorhomerischen, philosophisch-kultischen Religionsstufe hatte schon Friedrich Schlegel eine Stelle bei Herodot (Euterpe 52) ausgegraben, der den Pelasgern, den mythischen Ureinwohnern Griechenlands, eine solche Religion zuschreibt. Von Schlegel wanderten die „Pelasger" zu Creuzer, von Creuzer zu Bachofen, und von Bachofen, den er durch Karl Wolfskehl kennen gelernt hatte, zu Klages, zu dem hin also hier von der Romantik ab ein unabgerissener Faden führt. – Was bei Klages die Pelasger sind, das ist bei einem verwandten Denker, Edgar Dacqué, das Gondwanaland. Sogar äußerlich war der auf diesem seither untergegangenen Kontinent lebende Mensch noch nicht der heutige homo sapiens, sondern besaß ein uns heute abhanden gekommenes Organ, das Stirnauge (wie die Sage vom Zyklopen es noch festhält), durch das er natursichtiger war, als wir es sind, und in die Geheimnisse des Alls offen hineinschaute.

gie vorträgt, richtet sich gar nicht gegen deren große Tradition und eigentliche Meinung. Er richtet sich nur gegen ihre späte Verkleinerung.

3. Kapitel

Die Leistungen der Vernunft

a) Wesensschau und Klassifikation

Die Vernunfttheorie steht bis hart zum Beginn unseres Jahrhunderts unter dem Einfluß von Platon und Aristoteles, nach deren Seinslehre alle Dinge in einen ideellen und einen materiellen Faktor zerfallen. Das Ideelle ist das Wesenhafte, das, was jedes Ding zu dem macht, was es ist. Die Materie füllt das Wesen nur zur Realität auf. Etwas erkennen heißt daher: seine Idee in ihm erkennen. Auch das Wahrnehmen operiert so immer schon mit Ideen. Die höchste Form der Erkenntnis besteht aber darin, denkend von der singulären Wirklichkeit zu „abstrahieren", sie „einzuklammern" – wie der spätere phänomenologische Fachterminus lautet – und zur Idee selbst in ihrer materiefreien Reinheit, vom Daß-sein zum So-sein aufzusteigen. Diese Wertung erhält sich auch bei denen, die den Ideen nicht mehr eine höhere Seinsweise als Weltessenzen zuschreiben, sondern die in ihnen nur noch Begriffe unseres Denkens sehen – seien es nun eingeborene (aprioristischer Nominalismus: Descartes, Leibniz, Kant) oder aus Wahrnehmungen entstandene Begriffe (sensualistischer Nominalismus: Locke) –. Im Anschluß an Husserl hat noch Scheler die „Wesensschau", den „Akt der Ideeierung" gefeiert: nur der Mensch kann, indem er seine natürlichen, auf die Realität stürmenden Triebimpulse asketisch zügelt, indem er als „Neinsager" zwischen Trieb und Tun einen Hiatus legt, den unmittelbaren Realitätseindruck der Dinge vorübergehend außer Kraft setzen und so ihren ewigen Gehalt und Sinn entdecken.

Das Wesen eines Dinges pflegt aber meist zugleich vielen Dingen, allen Dingen der gleichen „Gattung", gemeinsam zu sein. Es ist insofern ein „allgemeines Wesen". Dennoch kann es nicht nur synoptisch durch Vergleich aus einer Vielzahl ähnlicher Dinge gewonnen werden, sondern, wie die Phänomenologen und Scheler gezeigt haben, schon an Hand eines einzigen Falles. Am Beispiel eines Stückes Wachs erfaßt Descartes intuitiv, was ein Körper überhaupt ist. Der als Königssohn während seiner Kindheit sorgfältig von negativen Eindrücken ferngehaltene Buddha tut seinen ersten selbständigen Gang in die Stadt und begegnet einem Armen, einem Kranken und einem auf einer Bahre getragenen Toten: mit einem Schlag enthüllt sich ihm das wahre Los des Menschen und seine eigene Aufgabe, den Menschen zu helfen.

Dinge können aber auch in Unwesenhaftem übereinstimmen. Indem man die Analogien zwischen ihnen erkennt – durch die ausgeprägte Fähigkeit hierzu wollte Bain das Genie definieren – gewinnt man weitere Allgemeinbegriffe. Jedes Ding fällt nicht nur unter die Klasse der Dinge, die mit ihm sein Wesen teilen, sondern unter zahllose Klassen, denen es nur durch periphere und vorübergehende Eigenschaften zugehört. Erst durch die Subsumption des Individuellen als Exemplar unter zusammenfassend Allgemeines kommt in die sinnlich wahrgenommene Welt Gliederung, Übersichtlichkeit und Beherrschbarkeit. Primitive und Kinder leben noch mehr in einzelnen, miteinander inkommensurablen Anschauungen als in umspannend höheren Begriffsbildungen.

Als weitere Leistungen der Vernunft nennen wir: 1. Das logische Verknüpfen mehrerer Begriffe (Subsumption, Definition, Schlußfolgerung). 2. Auch die Individualerkenntnis steht, wie wir entgegen dem Platonismus seit der Goethezeit wissen, im Rang nicht tiefer als die Begriffserkenntnis und muß wie jene gesucht und eigens geschult werden. 3. Seit Demokrit und verstärkt seit der Neuzeit wird der Vernunft die Aufgabe zugeschrieben, die Ursachen der Dinge und die Gesetze zu erkennen, nach denen sie sich bewegen und entwickeln. Wie in der Geschichtswissenschaft das Individualerkennen, so führt in der Naturwissenschaft die Ursachenforschung weiter als das Begriffsdenken. 4. Das Tier bleibt an die gegebenen festen „Gestalten" gebunden; der Mensch hat die Fähigkeit zu Analyse und Synthese; er zerlegt Komplexe in Elemente und fügt sie neu zusammen.

b) Die schöpferische Vernunft

Unser Wissen (sowohl das des Einzelnen wie das der Menschheit) ist nicht immer schon im Besitz seiner Gegenstände. Umfang wie Tiefe des Wissens können wachsen. Und zwar werden der Vernunft ihre Gegenstände nicht immer von außen gleichsam geschenkt, so, daß sie bloß die Augen aufzuschlagen braucht, um alles vor sich zu sehen. In vielen Fällen muß sie sich das zu Erkennende erst durch eine eigene Aktivität selbst in den Blick bringen. Es bedarf der Zurüstung und der Methode, um immer tiefer in es einzudringen. Seit die Wissenschaft nicht mehr nur Verwalterin eines festen Wissensbesitzes, sondern lebendige Forschung, unentwegter Vorstoß ins noch Ungewußte sein will, steht unsere Vernunft vor *Aufgaben,* die sie bewältigen muß, und auch das Sich-stellen der Aufgaben selbst ist eine ihrer Aufgaben.

Je höher die Forschung steht, je bewußter sie gehandhabt wird, um so weniger *stößt* sie auf ihre Gegenstände, um so mehr gibt sie sie sich kraft der ihr immanenten Logik selbst. Schon Kant hat gesehen, daß alle Wissenschaft von leuchtturmartigen „Vernunftideen" ihre Bahnrichtung erhält. Sie steht z. B. unter der Idee der Totalität: sie will die Dinge ganz kennen, und von allem ihr Bekannten fragt sie daher, ob es vielleicht nur Teilglied eines ihr noch unbekannten größeren Ganzen sei. Sie steht ferner unter dem Gesetz, nach den letzten Fundamenten und Aufbauelementen zu fragen. So geht sie allenthalben über das bereits Gegebene hinaus. Sie entwirft „antizipatorische Schemata", die dann bloß ergänzt werden müssen. Und obwohl sie das alles nur um der Erkenntnis, um des Festhaltens von Vorhandenem willen tut, verhält sie sich dabei doch nicht rein rezeptiv, vielmehr entwickelt sie eine eigene Anstrengung und Spontaneität.

Das gilt auch für die Inangriffnahme und Bewältigung der Aufgaben. Um einer Erkenntnisschwierigkeit Herr zu werden, entwirft der wissenschaftliche Geist Hypothesen und hält sie prüfend neben die Tatsachen, bis eine seiner Hypothesen von den Tatsachen bestätigt wird. So brachte z. B. Kepler die Astronomie entscheidend weiter durch seine Hypothese, daß die Planeten nicht Kreise sondern Ellipsen beschreiben. Wiewohl jedoch die Wissenschaft für ihren Fortgang der Hypothese bedarf, kann sie sie nicht methodisch planmäßig erzwingen. Vielmehr entspringt die erlösende Hypothese stets einem unerklärlichen „wissenschaftlichen Instinkt", einer „wissenschaftlichen Phantasie".

Erkenntnis will das Gegebene festhalten, Phantasie dagegen erhebt sich über das Gegebene und schweift ins Nichtgegebene. Eben dadurch aber entfaltet sie nun eine Fruchtbarkeit auch für die Erkenntnis, denn sie führt sie neuen Gegebenheiten entgegen! Daß der Mensch das erkenntniskräftigste Wesen ist, beruht nicht allein auf seiner vielgerühmten Abstraktionsfähigkeit und Logik, sondern ebensosehr darauf, daß er das phantasiekräftigste Wesen ist. „Denn uns allein hat er sie verbunden mit Himmelsband" und „Den Gehalt findet nur, wer etwas dazuzutun hat" (Goethe).

Auch rezeptive Fähigkeit zieht so Gewinn aus derjenigen Fähigkeit, die sich uns heute immer mehr als die menschliche Urfähigkeit enthüllt: aus der Schöpferfähigkeit. Unsere Vernunft ist nicht nur erkennende, sondern bildend-erfindende Vernunft. Nicht nur dies zeichnet uns aus, daß wir ein umfassendes und objektives Bild der Welt haben. Wir können selbst eine Welt aufbauen und bringen Religion, Recht, Kunst: die gesamte kulturelle Sphäre selbst hervor. Der homo sapiens ist ebensosehr und noch mehr homo inveniens. Und wie die Erkenntnis einesteils die Grundlage aller kulturellen Erfindungen bildet, so bildet umgekehrt der erfinderische Geist eine Grundlage für das Weiterkommen der Erkenntnis.

Das Bild des Menschen als des Theoretikers ragt zu uns noch von den Griechen herüber. Der Platonismus erblickt hinter allem in der Welt die sich gleichbleibenden Archetypen und Muster. Alle Dinge sind nur irdische Abbilder ewiger normativer Ideen, alles zeitliche Werden wiederholt nur das zeitlose Wesen. Daher ergeht an den Menschen primär das Postulat, diese Ideen schauend in sich aufzunehmen. Sein Handeln ist nur ihre Verwirklichung („Tugend ist Wissen"). Im spätmittelalterlichen Nominalismus aber fallen die Ideen dahin. Damit gewinnt der Zeitfaktor eine ganz andere Bedeutung. Die Zeit wiederholt nicht bloß zeitliche Vorbilder, sondern enthält ein produktives Element. Die Werdensentwicklung zeitigt unaufhörlich radikal Neues. Das gilt bereits innerhalb der Natur, die immer andere Gestaltungen und Lebenserscheinungen hervortreten läßt, es gilt zumal für den Menschen. Nicht mehr ins Erkennen setzt er daher jetzt seine Hauptaufgabe, denn er kann die Formen seines Lebens nicht irgendwo ablesen und finden, sondern nur handelnd selbst hervorbringen (schon für Duns Scotus war auch Gott vor allem ein *wollender* Gott gewesen). Indem er aber die allgemeinen Kulturformen hervorbringt, bestimmt er damit an jeder Stelle der Geschichte über die Form seines eigenen Seins. Auch jeder Einzelne muß in geringerem Maßstab immer wieder, und nicht nur im engen ethischen Sinne, originär über sich selbst bestimmen (so zieht noch die Existenzphilosophie ein nominalistisches Fazit).

Eine der antik-klassischen vollkommen heterogene Anthropologie zeichnet sich hier ab. Nicht mehr die Hingabe ans Objekt, sondern die Spontaneität des gleichsam mit göttlicher Schöpfermacht ausgestatteten, aus dem Mikrokosmos zum Mikrotheos gewordenen Subjekts hat jetzt den Primat; nicht mehr Teilhabe am Ewigen und Allgemeinen kennzeichnet den Menschen, sondern Variabilität und zeitliche Individuiertheit. Mit Unrecht konfrontiert man der antiken Seinsphilosophie die neuzeitliche, vom Subjekt ausgehende Erkenntnisphilosophie. Damit ist erst die Hälfte gesehen. Die Erkenntnis gehört mit dem Sein als auf es bezogene insofern noch zusammen. Das eigentliche Subjekt der Neuzeit ist nicht das erkennende, sondern das schöpferische (vgl. Teil IV).

Solch tiefgreifende Unterschiede entspringen nicht den Denkbemühungen der Philosophen. Dies von der Philosophie erwarten hieße ihr Leistungsvermögen überschätzen. Es sind die ganzen einander entgegengesetzten Lebensgrundgefühle der Antike und der Neuzeit, die sich in diesen beiden entgegengesetzten Menschenbildern niederschlagen. Die Menschenbilder sind verschieden, weil die großen Kulturen selbst, die sie erarbeitet haben und die sich in ihnen ausdrücken, verschieden sind. Die Philosophie kann nur die Menschenbilder, die ihr bereits von den Kulturen dargereicht werden, noch begrifflich durchklären und wirkt damit freilich auch wieder auf die Kulturen zurück.

III. Teil

Mensch und Tier (Biologische Anthropologie)

1. Kapitel

Die Stellung des Menschen im Reich des Lebendigen

a) Überleitung und Vorblick

Die Vernunftanthropologie ist dualistisch. Denn der Mensch *hat* wohl Vernunft, aber er *ist* nicht (nur) Vernunft. Ein zwiegeteiltes Wesen, zerfällt er in Vernunft und somatische Physis, auf der die Vernunft aufruht. Daher bedarf es auch zu seiner Erkenntnis zweier verschiedener Wissenschaftsgruppen. Das ist hier die zwar unbefriedigende, aber unausweichliche Konsequenz. Seine Vernunftseite wird von Philosophie, Psychologie und letztlich allen „Geisteswissenschaften", die Lebensseite von der Biologie und Medizin erforscht. Erst wenn man die Ergebnisse beider Wissenschaftsgruppen gleichsam addiert, hat man das Ganze des Menschen.

Aber nun pflegen die beiden Hälften nicht als gleichwertig angesehen zu werden. Nur die Vernunft ist es ja, die uns nach der Vernunftanthropologie zu Menschen macht. Auch der menschliche Körper ist zwar spezifisch menschlich, aber dennoch soll das eigentliche Anthropinon erst in der Vernunft liegen. Die Humanbiologie nun kann sich dieser Bewertung entweder einfügen: Oder aber sie kann auch – und das hat sie im 19. Jahrhundert getan – ihre Hälfte für die höherwertige ausgeben und erklären: der Mensch ist primär Lebewesen. Auch die Vernunft hängt genetisch oder funktional von der Lebensseite ab. Damit tendiert die Humanbiologie zu einer Überwindung des anthropologischen Dualismus, allerdings nur auf der Basis eines Naturalismus. Erst der modernsten Humanbiologie sowie der psychosomatischen Medizin ist es nach dem Vorgang der Goethezeit gelungen, zwar ebenfalls monistisch, aber deswegen nicht naturalistisch zu sein, indem sie die körperlichen und geistigen Anlagen des Menschen, ohne daß dabei eine den Primat zu haben braucht, von vornherein aufeinander abgestimmt sein läßt.

Deshalb unterscheiden sich Vernunftanthropologie und biologische Anthropologie auch hinsichtlich ihrer Bestimmung des Verhältnisses von Mensch und Tier. Die Vernunftanthropologie läßt den gleichen Schnitt, der für sie quer durch den Menschen hindurchgeht, auch zwischen Mensch und Tier hindurchgehen. Wie die Vernunft in ihm selbst das Höchste ist, so zeichnet sie ihn auch vor allen anderen Lebewesen aus, deren Vernunft sich mit der seinen nicht vergleichen läßt.

Die biologische Anthropologie dagegen hat, wie der Mensch selbst nach ihr nicht gespalten ist, so auch keinen Grund, den Bereich des Lebendigen als ganzen aufzuspalten und Menschen- und Tierreich einander grundsätzlich gegenüberzustellen. Auch er bildet in der kontinuierlichen Reihe der Organismen nur ein Glied. Auch seine Intelligenz stellt ihn ebensowenig über das Naturhafte, wie nach der Vernunftanthropologie die Intelligenz der Tiere diese darüber stellt. Die biologische Anthropologie führt so den großen Gegenschlag gegen allen Chorismos sowohl der Vernunft- wie der religiösen Anthropologie, die beide dadurch zusammengehören und sich auch geschichtlich mühelos amalgamieren konnten, daß sie beide den Menschen durch ein nur ihm Eignendes über die restliche Natur erhöhen.

Die (auch hierin der Goethezeit verwandte) Gegenwart hat, nachdem sich die ersten Aufregungen der Abstammungslehre gelegt hatten, vermocht, beides zu verbinden: wie sie den Menschen selbst auf nichtnaturalistische Weise als Einheit faßt, so stellt sie ihn zugleich auch in die Einheit der Natur hinein, ohne deswegen seine Einmaligkeit und seine Sonderstellung preiszugeben. Auch jetzt wieder tritt er (und nicht nur mit seiner Vernunft, sondern als ganzer) den Tieren gegenüber, aber nicht kraft einer höheren Weihe, weil er noch in ein anderes, supranaturales Reich hineinragt, sondern kraft eines nur an ihm verwirklichten Bauplans der Natur selbst.

b) Die Überbrückung des Gegensatzes Mensch – Tier in Antike und Neuzeit

Schon bei Primitiven begegnet uns neben der Höherstellung und Vergöttlichung des Tieres auch das Gefühl der menschlichen Überlegenheit über es. Vielleicht hat erst die Zähmung der Haustiere den Menschen seiner Berufung zur Herrschaft über Natur und Mitmensch inne werden lassen und bildet so die Grundlage aller höheren Technik und Staatlichkeit. Psychologisch ist es die angeborene Tendenz des Überlegenseinwollens überhaupt, auf Grund deren auch Völker sich andern Völkern und Einzelne ihren Mitmenschen überlegen fühlen, in deren offenes Schema auch die Beziehung Mensch – Tier eingefüllt wird. Die scheinbare Enisicht ist Ausfluß einer Prädisposition.

Auf der andern Seite hat die morphologische Verwandtschaft mit den höheren Säugetieren und zumal mit den Affen die Menschheit schon immer beeindruckt. Sie mußte es um so mehr, als ihre abstammungsgeschichtliche Erklärung noch unbekannt war. Schon früh wird deshalb die Frage nach dem Kriterium des Menschen, nach seinem Unterscheidungsmerkmal, wach. Wir nennen diese Merkmale Anthropina. Nur der Mensch, so wird etwa gesagt, geht aufrecht, nur er hat Hände (Diogenes von Apollonia, Anaxagoras). Oder man sucht in Anbetracht der äußeren Ähnlichkeiten mit dem Tier das Anthropinon mehr im Innern, etwa: nur er kennt Gut und Böse und empfindet Scham (Bibel), kann lachen und weinen (Plessner), kann verneinen (Hans Kunz), bewahrt das Vergangene (Nietzsche), richtet sich in die Zukunft (Buber), weiß daß er sterben muß, hat die Fähigkeit zum Selbstmord (Rosenzweig-Ehrenberg); oder: nur er kann denken, nur er schafft Sprache, Werkzeug und überhaupt Kultur. Wir wollen die Reihe hier nicht pedantisch aufzählen. Die meisten Anthropina leiden an dem Gebrechen, daß sie oder zumindest starke Vorstufen zu ihnen sich auch bei manchen Tieren vorfinden. Aufrecht auf zwei Beinen gehen auch Vögel, auch Affen sind händig und neugierig (und machen schlechte Scherze), auch Bienen kennen – wie Karl von Frisch nachgewiesen hat – Sprache (teilen sich gegenseitig durch Tänze Richtung und Entfernung einer Futterquelle mit), sie sowohl wie Ameisen bilden einen Staat (und wurden deshalb von Bergson mit dem Menschen parallelisiert), viele Tiere bauen Wohnungen usf. Aufs Ganze gesehen ist die Distanz enorm; die einzelnen Thesen aber, worin sie bestehe, sind meist zu partikulär und nicht tragfähig. Erst die heutige Forschung ist ins Grundsätzliche vorgestoßen.

Die Distanz zwischen dem Menschen und den Tieren ist aber keine gleichmäßige. Die Mannigfaltigkeit der Tiere spielt sich nicht in derselben Entfernung von ihm ab. Manche stehen ihm näher, andere ferner. Und vielleicht ist die Distanz zwischen dem Menschen und den ihm nächststehenden Tieren geringer als die zwischen diesen Tieren ihrerseits und den ihm fernstehenden. Stellen wir nebeneinander das Infusorium als das niedrigste und menschenunähnlichste, den Schimpansen als das menschenähnlichste Tier und den Menschen selbst: offenbar gehören in dieser Reihe nicht Infusorium und Schimpanse gegenüber dem Menschen, sondern Mensch und Schimpanse gegenüber dem Infusorium enger zusammen. Die Differenzen innerhalb des Tierreichs sind also größer als die Differenz zwischen den höchsten Tieren und dem Menschen – was nicht ausschließt, daß sie ebenfalls und abermals eine grundsätzliche Differenz ist.

Schon früh bemüht sich die Philosophie, die gefühlhaft radikale und wertende Gegenüberstellung von Mensch und Tier zu dämpfen. Schon Platon hat im „Politikos" die naive Selbstüberhebung, die darin liegt, daß wir die Gesamtheit der übrigen Wesen uns allein als Tiere konfrontieren, ironisiert, indem er sagt, das sei genau, wie wenn etwa eines Tages die Kraniche zusammenkämen und erklärten: wir sind die Kraniche, die andern Lebewesen dagegen sind alle nur Tiere (ähnlich erlebt es auch Gulliver im Land der Pferde). So läßt Platon hier wie Äsop den Menschen seinen eigenen Fehler im Spiegel der Tierwelt erkennen. Wie er im „Theätet" den Standesdünkel der Adligen als vorurteilsvoll und leer entlarvt, so hier den hominististischen Dünkel. Freilich denkt Platon mehr logisch als von der Sache her. Was für den Kranich nicht zutrifft, könnte für den Menschen zutreffen.

In seiner Spätzeit soll Platon den Menschen einmal rein zoologisch als „zweibeiniges Lebewesen ohne Federn" definiert haben. (Auch Friedrich der Große hat sich diese Begriffsbestimmung, die ihm seine Menschenverachtung zu bestätigen schien, zu eigen gemacht: er spricht von der zweibeinigen ungefiederten Rasse.) Nach der Anekdote soll sein Gegner Diogenes daraufhin einen Hahn gerupft haben: das sei Platons Mensch. Deshalb habe Platon der Definition noch hinzugefügt: mit platten Nägeln.

Zwei ganz verschiedene Ansätze der Anthropologie stoßen so bei Platon zusammen und bleiben nebeneinander stehen, ohne innerlich ineinanderzugreifen und sich zu ergänzen. Eine zoologische Definition des Menschen, die ihn ganz ins Tierreich hineinstellt, und seine Definition als Vernunftwesen, in der von seiner Animalität überhaupt nicht die Rede ist. Dieses inkohärente und unausgeglichene Nebeneinander zweier Anthropologien ist aber eine Konsequenz sowohl der rein spiritualistischen wie der rein naturalistischen Auffassung, die sich beide in ihrer Einseitigkeit gegenseitig bedingen. Darum hat sich das Nebeneinander bis an die Schwelle unserer Zeit gehalten.

Auch als Träger des ideenschauenden Logistikon bleibt aber der Mensch den Tieren nach Platon nahe verwandt: wie die Inder läßt er einen Übergang von Menschen- in Tierseelen (und umgekehrt) stattfinden. Der Mensch ist dem Tier gleichsam nur potentiell überlegen: die meisten Menschen machen von ihrer Vernunft nur wenig Gebrauch. Zur Strafe dafür erlangen sie nach dem Tode keine reine, leibfreie Unsterblichkeit, sondern müssen ein neues Leben antreten. Aber die Wiedereinkörperung der Seele in ein Tierschicksal ist keine größere Strafe als die in ein Menschenschicksal, ja nach der „Politeia" wählen viele Seelen freiwillig Tierschicksale.

Das wird bei Aristoteles anders; er schreibt nicht mehr der Seele als ganzer, sondern nur dem geisthaften Seelenteil und daher nur dem Menschen Unsterblichkeit zu. Nur der Geist, der als ein ihr heterogenes höheres Prinzip von außen („durch die Türe") in die Natur hineingekommen ist und immer ein „Fremdling" in ihr bleibt, ist göttlich und hat somit auf Unsterblichkeit Anspruch. Auch den aufrechten Gang, den er in seiner Schrift über die „Teile der Tiere" als biologisches Merkmal des Menschen hervorhebt, bringt Aristoteles damit in Zusammenhang: der Mensch allein geht unter den lebenden Wesen aufrecht, weil seine Natur und sein Wesen göttlich sind (ähnlich Platon, Timaios 90 a). Schon rein physisch erhebt er sein Haupt, in dem die gottähnliche Vernunft ihren Wohnsitz hat, nach oben, in die Richtung, in der die Götter wohnen. So sucht Aristoteles, auf vorplatonische Denker zurückgreifend, das Animalische und das Geistige im Menschen innerlich aufeinander zu beziehen.

Aristoteles ist der Lehrer eines durchgängig-bruchlosen Weltzusammenhanges, in dem Materie und Idee weit weniger auseinanderklaffen als bei Platon, in dem sich die Reiche der Natur, wie später bei Leibniz, wie aufsteigende Stufen ineinanderfügen und in dem sogar die Seele die Entelechie des Körpers ist. Der Mensch bildet in der Hierarchie der Wesen den Gipfel; das läßt ihn einesteils über sie hinausragen, aber gleichzeitig mit ihnen verbunden bleiben. So hängt hier die Entscheidung in der Schwebe. Der ethisch betonte Glaube an die göttlich-geistige Sonderbestimmung des Menschen, wie er sich im Christentum verselbständigt hat, und der mehr metaphysische Glaube an die unzerreißbare Einheit des Alls, die auch den Menschen umgreift, beides hält sich die Balance.

Erst im 18. Jahrhundert, das in so vieler Hinsicht den christlichen Dualismus erschüttert hat, konnten sich auch in der Anthropologie diese antiken Ansätze wieder hervorwagen und neu entfalten. Das sinnfälligste und wirkungsvollste, epochemachende Zeugnis hierfür ist die zoologische Systematik Linnés, die erstmalig (freilich erst in einer späteren Auflage des „Natursystems" von 1766) in der Gliederung des Reichs des Lebendigen, auch dem Menschen seine Stelle anweist und ihn so in es hineinnimmt. Und zwar stellt Linné den Menschen als ersten der Primaten unter die Mammalia und nennt ihn – diese berühmte Bezeichnung geht auf ihn zurück – homo sapiens. So wirkt mitten in der biologischen Anthropologie die alte Vernunftanthropologie fort. Auch hier wird der Mensch nicht durch physische Merkmale, sondern durch seine Vernunft charakterisiert und durch sie eben doch in eine Sonderstellung gerückt. Er gehört zwar zum Tierreich – es gibt kein eigenes Menschenreich –,aber dennoch geht er über die Tierheit hinaus dadurch, daß er sapiens ist. Und deshalb – und gewiß auch weil der Schöpfungsbericht nachwirkt, nach dem der Mensch das zuletzt geschaffene Wesen war

– steht er auch nicht etwa an beliebiger Stelle mitten im Tierreich, sondern bildet seine Spitze.[1])

c) Die pantheistische Fassung in der Goethezeit

Bei Linné bleibt die Lehre von der Zusammengehörigkeit von Mensch und Tier ein immanentes Ergebnis der Naturwissenschaft. Sie hat zwar die Diesseitsbejahung der im Renaissancegeist gründenden Aufklärung, die die Natur wieder heiligte und auch den Menschen nicht mehr nur auf eine Jenseitsheimat bezogen sein ließ, bereits zur Voraussetzung. Aber erst in der Goethezeit wird die Lehre Linnés (den Goethe an Bestimmungskraft für sich selbst neben Shakespeare und Spinoza stellt) zum Ausdruck neuen Welt- und Menschheitserlebens. Generell setzt die Goethezeit dem christlichen Gott-Welt-Dualismus einen pantheistischen Monismus entgegen. Daher will sie auch den Mensch-Natur-Dualismus überwinden.

So beginnen Herders „Ideen zur Philosophie der Geschichte der Menschheit" – die trotz dieses Titels nicht nur Geschichtsphilosophie, sondern ebensosehr Anthropologie sind, bloß daß Herder eben den Menschen wesenhaft in den Horizont der Geschichte stellt – keineswegs sogleich mit ihrem engeren Thema, sondern mit dem Kosmos, mit der Entwicklung der Erde und des Lebens auf ihr. In diese umfassende Szenerie wird dann erst der Mensch hineingestellt; er ist nicht nur äußerlich von ihr abhängig, sondern auch an ihm selbst wiederholen sich die Gesetze der Allnatur. Wie die Pflanze unterliegt er dem Einfluß von Boden und Klima, mit dem Tier teilt er Geburt, Wachstum, Fortpflanzung und Tod. Von den verschiedensten Seiten her sucht Herder zu zeigen, wie der Mensch aus der Natur hervorwächst und wie sehr er trotz des mit ihm be-

---

[1]) Ein noch heute populärer zoologischer Atlas weicht dem Anstößigen, die Menschenrassen unmittelbar neben die Tiere zu stellen, dadurch aus, daß er sie auf der allerersten Seite, noch vor Titel und Einleitung, abbildet und so schon rein äußerlich den Abstand zwischen ihnen und den Tieren gewahrt sein läßt.

ginnenden Neuen ihr Gewächs bleibt. „So wenig hat uns die Natur als abgesonderte Steinfelsen, als egoistische Monaden geschaffen!" Auch er bildet nur eine Sprosse auf der Leiter des Lebens, und die Züge aller andern Wesen kehren in ihm wieder.

Von Goethe wird berichtet, daß er im Sommer 1830 einen Besucher mit den Worten empfängt: „Nun, was denken Sie von dieser Affäre? Alles ist in Flammen. Jetzt ist es keine Affäre hinter geschlossenen Türen mehr. Der Vulkan ist ausgebrochen." Der Besucher meint natürlich, Goethe beziehe sich auf die Julirevolution, von der damals alle Welt sprach. Aber Goethe wehrt ab: „Was geht mich das an! Es handelt sich um die große Streitfrage zwischen Cuvier und Geoffroy."

Cuvier und Geoffroy waren zwei französische Gelehrte der Zeit, von denen Cuvier die Lehre vertrat, die Tierwelt zerfalle in vier einander völlig heterogene Grundtypen, deren jeder auf einen eigenen Schöpfungsakt Gottes zurückgehe. Nicht einmal die Tiere untereinander stehen nach ihm in einem festen Zusammenhang – um wieviel weniger Tier und Mensch. Nach Geoffroy St. Hilaire dagegen bildet die gesamte Tierwelt eine durchgehende Einheit. Das war von je auch die Auffassung Goethes gewesen. Geoffroy St. Hilaire hat sich selbst auf ihn berufen, und in seinem Streit mit Cuvier hat Goethe leidenschaftlich für ihn Partei ergriffen. Durchgesetzt hat sich damals zunächst Cuvier. Erst Darwin hat den Einheitsgedanken in der speziellen Form der genetischen Einheit zum Siege gebracht.

Goethe hat aber selbst 1784 eine Entdeckung gemacht (ohne daß er es wußte, war ihm zwar schon 1780 ein Franzose zuvorgekommen): er hat das os intermaxillare beim Menschen, den von manchen sog. Goetheknochen entdeckt. Und diese Entdeckung steht bei ihm im engsten Zusammenhang mit seinem Glauben an das bruchlose Ineinander der Natur, aus dem auch der Mensch nicht herausfallen darf. Nur auf Grund dieses Glaubens hat er seine Entdeckung gemacht und so zugleich den Gegnern ein Argument aus der Hand geschlagen.

Das os intermaxillare besteht aus zwei kleinen Knochen zwischen den beiden Oberkiefern der Säugetiere. In diesem Zwischenkieferknochen sitzen die oberen Schneidezähne. Bei manchen höheren Affen und vollends beim Menschen sind aber die Nähte zwischen den Intermaxillarknochen und den Oberkiefern oft nicht mehr zu erkennen. Der Intermaxillarknochen tritt also nicht als eigener Knochen hervor.

Nun war den Anatomen damals die durchgängige Analogie zwischen Menschen- und Tierkörper schon genau bekannt. Auf der andern Seite scheuten sie als Erben der religiösen und der Vernunftanthropologie vor einer allzunahen Verwandtschaft von Mensch und Tier zurück. Selbst die rein biologische Verwandtschaft, wiewohl neben ihr die seelisch-geistige Distanz unbeschadet fortbestehen könnte, war ihnen unheimlich. In dieser Situation kam ihnen das scheinbare Fehlen des os intermaxillare beim Menschen entgegen. Allen Ernstes behauptete noch Camper, der grundsätzliche Unterschied zwischen Mensch und Tier zeige sich auch osteologisch darin, daß der Mensch kein os intermaxillare habe. Worin das Verbindende zwischen der wahren Natur des Menschen und dieser rein äußerlichen kleinen Anomalie bestehe, fragt man dabei vergeblich.

Den angeblich fehlenden Knochen hat nun Goethe gefunden. Er verglich zahlreiche Menschen- und Tierschädel und fand dabei, daß an Schädeln im embryonalen Zustand die Grenze zwischen dem os intermaxillare und dem Kiefer auch beim Menschen noch deutlich sichtbar ist. Die Naht verwischt sich erst nach der Geburt. In seiner Abhandlung „Dem Menschen wie den Tieren ist ein Zwischenkieferknochen der obern Kinnlade zuzuschreiben" verfolgt er den Zwischenkiefer durch die Reihe der Säugetiere in seinen wechselnden Formen bis zum Menschen hinauf.

Auch Goethe ist weit davon entfernt, den Menschen zum Tier erniedrigen zu wollen. Auch er glaubt an eine besondere Würde des Menschen. Und in Übereinstimmung mit der Tradition erblickt auch er diese Würde im Geistig-Moralischen. „Edel sei der Mensch, hilfreich und gut! Denn *das allein* unterscheidet ihn von allen Wesen, die wir kennen." Gerade Goethe mußte ferner annehmen, daß, so wie jedes Phänomen nach ihm (Leibnizisch) eine „sinnlich-sittliche" Einheit darstellt, auch der Mensch eine solche darstellen und also seine geistige Andersheit auch körperlich ausprägen wird. Aber diese Andersheit kann sich nicht auf eine Einzelheit, auf einen winzigen anatomischen Unterschied beschränken. Es wäre doch kümmerlich, wenn nur ein Knöchelchen den Menschen vom Tier unterschiede. Die Eigenständigkeit unseres Wesens muß sich in unserer *ganzen* Erscheinung ausprägen. „Die Übereinstimmung des Ganzen macht ein jedes Geschöpf zu dem was es ist", schreibt Goethe an Knebel, „und der Mensch ist Mensch so gut durch die Gestalt und Natur seiner oberen Kinnlade als durch Gestalt und Natur des letzten Gliedes seiner kleinen Zehe." So denken wir auch heute wieder.

Das Fehlen des os intermaxillare als unterscheidendes Anthropinon widerstrebt aber Goethe nicht nur deshalb, weil es ein zu geringfügiges Unterscheidungsmerkmal wäre, sondern auch, weil er an ein solches Unterscheidungsmerkmal nicht glauben konnte. Nach seiner Überzeugung bildet die Natur eine große Einheit, die überall dasselbe bloß verschieden abwandelt. Deshalb beschreibt er auch nicht lediglich den Knochenbau der einzelnen Tierarten, sondern ist von vornherein – wie auch sein französischer Vorgänger – *vergleichender* Osteologe (wie überhaupt vergleichender Morphologe). Der Einheitlichkeit der Natur aber würde es widersprechen, wenn die sonst lückenlose Analogie zwischen Tier- und Menschenskelett an einer Stelle plötzlich versagen sollte. Wenn alle Tiere einen eigenen Knochen haben, der die oberen Schneidezähne trägt, dann muß auch der Mensch ihn haben; sie können nicht nur bei ihm auf einem andern Knochen wachsen. Sein Auszeichnendes kann doch nicht in einem Mangel bestehen!

Das wäre Goethe wie eine Erniedrigung vorgekommen. Die von ihm geglaubte Natureinheit ist eine göttliche Einheit, sein Monismus ein Pantheismus. Daß der Mensch seine Naturausstattung mit den Tieren teilt, hatte daher für ihn nichts Anstößig-Peinliches, im Gegenteil! Suchten die Früheren, für die die Natur im Vergleich zu Gott das Niedrigere war, nach einem Merkmal, das den Menschen von ihr *entfernt*, so weist Goethe in seiner Naturfrömmigkeit gerade nach, daß *nichts* ihn von ihr entfernt. Nur als Glied im Ring der Natur hat er an ihrer Göttlichkeit teil.

Man hat Goethes Entdeckung mit Recht als Beispiel dafür angeführt, wie empirische Funde unter weltanschaulich-gedanklichem Vorgriff getan werden. Goethe hat den Zwischenkieferknochen gleichsam mit den Augen des Geistes bereits gesehen, ehe er ihn real sah. Er fand ihn, weil er ihn suchte, und er suchte ihn, weil dieser Knochen aus den Grundvoraussetzungen von Goethes Weltbild existieren *mußte*.

Daher sein außerordentlicher Jubel über die Entdeckung. Dem Gesinnungsgenossen Herder, der damals gerade seine „Ideen" schrieb, in deren Zusammenhang Goethe sich seine Entdeckung daher auch gleich hineindenkt (aber Herder hat sie *nicht* aufgenommen) berichtet er: „Ich muß dich auf das eiligste mit einem Glücke bekannt machen, das mir zugestoßen ist. Ich habe gefunden – weder Gold noch Silber, aber was mir eine unsägliche Freude macht – das os intermaxillare am Menschen! Siehe, da ist es! Es soll Dich auch recht herzlich freuen, denn es ist wie der Schlußstein zum Menschen, fehlt nicht, ist auch da!" Die Entdeckung war für Goethe eben nicht nur ein beliebiger Beitrag zur Knochenkunde des Menschen, sondern mit ihr war erneut und gegen die zeitgenössischen Gelehrten seine religiös getönte Überzeugung von der Verwandtschaft alles Lebendigen bestätigt. „Und so ist wieder jede Kreatur nur ein Ton, eine Schattierung einer großen Harmonie."

Die Fachwelt hat Goethes Entdeckung lange Zeit nicht anerkennen wollen, und Goethe ist darüber unmutig gewesen. Daß er Camper, auf dessen Urteil er etwas gab, nicht zu überzeugen vermochte, hat ihm die bitteren Worte entlockt: „Einem Gelehrten von Profession traue ich zu, daß er seine fünf Sinne ableugnet." Noch im Handbuch der vergleichenden Anatomie von Blumenbach (1805) wird der menschliche Zwischenkiefer geleugnet. Erst im Alter hat Goethe noch erleben dürfen, daß seine Entdeckung von der Wissenschaft rezipiert wurde.

2. Kapitel

Die Abstammungslehre und ihre Gegner

a) Evolutionismus und Naturalismus

So sehr nach Goethe alle Organismen miteinander verwandt sind, so zwanglos sich auch der Mensch in ihre Reihe einfügt, so wenig bedeutet dies für ihn, daß die verschiedenen Tierarten auseinander hervorgehen und daß der Mensch aus dem Tier hervorgegangen sei. Er faßt die Verwandtschaft rein statisch als eine Übereinstimmung des Sichtbaren auf und fragt nicht, woher sie rührt. Oder vielmehr: sie rührt daher, daß die Natur überall an dieselben Gesetze gebunden bleibt. Wohl läßt er Thales – nicht zufällig einen Vorsokratiker, nach dem alles aus etwas anderem „entstanden" ist – im „Faust" sagen: „Da regst du dich nach ewigen Normen, Durch tausend, abertausend Formen, Und bis zum Menschen hast du Zeit." Und doch liegt darin nur, daß die Formen *nach*einander, nicht, daß sie *aus*einander entstehen. Wir dürfen in diese Verse noch nicht den späteren Evolutionismus hineinhören. Daß der Mensch erst nach den Tieren auftritt, daß wußte schon der Mythus des Sechstagewerks. Und daß nicht nur ein einziger Tag ihn von ihnen trennt, sondern daß während unermeßlicher Zeiträume bereits Leben bestand, ohne daß der Mensch sich daran beteiligte (und schon allein dies erschien manchen als eine schwere Rangbeeinträchtigung der menschlichen Geschichte und Kultur), das war eine Modifikation, die schon von Buffon angebracht worden war (nach heutigen Berechnungen ist der Mensch erst im letzten Zweitausendstel der Gesamterdgeschichte entstanden). Daß dagegen die Verwandtschaft der Tiere auf eine gemeinsame Deszendenz zurückgeht, daß sie sich auseinander entwickeln und daß schließlich als letztes Wesen auch der Mensch sich aus ihnen entwickelt, dieses Hinüberdenken der bloß morphologischen Ähnlichkeit ins Zeitlich-Genetische, des post hoc ins propter hoc, ist erst eine Errungenschaft des 19. Jahrhunderts, Lamarcks und vor allem Darwins.

Für Goethe geht die Ähnlichkeit der Organismen auf ihre gemeinsame Erzeugerin, die Natur, zurück, die hier noch ähnlich hinter ihnen steht wie in der Religion Gott. Erst immanent kausales Denken läßt die Organismen sich gegenseitig selbst erzeugen, leitet also den morphologischen Zusammenhang vom genetischen ab. Einer solchen Interpretation stand früher sowohl das biblische Creationsdogma entgegen, nach dem Gott alle Tierarten zu Urbeginn geschaffen hat, wie auch der platonische Universalienrealismus, nach dem die Gattungen als ewige Ideen ebenfalls allem Werden unveränderlich vorausliegen. Erst als im 19. Jahrhundert der Glaube an die Bibel zurückgetreten und die nominalistische Denkweise vorgedrungen war, konnte sich der Gedanke Bahn brechen, daß es eine „Entstehung der Arten" (Darwin) gibt. Für den älteren Denkstil wäre eine „Entstehung der Arten" das größte Paradox gewesen, denn die Arten waren als das Urgegebene und konstant Überdauernde, als das „immer sich gleich Verhaltende" (Platon) definiert. Erst der radikale Nominalismus ermöglichte den Evolutionismus, ebenso wie er schon früher den neuzeitlichen Kausalismus ermöglicht hatte, der nicht mehr nach dem erscheinenden „Wesen" der Dinge, nach ihrem ewigen Ursprung, sondern hinter sie zurück, nach ihrem zeitlich-natürlichen Ursprung fragt. Suchte Platon hinter dem scheinbaren Wechsel das wahrhaft Dauernde, so die Neuzeit umgekehrt hinter dem scheinbar Dauernden den wahrhaften Wechsel.

Erst spät lernte man auch in ungeheuren Zeiträumen denken, in denen allein, wie kosmologische, so biologische Transformationen sich vollziehen können. Früher glaubte man noch an die biblische Zeitrechnung, nach der die Welt erst vor noch nicht 6000 Jahren geschaffen worden ist. In so kurzer Zeit können freilich Tierarten nicht auseinander hervorgehen, genau so wenig, wie wir sie vor unseren Augen auseinander hervorgehen sehen. Erst allmählich begann man mit geologischen Epochen, mit Jahrzehntausenden (so schon Buffon) und schließlich mit Jahrmillionen zu rechnen. Diese Einsicht in die wahre Tiefe der Zeit bildet das notwendige Korrelat zu der Einsicht, daß das statische Bild der Welt, wie unsere eng konfinierte Eigenerfahrung es uns zeigt und in dem alles sich gleich bleibt, trügerisch ist und daß sich aufs Ganze gesehen alles in dauernder Bewegung und Umgestaltung befindet.

Analog war man auch in der Sprachwissenschaft schon während des 18. Jahrhunderts auf Ähnlichkeiten zwischen dem Persischen und den europäischen Sprachen aufmerksam geworden; aber wie Kinder oft nicht wissen, daß die Ähnlichkeit zwischen Verwandten auf Abstammung beruht, so begnügte sich auch die Sprachwissenschaft damit, die Ähnlichkeiten vergleichend zu konstatieren. Erst im 19. Jahrhundert hat Bopp, die alles ins Geschichtliche wendende Romantik im Rücken, die – wie man sagen könnte – Abstammungslehre der Sprachwissenschaft begründet und erkannt, daß die Ähnlichkeiten Familienähnlichkeiten sind, daß sie auf lebendiger Verwandtschaft, auf Filiation beruhen. Sprachen sind nichts unabänderlich in sich Beharrendes, sondern entwickeln sich und können im Lauf langer Zeiträume auseinander hervorgehen; insbesondere die Übereinstimmungen zwischen dem Indischen und dem Europäischen legen die Annahme einer gemeinsamen Ursprache nahe. So vollzieht sich in der Sprachwissenschaft ungefähr gleichzeitig wie in der Biologie, wenig vor Darwin, der gleiche Fortschritt. Es ist, als wäre eine neue Möglichkeit des Denkens gleichsam reif geworden, die daher nun von verschiedenen Wissenschaften ergriffen wird. Schon 1783 hatte Lord Monboddo nebeneinander die beiden Thesen vertreten, daß Griechisch und Sanskrit einen gemeinsamen Ursprung haben und daß – was ihm noch den Spott von Dr. Johnson eineintrug – der Mensch ein Affe ohne Schwanz und der Affe ein Mensch ohne Sprache sei.

Im Gegensatz zu Platon und Aristoteles waren freilich schon die Vorsokratiker Evolutionisten. Sie waren es als Kulturphilosophen: sie als erste glaubten an einen selbstbewirkten menschlichen Fortschritt; wie als Naturphilosophen: so weiß schon Xenophanes, daß an vielen Stellen dort, wo heute Land ist, früher Meer gewesen sein muß und umgekehrt. In biologischer Hinsicht kennt Empedokles eine successive Zoogonie. Und Anaximander kennt sogar schon eine Anthropogonie: der Mensch muß aus einem anderen

Lebewesen hervorgegangen sein, denn von Anfang an nur auf sich gestellt hätte er, der einer so lange währenden Bemutterung bedarf, sich nicht erhalten können. Die Descendenztheorie, die im hochaufgeklärten 19. Jahrhundert aus kirchlich-dogmatischen Gründen einen Sturm der Entrüstung erregte, ist so schon im 6. Jahrhundert v. Chr. aufgestellt und damals nicht angefochten worden. Durch den Epikureismus, der an Demokrit und damit an die ältere Naturphilosophie anschließt, zumal durch das große Lehrgedicht des Lukrez „De rerum natura", ist eine Kenntnis der evolutionistischen Denkweise auch in den christlichen Jahrhunderten erhalten geblieben.

Als aber der durch Platonismus und Creationsdogma niedergehaltene Entwicklungsgedanke im 19. Jahrhundert aus 2000jährigem Schlummer wieder erweckt wurde, verquickte er sich mit der neuzeitlichen Mechanistik. Deshalb stellt die Wendung, die Darwin ihm gibt, doch etwas Neues dar. Er hat den Evolutionismus zwar nicht – wie oft fälschlich behauptet wurde – begründet, aber als erster mechanistisch durchgeführt. Nicht der Deszendenz-, sondern der Selektionsgedanke ist seine Leistung. Denn was bringt die Entwicklung in Gang und woher rührt es, daß sie nicht immer auf dem gleichen Niveau stehen bleibt, sondern Aufwärtsentwicklung ist, daß immer höhere und differenziertere Arten entstehen? In früheren Zeiten hätte man die Wirksamkeit teleologischer Kräfte zu Hilfe gerufen, die das jeweils Neue schon als Ziel vor sich haben und zielgerichtet anstreben. Nach Darwin dagegen erklärt sich die Entwicklung kausalmechanisch. Sie wird nicht von vorn gezogen, sondern von hinten gestoßen.

Schon zu Beginn des Jahrhunderts hatte Malthus gelehrt, daß innerhalb der Menschheit ein struggle for existence herrscht. Denn für jeden „Platz an der Sonne" – um einen späteren Ausdruck zu verwenden – finden sich immer mehrere Anwärter. Da sich die Erdbevölkerung dauernd vermehrt, während auf der andern Seite der Lebensraum der Erde derselbe bleibt und nur eine beschränkte Zahl von Menschen ernähren kann, kann der unwürdige Kampf nur beendet werden durch Geburtenkontrolle (Malthusianismus). Ein solches struggle for existence herrscht nun nach Darwin auch im Tierreich. Jede Tierart vermehrt sich reicher, als die äußeren Lebensbedingungen (und ihre Feinde) es zulassen. Von den Nachkommen eines Paares überleben nur wenige.

Diese Gedankenreihe verbindet sich bei Darwin mit einer anderen. Die jeweils junge Generation ist nie die spiegelbildliche Kopie der alten, sondern laufend finden leichte Abwandlungen der organischen Form statt. Sie finden nicht nach Gesetzen, geschweige denn nach einem Plan statt, sondern rein zufällig, weil die Natur nie genau dasselbe wiederholen kann. Dies bringt Darwin nun damit zusammen, daß immer nur Wenige überleben. Wer überlebt, das ist alles andere als Zufall. Vielmehr überleben diejenigen, bei denen jene Abwandlungen sich als lebensdienlich erweisen. Diejenigen, deren Abwandlungen lebenshinderlich sind, gehen unter (ein Gedanke, den schon Empedokles ausgesprochen hat). Und dadurch, daß immer die Passendsten überleben (survival of the fittest) und sich fortpflanzen und so successive kleine, aber in dieselbe Richtung stoßende Veränderungen sich kumulieren, entstehen nun nach Darwin nicht nur innerhalb jeder Art immer angepaßtere Lebewesen, sondern allmählich sogar höhere und neue Arten. Betrachten wir das Endergebnis, so ist die Natur in hohem Maße zweckmäßig; deshalb neigen wir zu der Annahme, es wirke in oder hinter ihr eine bewußte Zwecktätigkeit. In Wirklichkeit ist die Natur zweckmäßig ohne Zwecktätigkeit. Die Zweckmäßigkeit ensteht durch geistlos-blinde Selektion, durch „natürliche Zuchtwahl", dadurch, daß von den zufällig-planlos entstehenden Verschiebungen nur die geeigneten übrigbleiben.

Die Kritik an Darwin hat heute erkannt, daß die bloße Akkumulation zufälliger Einzelverschiebungen zur Entstehung neuer Arten nicht genügen kann. Offenbar müssen beim Übergang zu einer neuen Art viele und koordinierte, zum selben Ziel zusammenwirkende Verschiebungen gleichzeitig vor sich gehen.

Die moderne Biologie spricht daher von dem eigenen „Bauplan", der jeder Art zugrunde liege. Neben das rein evolutive Denken tritt ein revolutives, das innerhalb der Mikroevolution der gleitenden Übergänge schöpferische Neuanfänge setzt. Auch daß das Höhere entstehe, weil es das besser Angepaßte sei, ist in hohem Maße fragwürdig, denn einmal würde es aus bloß passiver Anpassungstendenz, wie schon Nietzsche einwandte, niemals entstehen, sodann ist das Höhere gerade das Gefährdetere.

Im späteren 19. Jahrhundert war es üblich, Goethe als Kronzeugen des Darwinismus anzurufen. Insbesondere Haeckel hat in ihm einen Vorläufer seines eigenen Monismus erblickt. Daran ist soviel richtig, daß auch Goethe an die Einheit und innere Verwandtschaft alles Lebendigen geglaubt hat. Allein der Monismus der Rousseau- und Goethezeit hat ein pantheistisches Vorzeichen. Er erlebt die ehrfürchtig angebetete Natur als geisthaft und sinndurchwaltet. Der Darwinsche und zumal der Haeckelsche Monismus dagegen hat ein mechanistisches Vorzeichen. Die Natur erschöpft sich hier in ihrer Materialität. Wenn daher Goethe den Menschen ins Gesamt der Natur hineinstellt, dann gibt er ihm dadurch an ihrer Göttlichkeit teil. Es liegt ihm vollkommen fern, den alten Glauben an die Göttlichkeit des Menschen zu befehden, nur daß er die Göttlichkeit auf die ganze Natur ausdehnt. Wenn dagegen Darwin und Haeckel den Menschen in die Natur hineinstellen, dann wird er dadurch für sie zur „bloßen" Natur.[1]) Schon Nietzsche hat sich gegen die bedenkenlose Parallelisierung von Darwin und Goethe gewandt:

„Darwin neben Goethe setzen
Heißt die Majestät verletzen,
Majestatem genii!"

[1]) Ähnlich hat es bei Hegel nichts Anstößiges, wenn er auch Christus dem Gesamtverlauf der Weltgeschichte einordnet: denn die Weltgeschichte als ganze ist für ihn Heilsgeschichte. Wenig später dagegen läuft bei Strauß die gleiche „historische" Christusauffassung auf eine Entgöttlichung und Profanierung hinaus. Hier wie dort pervertiert der Umschwung von der Goethezeit zum 19. Jahrhundert die äußerlich identische These in ihr Gegenteil.

b) Der Darwinismus und sein Siegeszug

Schon in der „Entstehung der Arten" (1859) hatte Darwin keinen Zweifel daran gelassen, daß die Gesetze, nach denen neue Arten entstehen, sich auch auf die Entstehung des Menschen anwenden lassen. Aber als frommer Anglikaner formulierte er in aller Vorsicht nur: light will be thrown on the origin of man and its history. Daß, wie man dann später populär sagte, der Mensch vom Tier, speziell vom Affen abstamme, das findet sich erst in „The Descent of Man" (1871). Auch viele andere, so Huxley, Vogt und Haeckel, begannen in den 70er Jahren die Konsequenz der Descendenztheorie auch hinsichtlich des Menschen zu ziehen. „Die Anthropologie bildet einen Teil der Zoologie" (Haeckel). Damit ist erst der eigentliche „Darwinismus" erreicht.

Auch der Mensch, so sieht man jetzt, teilt mit allen übrigen Lebewesen das Hervorgegangensein aus einem andern Lebewesen. Die schon immer erregende Ähnlichkeit zwischen dem Menschen und vor allem dem Affen beruht auf Blutsverwandtschaft. „In Schreckensfernen die der Sinn nie mißt" – und es spielt für das Grundsätzliche keine Rolle, ob es vor Jahrhunderttausenden oder vor Jahrmillionen geschah – muß der Mensch aus tierischen Ahnen und Vorformen hervorgegangen sein. Angesichts dessen aber schien die (heute widerlegte) Annahme unausweichlich, daß man das Trennende zwischen Mensch und Tier bisher überbetont habe, daß das Gemeinsame bei weitem überwiege, ja daß der Mensch überhaupt im Grunde „nur ein Tier" sei.

Dieser Darwinismus hinsichtlich des Menschen übte im letzten Drittel des 19. Jahrhunderts eine seltsam berauschende Wirkung aus.[1]) Er war nicht mehr nur Sache der wissenschaftlichen Biologen, sondern weite Kreise sowohl des gebildeten Bürgertums wie der (nach einer neuen Weltan-

[1]) Noch Karl Wolfskehls „Menschwerdung – ein Ur-Begebnis vor aller Zeit" ist vom Darwinismus abhängig, sublimiert ihn aber ins Dichterische und Weisheitsvolle.

schauung begierigen) Arbeiterschaft griffen ihn auf und machten aus ihm das Kernstück einer revolutionären Bewegung. Bücher wie „Die natürliche Schöpfungsgeschichte" oder „Die Welträtsel" von Haeckel,[1]) die uns heute dürftig anmuten, weil sich in ihnen das Problem des Menschen zum einzigen Problem seiner Entstehung verengt, erlebten unwahrscheinlich hohe Auflageziffern. Die ganze Denkweise der Zeit schien durch die Abstammungslehre einesteils glänzend bestätigt und zugleich wie in einem prägnanten Symbol in ihr veranschaulicht.

Auch Nietzsche, wiewohl er sich häufig gegen den Darwinismus ausgesprochen hat, ist mit seinem in den 80er Jahren konzipierten ethischen Gedanken des Übermenschen vom Darwinismus mit angeregt[2]). Sein „Zarathustra" trägt insofern deutliche Zeitfarbe. Ausdrücklich heißt es in ihm: „Ihr habt den Weg vom Wurme zum Menschen gemacht, und Vieles ist in euch noch Wurm. Einst wart ihr Affen ..." Wie der Mensch ein Überaffe ist, so ist er auch seinerseits „etwas, das überwunden werden soll" durch den Übermenschen, der die Verlängerung des schon zurückgelegten Weges in die Zukunft und zum noch Höheren bildet. Die Art des Menschen hat keine Konstanz, er ist „etwas Flüssiges und Bildsames – man kann aus ihm machen, was man will". Wie jedes Wesen bisher ein höheres Wesen aus sich hervorgebracht hat, so soll daher auch der Mensch das tun. „Gleichsam ein Embryo des Menschen der Zukunft" ist er „kein Ziel, sondern nur ein Weg, ein Zwischenfall, eine Brücke, ein großes Versprechen". Allerdings ist, was aus ihm wird, bei ihm als einzigem Wesen nicht mehr Sache der Natur: er muß sein eigener Züchter sein.

Konservativere Geister wollten sich ihren Glauben an die menschliche Geistnatur nicht rauben lassen. Zumal die Kirche mußte sich gegen eine Lehre zur Wehr setzen, die nicht nur die Sonderstellung des Menschen, sondern auch die Schöpfung der Wesen durch Gott bestritt und sie durch

---

[1]) Unter seinem Einfluß setzte Krupp einen Preis aus für die Beantwortung der Frage, was man aus der Descedenztheorie für die Innenpolitik lernen könne!

[2]) Aber schon Fabricius, ein Schüler Linnés (1748–1808), hatte angenommen, „daß früher oder später neue Geschöpfe aus dem Menschen sich entwickeln werden, mit größerer Vollendung, größerem Wissen, größeren Kraften, so wie sich der Mensch selbst aus dem Tiere entwickelt hat."

mechanische Naturkausalität entstehen ließ. Allein in ihrem ersten Schrecken fanden die Gegner noch kaum stichhaltige Gegenargumente und zogen sich hilflos grollend auf bloße Dogmen zurück.

Der Darwinismus drang um so siegreicher vor, als er ganz mit dem kausal-genetischen Wissenschaftsstil des 19. Jahrhunderts übereinkam (während sich heute, seit Phänomenologie und Gestalttheorie, jenen ergänzend auch wieder ein deskriptiv-morphologischer, struktursichtiger Stil durchgesetzt hat). Nicht nur die Naturwissenschaften überschätzten damals die Erkenntnistragweite der Kausalkategorie (scire est per causas scire), auch in den Geisteswissenschaften dominierte die Frage nach Ursprung und Einfluß. Der Entwicklungsbegriff erschien als Zauberwort, mit dem sich alle verschlossenen Pforten aufsprengen lassen. Und zwar sollte sich nun weiterhin stets das Höhere aus dem Niedrigeren, das Differenzierte aus dem Einfachen, das Geisthafte aus dem Naturhaften entwickeln. Das liegt in der Entwicklungsidee als solcher nicht beschlossen: ein Denker wie Plotin läßt das Tiefere aus dem Höheren hervorgehen. Das 19. Jahrhundert dagegen stellte die Entwicklungsidee in den Dienst seines Naturalismus: sie bot ihm die willkommene Handhabe, alles letztlich auf Materie zu reduzieren.

In diesem Taumel naturalistisch rückführenden Denkens bot sich die Abstammungslehre wie der Schlußstein des ganzen Gewölbes. Sie erlaubte es, auch den Menschen, der bisher noch als unberührter Zuschauer der allgemeinen Entwicklung gegenübergestanden hatte, in sie mit hineinzuziehen. Auch er, auch der Geist macht nun keine Ausnahme mehr, auch er ist bloß letztes Entwicklungsprodukt der sich immer feiner organisierenden Materie. „Vom Nebelfleck zum Menschen", „Vom Bazillus zum Affenmenschen": solche Büchertitel sind für die Zeit charakteristisch. In ihnen bekundet sich der Jubel, daß die Weltformel der Entwicklung nirgends versagt, daß der Ring sich schließt, daß das Unterste und das Oberste aus einem gemeinsamen – und zwar rein materiellen – Prinzip entspringt. Auch sonst pflegen ja solche Ableitungen von Allem aus Einem ihre verführerische Wirkung auf den Verstand kaum je zu verfehlen. Nur in mühsamer Selbstzucht können wir uns dazu erziehen, dabei stehenzubleiben, daß die Welt auf einer irreduziblen Vielheit von Prinzipien beruht.

Hatte sich der Mensch in der religiösen und in der Vernunftanthropologie der gesamten Natur überlegen gefühlt, so taucht er nun fast unterschiedslos in sie ein. Auch sein Geist ist nur Sublimat der Materie. Vom Extrem des Selbststolzes schlägt das Pendel zurück in die Gegenrichtung der Selbstverkleinerung. Das Eigentümliche aber ist, daß die Menschen damals den Verlust ihrer Ausnahmestellung – wiewohl sie nicht nur philosophisches Gespinst, sondern zugleich Ausdruck einer natürlichen Gefühlstendenz ist – keineswegs beklagten, sondern im Gegenteil bejubelten. Der Glaube an die durchgehende materielle Einheit der Natur hielt sie so sehr im Bann, daß sie für ihn sogar ihre eigene Entthronung in Kauf nahmen, ja auf ihre eigene Demütigung stolz waren. Ausdrücklich wendet sich Haeckel gegen den „anthropistischen Größenwahn", der bisher geherrscht habe. Der Mensch ist nur „ein winziges Plasmakörnchen in der vergänglichen organischen Natur". Die Stimmung, in der die Abstammungslehre sich ausbreitete, hat Theodor Fontane in einem Roman festgehalten: „Ich habe es noch erlebt, wie das mit den Affen aufkam, und daß irgendein Orang-Utan unser Großvater sein sollte. Da hättest du sehen sollen, wie sie sich alle freuten! Als wir noch von Gott abstammten, da war eigentlich gar nichts los mit uns, aber als das mit den Affen Mode wurde, da tanzten sie wie vor der Bundeslade."

Hinzuzunehmen ist, daß die Jahrzehnte des sich ausbreitenden Darwinismus die Jahrzehnte des „Kulturkampfs" und der „Los-von-Gott-Bewegung" sind. Nicht nur der Sozialismus war damals noch – wie bei Marx – antireligiös (während er heute religionsindifferent geworden ist oder sich sogar religiös-sozial gibt); auch die erstarkenden Naturwissenschaften zersetzten immer mehr das gute Gewissen, die Mythen der Bibel noch gläubig hinzunehmen. In dieser Situation erschien der Darwinismus als willkommener Bundesgenosse. Durch ihn kam in die bisher nur religionskritische Haltung ein positives Moment: er selbst sollte der neue Glaube sein, berufen, die Stelle des Gottesglaubens einzunehmen. „Moses oder Darwin" (Dodel-Port) war ein trotz seiner Kümmerlichkeit um die Jahrhundertwende vielgelesenes Büchlein. Dies ist ein weiterer Grund dafür, weshalb die Menschen so leicht bereit waren, sich mit ihrer darwinistischen Entprivilegisierung abzufinden. Die Opposition gegen das unglaubhaft gewordene religiöse und humanistische Weltbild schloß die Umkehrung der dort vertretenen menschlichen Selbstbewertung ein. Aus Genugtuung über die Entmachtung des Gegners nahm man die mit ihr verbundene Selbsterniedrigung hin.

Der tiefste Grund für den Siegeszug des Darwinismus liegt aber im Psychologischen. Alle Kultur tritt mit Forderungen an uns heran. Menschsein ist nie bloßes naturhaftes Dahinleben. Immer müssen wir uns selbst überwinden, um die kulturgeforderte Höhe einzuhalten, müssen uns anstrengen, um dem zu genügen, was wir selbst und andere von uns erwarten. So unentbehrlich uns die Kultur ist, so sehr tut sie uns auf der andern Seite Zwang an. Daher kommt es zu dem, was Freud „das Unbehagen in der Kultur" genannt hat. Tief im Innern des Menschen schlummert ein Groll gegen den kulturellen Zwang, den er wie einen überflüssigen Ballast über Bord werfen möchte, um in ein entspannteres Leben zurückzutauchen. Vergeblich! Als Menschen sind wir eo ipso und unausweichlich Kulturwesen. Der Haß gegen die Kultur ist im Grunde menschlicher Selbsthaß. Mit ihr zusammen gäben wir auch uns preis. Aber gleichwohl geht immer etwas wie ein Aufatmen durch die Menschheit, wenn eine Theorie erscheint, die ihr die Bürde des Menschseins zu erleichtern verspricht. Daher der Widerhall, den im 18. Jahrh. Rousseaus „Zurück zur Natur" auslöste, daher der Erfolg, der in unserm Jahrhundert den totalitären Systemen beschieden war, die dem Menschen die persönliche Entscheidung und Verantwortung abnehmen – und daher auch der Erfolg des Darwinismus: endlich schien der Mensch vom Druck des noblesse oblige erlöst zu sein, endlich schien er sich von dem steilen Gipfel, auf den er sich hinaufgeschraubt hatte, wieder fallen lassen zu dürfen, denn Gott sei Dank, wir sind ja nur Affen.

c) Zweierlei Antidarwinismus

Von den Kritiken, die der Darwinismus in unserm Jahrhundert erfahren hat, ist keine zeitweilig so weit ins allgemeine Bildungsbewußtsein gedrungen wie die kaum wissenschaftlich zu nennende des phantasievollen romantisierenden Naturphilosophen Edgar Dacqué. Nach Dacqué hat die Abstammungslehre zwar soweit durchaus Recht, daß der heutige Mensch aus einem andern Wesen hervorgegangen ist. Aber dieses andere Wesen war nicht etwa Tier, sondern ebenfalls schon Mensch, bloß Mensch in anderer Gestalt. Auch der Mensch hat die ganze Phasenfolge des Tierreichs mitgemacht, auch er war Fisch, Amphibium usf., aber er war es von vornherein als das Sonderwesen Mensch. So gelingt es Dacqué, die Entwicklungstheorie beizubehalten und dennoch ihren Konsequenzen hinsichtlich des Menschen auszuweichen. Nicht nur die Tiere entwickelten sich und erzeugten schließlich aus sich den Menschen, – auch er vielmehr ist mit ihnen gleichursprünglich und existierte von vornherein als von ihnen getrennter eigener Urstamm, und auch dieser Menschenstamm hat sich von den untersten Sprossen des Organischen bis hinauf zum Säugetiertypus mit ihnen mitentwickelt. Laut Daqués bekanntestem Buche „Urwelt, Sage und Menschheit" hat sich in Erzählungen von Drachen und Zauberwesen sogar eine Erinnerung an jene frühen Phasen unserer Existenz bewahrt. – „Welch Schauspiel! aber ach, ein Schauspiel nur."

In anderer Weise haben Klaatsch und Westenhöfer einen Denkweg gefunden, die Abstammungstheorie gleichzeitig zu akzeptieren und in ihr genaues Gegenteil zu verkehren. Nur äußerlich stammt der Mensch vom Tier, tiefer besehen aber das Tier vom Menschen. Auch nach Westenhöfer bestand schon ein homo ante hominem, aber nur als Inbild, als Idee. Schon am Ende des Amphibienzeitalters taucht – so wie zu andern Zeiten andere Ideen – in der organischen Welt die Idee des Menschen auf. Diese bereits vorschwebende Idee fand jedoch nicht sogleich ihre adäquate Verwirklichung. Die längste Zeit ist der Versuch, sie in ihrer Reinheit darzustellen, immer wieder mißlungen. Und das Ergebnis dieses stets wiederholten Versuches sind – die höheren Tiere. Die ganze Entwicklung ist im Grunde bereits Entwicklung zum Ziel des Menschen, bis es über die Stufen der Fehlschläge hinweg schließlich erreicht wurde. Nicht ist also aus den Tieren der Mensch, sondern umgekehrt sind auf dem Wege, der zum Menschen führte, die Tiere entstanden. Sie sind entstanden, indem sie auf diesem Wege zurückgeblieben, von ihm abgebogen und so wieder ins Tierische zurückgefallen sind. Der werdende Mensch entläßt gleichsam die Tiere aus sich. Sie sind Nebenprodukte im anthropogenetischen Prozeß. Wiewohl sie faktisch dem Menschen vorhergehen, geht als Zielmöglichkeit doch er ihnen vorher.

Beide Theorien entgehen zwar dem Peinlichen unserer tierischen Abstammung, jedoch nur um den Preis hochgradiger Spekulativität. Der wissenschaftlich fruchtbare Fortgang über den Darwinismus kam von anderer Seite. Bei voller Anerkennung der tierischen Abstammung die heute von niemandem bestritten wird und gegen kein Dogma mehr verteidigt zu werden braucht, begann man nämlich – wie es der morphologischen Begabung unseres Jahrhunderts entspricht – schärfer als bisher auf das Unterscheidende zwischen Mensch und Tier zu achten. Dabei zeigte sich: das Unterscheidende ist derart grundsätzlich, daß wir darüber die Abstammungsverwandtschaft verschmerzen dürfen. Die ganze Alternative: entweder der Mensch stammt vom Tier, dann ist er selbst Tier, oder er ist von vornherein etwas anderes als das Tier und hat nichts mit ihm zu tun – diese Alternative stellt sich heute nicht mehr. Sie ist durch eine dritte Denkmöglichkeit überwunden.

Alle Entwicklung hat ein doppeltes Gesicht: sie läßt das Alte im Neuen fortbestehen und bildet es zugleich zum Neuen um. Das physikalistisch denkende 19. Jahrh. legte hierbei den Akzent mehr auf das Perseverieren des Alten: alles bleibt bestehen, nur die Form ändert sich. Der Ursprung einer Sache entscheidet über ihr Wesen. Daß der Mensch sich aus dem Tier entwickelt, schien somit darauf hinauslaufen zu müssen, daß er im Grunde selbst noch Tier ist. Durch diese einseitige Fassung des Entwicklungsgedankens hat sich das 19. Jahrh., das ihn dauernd im Munde führte, um seine entscheidende Dimension betrogen. Heute legt man den Akzent mehr auf das Produktive der Entwicklung, auf das Neue, zu dem sie hinführt. Ihr Endpunkt kann enthalten, was im Ausgangspunkt noch in keiner Weise vorbereitet war. Deshalb haben wir es nicht mehr nötig, die Entstehung des Höheren aus dem Niedrigen zu leugnen oder gar das Niedrige aus dem Höheren entstehen zu lassen. Auch das aus dem Niedrigen Entstandene ist deswegen nicht bloß ein modifiziertes Niedriges, sondern kann kraft echter Umgewordenheit durchaus ein unleugbar Höheres bilden. Neben dem erstaunlich Neuen, das mit dem Menschen gegenüber dem Tier beginnt, tritt das Gemeinsame mehr in den Hintergrund. Das Gemeinsame ist nicht das Tierische, sondern das Mensch und Tier neutral umspannende Organische, das von beiden nach verschiedener Richtung ausgeprägt wird.

Weil wir eine „schöpferische Entwicklung" (Bergson) kennen, bewegen wir uns heute nicht mehr, wie das 19. Jahrhundert, in der Denkform des Fortschritts auf ein Eines Ziel zu, von dem aus alle noch unfortgeschritteneren Stadien bloße Tief- und Negativstufen darstellen. Vielmehr gehört es zum wissenschaftlichen Stolz unseres Jahrhunderts, daß wir auf allen Gebieten pluralistisch mit der Denkform gleichberechtigter *Typen* zu operieren gelernt haben, von denen keiner am andern gemessen werden darf. Wohl mag sich aus der „Gemeinschaft" die „Gesellschaft"

(Tönnies), aus dem „zeichnerischen" der „malerische" Stil (Wölfflin) usf. entwickelt haben: dies ist keine Fortschrittsentwicklung. Auch das jeweils Frühere hat eigenen, unmißbaren Sinn; und auch das Spätere vollendet nicht bloß, was in jenem schon angelegt war, sondern stößt in wieder völlig anderer Richtung vor. Die Phänomene lassen sich nicht mehr auf einer Linie anordnen, sondern stehen für sich. Deshalb tritt heute die entwicklungskausale Forschungsrichtung überhaupt zurück.

Das gilt auch für das Verhältnis des Menschen zum Tier. Er stellt nicht einfach einen Fortschritt dar. Beide sind vollkommen heterogene, in sich vollendete, sachlich nicht aufeinander zurückführbare Typen. Deshalb läßt es den Menschen heute unberührt, daß er genetisch seine Wurzeln im Tierreich hat. Die Frage der Abstammung ist ihm nicht mehr „die Frage aller Fragen" (Haeckel). Viel wichtiger ist ihm die Wesensanalyse seines eigenen, nun einmal so gewordenen und gegebenen Gegenwartsseins. Aus demselben Grunde verstehen wir heute auch das Tier, weil wir in ihm nicht mehr bloß den Noch-nicht-Menschen sehen, in seiner qualitativen Eigengesetzlichkeit und Formgeschlossenheit besser als bisher. Im Spiegel des Tiers verstehen wir dann aber auch den Menschen besser.

d) Modifikationen der Abstammungslehre

Eine erste bedeutsame Beobachtung ist die, daß die Ähnlichkeit des Menschen mit den *erwachsenen* Affen nicht mehr in derselben Stärke hervortritt wie die mit den *kindlichen*. Schädel, Hand und Fuß sind beim jungen Tier noch menschenförmiger, es ist im ganzen weniger behaart, pigmentärmer, und vor allem: intelligenter – neugieriger, experimentierfreudiger, lernfähiger – als die alten, die viel einliniger in feste Gewohnheitsgeleise eingefahren sind.

Schon allein damit ist der klassische Darwinismus oder zumindest der Populardarwinismus an entscheidender Stelle außer Kraft gesetzt. Die Entwicklung, die zum Menschen führte, kann gar nicht über den fertigen Affen weiter fortgeschritten sein, denn der Mensch hält einen Zustand fest, der beim Affen nur eine Übergangsphase darstellt und von ihm überwunden wird. Die zunächst befremdliche Konsequenz legt sich nahe: nicht der Mensch, sondern der Affe ist es, der sich weiterentwickelt hat.

Immer hat man geglaubt, der Mensch müsse etwas aufweisen, was dem Tier abgeht. Man sah unsere körperliche Hälfte, wiewohl doch auch sie spezifisch menschlich ist, schlechthin als unsere tierische Hälfte an. Was uns zu Mensen erhebt, das war dann nur die zu unserer Tierheit additiv noch hinzutretende Vernunft. „Unselig Mittelding von Engeln und von Vieh!" (Haller) Diese gleiche Denkform setzte sich zunächst auch in der Abstammungstheorie unbesehen fort. Offenbar hat aber auch das Tier manches, was dem Menschen fehlt. Der Mensch ist nicht Tier und noch etwas dazu, sondern die viel weiter gehende Unterschiedenheit zeigt sich darin, daß er in anderer Hinsicht weniger als Tier ist. Die Entwicklung zum Menschen kann daher nicht bloß in einfacher Weiterentwicklung des Tierischen bestehen, vielmehr muß sie auch umgekehrt von ihm etwas abbauen.

Angesichts dieser neuen Erkenntnislage eröffnen sich für die Abstammungslehre zwei mögliche Denkwege. Die einen nehmen an, bereits die allgemeine Gattungsidee der Primaten (so nennt man zoologisch die ganze Familie, der Affe und Mensch angehören) trage mehr hominide = menschenhafte als anthropoide = menschenaffenhafte Züge. Von dieser Urform zweigte der Affe ab und verkörpert sie daher nur in seiner Jugendphase, während der Mensch, wiewohl empirisch später entstanden, dennoch treuer an ihr festhält. Die Organe des Affen sind viel einseitiger sackgassenhaft spezialisiert, während der Mensch eine primitivere Urform aufweist. Auch so noch mußte er vom „Tier-Mensch-Übergangsfeld" in einem langwährenden Hominisationsprozeß – von den „Prähomininen" über die „Euhomininen" (Heberer) – erst zu sich selbst finden. Und doch scheint so unsere Herkunft aus dem Tierreich zumindest etwas abgemildert. („Jede Zeit hat den Affen, den sie verdient!") Übrigens konvergiert auch die Ethnologie heute mit der physischen Anthropologie zu der Überzeugung, daß die „Anfänge" der Menschheit nicht möglichst tief und roh, sondern möglichst hoch anzusetzen sind.[1])

Unter der Führung des holländischen Anatomen Bolk haben andere an der Abstammung des Menschen von einem „richtigen" Affen festgehalten. Sie greifen hierfür zu der Zusatzhypothese der sog. Retardierung. Aus irgendwelchen uns unbekannten Gründen – vielleicht durch das Rauherwerden des Klimas oder durch ein Versagen der innersekretorischen Drüsen – soll nach Bolk die normale Entwicklung, die beim Affen von der Jugendstruktur zur Reifestruktur führt, beim Menschen retardiert, d. h. verlangsamt oder vielmehr gänzlich zurückgehalten worden sein. Auch er wächst zwar und wird erwachsen, aber strukturell konserviert er auch als Erwachsener noch die Phase, die eigentlich bloß eine Jugendphase sein sollte. Noch ehe die Entwicklung nach dem ihr einwohnenden Gesetz über diese Phase hinweg weiterschreiten kann, ist er schon erwachsen. Was beim Affen nur einen Übergang darstellt, wird so beim Menschen permanent. Der Mensch ist – hart ausgedrückt – ein infantiler Affe, bei dem das höhere Wachstum nicht eintritt und der auf kindlicher oder sogar embryonaler Stufe stehen bleibt. – Die Retardation wäre aber biologisch ein Unikum ohne jede Analogie. Daher hat die Retardationstheorie heute kaum mehr Anhänger.

---

[1]) In diesem Zusammenhang sei auch angemerkt, daß das sog. „missing link", das Bindeglied zwischen Affe und Mensch, dessen angebliches Nichtvorhandensein von den Gegnern des Darwinismus als Argument ausgespielt wurde, 1936 im Australopithecus transvaalensis gefunden worden ist (während der fälschlich sog. Pithecanthropus erectus = Javamensch und Pekingmensch, dessen fossile Reste schon früher entdeckt worden waren, in Wahrheit bereits den ältesten, wenn auch noch primitiven, Menschentyp darstellt). Da der Australopithecus (auch Plesianthropus oder Paranthropus genannt) kein arboricoler Brachiator war, sondern in einer Buschsteppe lebte, so brauchte auch das vielberufene „Herabsteigen von den Bäumen" nie stattgefunden oder jedenfalls nicht unmittelbar den ersten Akt der Menschwerdung gebildet zu haben.

3. Kapitel

Der menschliche Bauplan

a) Die Unspezialisiertheit

Nicht nur der Affe, das Tier überhaupt ist in seiner gesamten Konstitution viel spezialisierter. Seine Organe sind den besonderen Lebensbedingungen und Lebenserfordernissen der jeweiligen Art wie ein Schlüssel dem Schloß zugepaßt. Das gilt auch für seine Sinnesorgane. Ein Ausfluß und eine Domäne dieser Spezialisiertheit ist auch seine Instinktivität, die ihm in jeder Situation das Verhalten vorschreibt. Die Organe des Menschen dagegen sind nicht einseitig nur auf bestimmte Verrichtungen angelegt, sondern archaisch unspezialisiert. (Das gilt auch hinsichtlich der Ernährung; auch sein Gebiß ist weder das eines Pflanzen- noch das eines Fleischfressers.) Daher ist er auch instinktarm: nicht die Natur in ihm ist es, die ihm jeweils sagt, was er tun und lassen soll.[1]) Daher hat er z. B. auch keine festen Brunstzeiten, sondern kann das ganze Jahr hindurch lieben. Schon die Antike hat das beobachtet und darin einen Beweis göttlicher Gunst erblickt.

Das scheint zunächst für das Lebensfortkommen nur ein Nachteil. Ein solches Wesen wird es schwerer haben, sich in der Welt zu behaupten, als die spezialistisch in ihre Umwelt eingepaßten Tiere. Daher die Theorie, die Menschwerdung habe nur unter „paradiesischen" Umweltbedingungen gelingen können. Aber wenn sich die Unspezialisiertheit auch für den Anfang erschwerend auswirkt, auf die Dauer bedeutet sie einen unschätzbaren Vorzug. Der

---

1) Da auch domestizierte Tiere instinktärmer werden, schien sich die Folgerung nahezulegen, daß auch der Mensch das Ergebnis einer Domestikation – gleichsam einer Selbstdomestikation – sei (Lorenz). Beim domestizierten Tier gehen die Instinkte zurück, weil es sich daran gewöhnt hat, daß ein anderer – der Mensch – für es sorgt. Es entwickelt nicht zum Ausgleich für die fehlenden Insinkte andere Fähigkeiten. Der Mensch dagegen hat von vornherein keine Instinkte, denn er verfügt über ganz andere Fähigkeiten, auf Grund deren er der Instinkte nicht bedarf. Eine noch instinktbegabtere „Wildform" des Menschen hätte es demnach nie gegeben, nie geben können

Mangel an Spezialisiertheit erweist sich als die Kehrseite eines Positiven. Weil die Organe des Menschen nicht eng auf wenige Leistungen zugeschnitten sind, sind sie vielseitig verwendbar; weil er nicht durch Instinkte gegängelt wird, darf er selbst überlegen und erfinden. Dafür also, daß er das eine nicht hat, hat er das andere. Die fehlende Spezialisiertheit wird ausgeglichen und mehr als ausgeglichen dadurch, daß er sich vermöge seiner Vielfähigkeit und eigenen Initiativkraft den wechselnden äußeren Bedingungen anpassen, durch Erfindungen und soziale Einrichtungen sein Dasein erleichtern kann und so die zum Daseinskampf nur scheinbar besser ausgerüsteten Tiere sogar hinter sich läßt.[1]) Auf neuartige Weise behält so die Vernunftanthropologie Recht. Die „Vernunft" erweist sich als das notwendige Korrelat der Unspezialisiertheit.

Schon Protagoras, später Herder haben auf die mangelnde Spezialausstattung des Menschen hingewiesen. Die Frage ist aber, in welches Verhältnis zu ihr man die sie ergänzende positive Ausstattung des Menschen bringt. In unserer Zeit hat Arnold Gehlen den Menschen um seiner Unspezialisiertheit willen ein „Mängelwesen" genannt. Allein mit dem gleichen Recht könnte man, Plus gegen Minus auspunktend, auch die Tiere Mängelwesen nennen, weil ihnen die Gaben der Menschen fehlen. Deshalb hat man sie früher sozusagen als unvollkommene Vorstufen des Menschen aufgefaßt. Dieses Denkschema wird durch den Gehlenschen Begriff bloß umgedreht. Wie es früher hieß: das Tier hat keine Vernunft, also fehlt ihm etwas, so heißt es jetzt: der Mensch hat keine Spezialisiertheit, also fehlt ihm etwas. Diese ganze Methode, eine Erscheinung von einer andern aus zu begreifen und zu bewerten, ist durch die moderne typologische Sehweise auf allen Gebieten grundsätzlich überwunden. Jede Erscheinung hat

---

1) Nur der Mensch, so heißt es schon im 18. Jahrhundert bei Lamettrie, könnte mitten in einem Strom von Milch den Hungertod sterben. „Die Natur hatte uns also geschaffen, um unter den Tieren zu stehen oder wenigstens, um hierdurch die Wunder der Erziehung heller glänzen zu lassen, welche allein uns aus diesem Niveau heraushebt und endlich über die Tiere stellt."

ihren immanenten Sinn und darf nur aus sich selbst verstanden werden. Als Mängelwesen erscheinen Mensch und Tier nur, solange man sie miteinander vergleicht und aneinander mißt. Da gebricht dann jeweils dem einen, was man am andern bewundert. Von innen her gesehen dagegen sind die vorgeblichen Mängel – so schon bei Herder – gar keine Mängel, sondern beide leben aus durchaus positiven, bloß aus entgegengesetzten und miteinander unverträglichen Anlagen. Daß sich die Anlage des einen beim andern nicht findet, ist so wenig ein Mangel, daß sie ihm im Gegenteil bei der Entfaltung seiner eigenen Anlage nur im Wege stünde.

Wenn Gehlen weiterhin zeigt, wie der Mensch seine physische Mangelhaftigkeit durch das spezifisch menschliche Psychische aufwiegt und wie wunderbar beides ineinandergreift, so ist dies naturalistisch gedacht. Er stellt die Mangelhaftigkeit an den Anfang; das Geistige des Menschen bildet für sie dann erst den Ausgleich.[1]) Der Mensch wird nicht als ursprüngliche Ganzheit aus seiner Mitte verstanden, sondern seine zwar negative, aber primäre Naturgrundlage läßt, eben wegen ihrer Negativität, das Geistige als ein Sekundäres aus sich hervorgehen. Zunächst bedachte die Natur den Menschen stiefmütterlich, sie schuf ein im Vergleich mit den Tieren weit minderbegünstigtes Wesen. Dann aber hat der Mensch selbst aus seiner armseligen Ausstattung das Beste zu machen gewußt, indem er Erkenntnis und Erfindungsgabe in sich groß werden ließ. Die Lücke, die er an sich vorfand, wurde ihm gerade produktiv und setzte Fähigkeiten frei, die er sonst niemals hätte ausbilden können, da ihr Platz durch andere Fähigkeiten besetzt gewesen wäre.

---

1) Nach den Anthropobiologen Broom und Washburn erfolgte zuerst das Sichaufrichten des Menschen in die Vertikale und zog als unbeabsichtigten Nebenertrag die Vergrößerung des Hirns und so die höheren geistigen Fähigkeiten nach sich, zu denen der Mensch auf diese Weise nur durch einen glücklichen Zufall kommt. Am Anfang steht die Bipedie, die Vermenschlichung von Gesicht und Hirn stellt erst den – durch das Freiwerden der Hände (Werkzeuggebrauch!) ermöglichten – zweiten Schritt der Menschwerdung dar. Der Körper war früher menschlich als der Geist.

Von hier bedeutet es nur einen Schritt bis zu Theodor Lessing, nach dem der Mensch ein von der Natur benachteiligter und wehrloser Schwächling, ein Außenseiter und eine Sackgasse des Lebens ist. Der Geist und seine Errungenschaften – Werkzeuge, Begriffe, Sprache, Sozialität – sind nur kümmerliche Surrogate, mit denen der Mensch seiner angeborenen Schwäche aufhilft und das Leben doch bewältigt. Und nun ist er auf all dies noch stolz – „die schwächste Kreatur ist die stolzeste" (Montaigne) –, während es doch nur künstliche Korrekturen sind, komplizierte Umwege, die er zum Ersatz für seine Lebensungeratenheit einschlagen muß. Während nach dem sonst in vielem ähnlich denkenden (weil aus einer gemeinsamen Knabenphilosophie schöpfenden) Klages der an sich gesundheitsfähige Mensch von der Krankheit des Geistes nachträglich befallen wurde, ist nach Theodor Lessing der Mensch wesenhaft und unheilbar krank. Ähnlich hatte ihn schon Rousseau „un animal dépravé, corrompu" und Nietzsche „ein krankes Tier" (VII 431) genannt. („Die Erde", heißt es in „Zarathustra", „hat eine Haut. Und diese Haut hat Krankheiten. Eine dieser Krankheiten heißt z. B. Mensch.") Der Geist dagegen ist nach Lessing die Improvisation, die ihn trotz seiner Krankheit am Leben hält. – Daß zwar nicht der Mensch als ganzer krank sei, wohl dagegen, daß Krankheit ihn geistig sensibel und produktiv mache und daß dies keineswegs gegen den so entstandenen Geist spricht, ist eine häufige Theorie von Lombroso bis Alfred Adler (Geist als Überkompensation von Organmängeln) und Thomas Mann, bei dem Krankheit zum Ferment der Kultur wird (vgl. Chestertons Kritik am Begriff der geistigen Gesundheit). Letztlich geht die Auffassung, daß Menschsein Kranksein heißt, zurück auf Augustin.

Nur die mangelnde Spezialisierung des Menschen ist nach dieser Theorie eigentlich „Natur". Die Kräfte dagegen, die ihn trotzdem am Leben halten, gliedern sich an sie erst kompensatorisch an. Warum aber soll die Natur den Menschen nicht als ganzen entworfen und jene höheren Kräfte des Erfahrens und Gestaltens nicht ebenfalls von vornherein für ihn geplant haben? Er wurde nicht stiefmütterlich, nur ganz anders bedacht als das Tier. Daß er nicht spezialisiert ist, das muß nicht den Anfang, sondern kann ebensowohl erst eine Folge bilden: nur und erst *weil* er schon seiner Idee nach aus einer ganz anderen Gnade lebt, *deshalb* kann, ja muß die Spezialisierung bei ihm wegbleiben. Er könnte sie gar nicht brauchen. Sie würde ihn nur stören. Weit entfernt davon, daß sie ihm fehlte, widerspräche sie der ihm zugrundeliegenden Konzeption. Statt ihn erst zum Mängelwesen zu deklarieren und ihn dann seine Mängel wieder durch Vorzüge aufwiegen zu lassen, gilt es, ihn als einen eigenen, in sich geschlossenen Typus zu verstehen, bei dem simultan alles strukturgesetzlich aufeinander abgestimmt ist.[1]) –

Die Gegenüberstellung von Mensch und Tier behält also trotz ihrer genetischen Verwandtschaft etwas Berechtigtes. Der Mensch, erst und nur er, weist tatsächlich eine andere Struktur auf als die übrigen Lebewesen, die von ihm aus alle als spezialisierte Instinktwesen zusammenrükken, während er aus einer neuartigen Begabung atmet.

Durch ihre spezialisierten Organe und Instinkte sind die Tiere auf ganz bestimmte äußere Lebensbedingungen angewiesen, innerhalb deren allein sie sich erhalten können. Die holistisch-ökologische Biologie wendet heute diesen funktionalen Zusammenhängen ihre besondere Aufmerksamkeit zu. Jede Tierart hat den zu ihr gehörigen Lebensraum (Habitat); manche können nur in der Tiefsee, andere nur im Unterholz leben usf. Innerhalb dieser Umgebung bewegen sich die Tiere zwar mit vollendeter Sicherheit. Sobald dagegen, wie es in langen Zeiträumen notwendig geschieht, ein Wechsel der Bedingungen stattfindet (indem etwa das Klima sich ändert, eine Futterquelle versiegt oder neue Feinde auftauchen), können die Tiere – und je höher sie stehen um so weniger – dem Wechsel sehr oft nicht begegnen. Auch Tiere können zwar in gewissem Umfang Erfahrungen machen und ihre Lebensweise umstellen. Und vor allem: unter dem Einfluß des äußeren Wechsels, der sich hier als Agens der Produktivität erweist, bilden sich neue, den veränderten Bedingungen angepaßte Arten heraus (nach manchen kennt das Reich des Organischen überhaupt nur dieses Anpassungsschöpferische, während andere – so etwa

---

[1]) Beide Denkmöglichkeiten standen sich schon in der Antike gegenüber. Anaxagoras behauptete, der Mensch sei das klügste der Lebewesen, weil er Hände habe. Er leitet also zwar nicht das Plus aus einem Minus, aber das geistige Plus aus einem körperlichen Plus ab. Aristoteles dagegen faßt es umgekehrt: weil er das klügste aller Wesen ist, bekam er auch Hände.

Nietzsche und Bergson – ihm auch ein Spontanschöpferisches, ein Sichwandeln ohne äußere Notwendigkeit aus bloßer drängender innerer Fülle heraus, zubilligen wollen). Trotzdem aber sterben regional oder planetar ganze Tierarten aus, weil sie auch unter neuen Gegebenheiten ihre stereotypen, dann jedoch unzweckmäßigen Gepflogenheiten beibehalten und nicht von ihnen loskommen. Ihre Spezialisiertheit, die ihnen in der Normalsituation so gut zustatten kommt, wird ihnen dann zum Verhängnis. Vielleicht ist dies – neben der Ausnützung der objektiven Lebensmöglichkeiten – ein Grund dafür, weshalb die Natur innerhalb jeder Art verschiedene Varietäten mit verschiedenen Lebensgewohnheiten hervorbringt: geht die eine unter, so hat dafür die andere die Chance zu überdauern, und die Gesamtart bleibt so vor der Katastrophe bewahrt.

Der Mensch aber ist, so wie immer das Unspezialisiertere wandelbarer und damit zukunftsvoller bleibt, katastrophenhärter als alle höheren Tiere. Und zwar ist er es vermöge sozusagen einer neuen Methode der Katastrophenbegegnung. Er nämlich untersteht nicht mehr der Tyrannis artgebundener Lebensgewohnheiten: er bestimmt seine Gewohnheiten selbst. Die Dinge sind ihm nicht nur unter dem Blickwinkel ihrer Verwendbarkeit für die Zwecke einer einzigen, seiner jeweiligen Daseinsform, sondern viel allseitiger gegeben, so daß er sie auch in andern Daseinsformen für andere Zwecke verwenden kann. Innerhalb jeder Kultur pflegt zwar auch der Mensch ein gleichbleibendes Lebensverhalten zu befolgen. Aber in keine dieser Verhaltensweisen ist er festgefahren. Wie er sie selbst gemodelt hat, so kann er sie auch ummodeln. Eben deshalb hat er keine natürliche, ihm einzig gemäße Umwelt. In jeder neuen Umgebung kann es ihm gelingen, ein für sie geeignetes, sich in ihr bewährendes Verhalten herauszuarbeiten. Er nährt sich bald von Jagd, bald von Fischfang, baut seine Hütte bald aus Holz, bald aus Stein, bald aus Schnee. Das aber bedeutet weiterhin, daß ihm auch Änderungen innerhalb der Außenwelt viel weniger anhaben als den höheren Tieren. Er braucht nicht seine ganze biologische Art zu ändern, sondern kann mit den äußeren Änderungen bloß seinen eignen menschlichen Lebensstil mitverändern und sie so überstehen. Deshalb vermochte er sich auch als einziges Wesen über die ganze Erde auszubreiten, denn wohin er kommt, richtet er sich auf die bestehenden Verhältnisse ein. Wir finden ihn an den Polen und am Äquator, auf dem Wasser und zu Lande, im Wald und in der Steppe, im Sumpf und im Gebirge.

Wir können hier die Grundkategorien der Kulturphilosophie Arnold Toynbees (vgl. aber auch schon Winwood Reade) heranziehen. Wir werden von Natur und Geschichte immer wieder vor „Herausforderungen" gestellt. Völker und Zeiten unterscheiden sich nun dadurch, daß die einen sich in ihren Lebensgewohnheiten „versteinert" haben und daher die Herausforderungen nicht sinnvoll zu bewältigen wissen. Nur durch die „schöpferische Antwort" der andern steigt die Kultur aus der stagnativen Wiederholung des Gleichen zu neuen und höheren Formen empor. Als das ehemals begrünte Gebiet der Sahara austrocknete, wanderte ein Teil der dort lebenden Völkerschaften nach Süden, wo noch ähnliche äußere Verhältnisse herrschten und wo sie daher ähnlich weiterleben konnten wie bisher. Andere blieben an Ort und Stelle, änderten jedoch ihre Lebensweise so, daß sie sich nunmehr auch unter den gänzlich verwandelten Bedingungen der Wüste behaupten konnten. Damit waren sie die schöpferischeren; aber immerhin paßten sie sich bloß an. Eine dritte Gruppe hingegen, die der Ägypter, verfiel darauf, die Wasser und den Schlamm eines Stromes, des Nils, zu benutzen, um selbst das Land fruchtbar zu machen. Das war fast mehr als bloß Antwort auf eine Herausforderung. Die Herausforderung wurde zur Anregung für einen über die Reaktion hinausgehenden, vollkommen neuen Gedanken. Dagegen knicken allzu harte Herausforderungen, wie bei den Eskimos, die schöpferischen Impulse von vornherein ab. – Hinzuzufügen wäre noch, daß der Mensch sich auch gleichsam selbst herausfordern kann. Auch ohne den Druck einer äußeren Herausforderung kann die überquellende Schöpferbegabung in ihm zu einer Verwandlung seines Verhaltensstils führen.

Wollte man sich in Spekulationen verlieren, könnte man die Vermutung wagen, daß eben dies: ein Wesen zu schaffen, das sich den verschiedensten und unvorhersehbarsten Umweltsituationen anpassen oder vielmehr eigentlich (denn die rein passive „Anpassung" des 19. Jahrhunderts genügt hier nicht): das sie meistern kann und dessen Lebenschancen daher im Vergleich zu anderen Wesen unendlich erhöht sind, die eigentliche „Absicht" der „Natur" bei der Hervorbringung des Menschen war. Das würde – auf dieser rein spekulativen Ebene – auch erklären, warum er als letztes und einziges derartiges Wesen auf der Erde auftritt: nachdem er da ist und mit ihm der Fortbestand des Lebens gesichert erscheint, bedarf es keiner weiteren Lebensversuche mehr. Es würde auch erklären, warum er nicht in Varietäten zerfällt: die Katastrophenbeständigkeit, die die Tierarten mit Hilfe der Varietäten zu erreichen suchen, erreicht er mit Hilfe der „schöpferischen Antwort". Wozu das Tier die verschiedenen Varietäten braucht, das leistet er mit seinen verschiedenen Kulturen, die bei ihm gewissermaßen an die Stelle der Varietäten treten und in denen sich die Tendenz der Natur zu schöpferischer Vielfalt und Erneuerung, die sich dort auf der Ebene der organischen Formen auslebte, auf geistiger Ebene fortsetzt.

b) Der Wachstumsrhythmus

Aus dem bisherigen geht zweierlei hervor. Einmal: schon die Körperlichkeit des Menschen ist spezifisch menschliche Körperlichkeit. Das scheint unbefangenem Denken freilich evident. Aber die Vernunftanthropologie und von ihr abhängig noch die ältere Abstammungslehre hatte eine Tendenz, das vitale Substrat des Menschen quasi tierisch sein zu lassen. Erst mit dem sich darüberbauenden Geistigen sollte das eigentlich Menschliche beginnen. Vertiefte Einsicht dagegen weiß wieder: bereits das Biologische an uns ist durch und durch menschlich. Der Mensch unterscheidet sich vom Tier von vornherein durch ein ganzheitliches Aufbaugesetz, das auch sein Physisches einbegreift, auch an ihm schon das Menschliche ausprägt. Er hat „weder Kern noch Schale".

Sodann: körperliche und geistige Eigenschaften des Menschen sind nicht ohne Bezug zueinander. Sie sind nicht zwei getrennte Sphären oder Schichten, die sich bloß übereinander türmen. Beide sind aufeinander hingeordnet und bedingen sich gegenseitig. Gerade diese Körperlichkeit bedarf zu ihrer Ergänzung gerade dieser Geistigkeit und umgekehrt.

Deshalb ist es auch grundsätzlich unangängig, daß, wie wir schon einleitend zeigten, zwei verschiedene Wissenschaften, eine natur- und eine geisteswissenschaftliche Anthropologie, den Menschen gleichsam in zwei Hälften spalten und berührungslos nebeneinander herlaufen. Die Wissenschaft vom Menschen kann, wie er selbst eine Einheit ist, ebenfalls nur *eine* sein. Methodisch und aus Gründen der Arbeitsteilung mag es nach wie vor gerechtfertigt sein, gewissermaßen getrennt zu marschieren. Aber Humanbiologie und Geistesanthropologie müssen als Glieder der *einen* Menschheitswissenschaft jede das Wissen der andern im Hintergrundbewußtsein tragen. Nur so wird jede ihr engeres Feld aus dem Ganzen begreifen und auf es beziehen und kann die künstliche Trennung zwischen Bios und Logos von beiden Seiten wieder übergriffen werden.

Ein hervorragender Vertreter solchen Vorgehens ist von der humanbiologischen Seite Adolf Portmann. Portmann stellt nicht nur die innere Koordination und Durchdringung des Somatischen und des Geistigen am Menschen heraus, sondern neigt – umgekehrt wie Gehlen – sogar dazu, in dieser Koordination dem Geistigen den Primat zu geben. „Es ist der Geist, der sich den Körper baut!" Nicht tritt der Geist als eine freilich notwendige und zu ihm stimmige Ergänzung zum Somatischen dazu; das Somatische ist bereits vom primären Geistigen her determiniert und nur von ihm her zu verstehen. Vieles auch Körperliche muß beim Menschen anders eingerichtet sein als bei den Tieren, weil es mit einem andern Geistigen zu koexistieren hat.

Wie Portmann teils entdeckt, teils systematisiert hat, besteht das den Menschen biologisch von den Säugetieren Unterscheidende nicht nur in der sichtbaren Form, sondern in einem andern Wachstumsrhythmus.

Zunächst müßte der Mensch nach Analogie zu den Säugetieren im Verhältnis zu seiner Größe sehr viel längere Zeit im Mutterleibe zubringen. Er kommt fast ein Jahr „zu früh" zur Welt und gewinnt so ein „extrauterines Jahr". Daher ist das menschliche Neugeborene im Verhältnis zu Tierjungen, wie schon Anaximander, Plinius, Herder konstatiert haben, so hilflos.

Sodann braucht der Mensch sehr viel mehr Zeit als das Tier, bis er erwachsen ist. Wie er nach unten hin etwas anstückt, indem er früher zur Welt kommt, so auch nach oben hin. Er wächst bis nach dem 20. Jahr, also sogar über das Alter der Geschlechtsreife hinaus (während ein Wal in zwei Jahren seine volle Größe von 20 Metern erreicht!).

Innerhalb dieses sehr viel längeren Wachstums befolgt der Mensch auch einen anderen Rhythmus als die Tiere. Einmal wächst er im ersten Jahr doppelt so viel wie die ihm nächstverwandten Menschenaffen; er holt gewissermaßen das Wachstum, das bei jenen in die embryonale Zeit fällt, nach. Durch dieses intensive Wachstum des ersten Jahres kann sich das Gehirn – dessen Masse beim Menschen heute drei Mal so viel beträgt wie beim Menschenaffen – schon frühzeitig stark entwickeln. Weiterhin liegt bei den Säugetieren das stärkste Wachstum am Anfang, in der embryonalen Zeit und in der Kindheit, und nimmt dann bis zum Erwachsensein successive ab. Der Mensch dagegen wächst zwar in gewisser Weise dem analog zunächst, vom 2. bis zum 9. Jahr, ebenfalls schwächer als zu Beginn: in diesem ganzen Zeitraum zusammen ebenfalls nur etwa doppelt so viel wie im ersten Jahr allein. Aber das ist kein allmähliches Abnehmen des Wachstums bis zur Reife wie beim Tier, sondern vom 10. bis zum 16. Jahr springt nun die Wachstumskurve plötzlich wieder an: in diesem Zeitraum wird er jährlich mehr als doppelt so viel größer wie in einem Jahr des vorhergehenden Zeitraumes. Und erst nachdem dieser „Pubertätsschuß" vorüber ist, geht auch das menschliche Wachstum bis zu seinem Aufhören stetig zurück. Also zwei Höhepunkte, zwischen denen ein langes Wellental liegt. (Ähnlich hat die Psychoanalyse eine frühkindliche Sexualität entdeckt, die ebenfalls nicht in gradlinig sich steigernder Zunahme zur vollen Sexualität des Erwachsenenstadiums führt: dazwischen liegt die asexuelle sog. Latenzzeit.)

Diese nach beiden Richtungen hin verlängerte Jugendzeit des Menschen steht in engster Korrelation mit der besonderen Art seiner gesamten Lebenssteuerung, ist sinnvoll auf sie hingeordnet. Das Tier wird in seinem Verhalten durch Naturinstinkte gesteuert. Darum kann es lange Zeit abgekapselt im Mutterleib zubringen, wo die Instinktorganisation rein biologisch zur Reife kommt. Nachdem es geboren ist, bedarf es keiner langen Jugend: die Instinkte brechen von selbst in ihm durch. „Die Ordnung ihrer Handlungen ist in die ganze Gattung gewebt, nicht aber das Eigentum eines einzelnen dieser Tiergeschöpfe" (Buffon). Der Mensch dagegen ist geistgesteuert. Er ist es sowohl vom subjektiven Geist seiner eigenen Person wie – was zunächst noch schwerer wiegt – vom objektiven Geist der sozialen Gruppe, in der er groß wird, von der von Gruppe zu Gruppe variierenden Kultur, die den verfestigten Niederschlag früheren subjektiven Geistes darstellt. Kultur ist des Menschen „zweite Natur". In diese Kultur aber muß jeder erst hineinwachsen, er muß sie lernend in sich aufnehmen. Kulturelle Gepflogenheiten, Sprache Sitte, technische Handhabungen usf., liegen nicht als präformierte Anlagen, die sich wie Instinkte bloß entfalten müßten, schon in ihm bereit. Nur *eine* Anlage hat er: dies alles zu lernen; nur *einen* Instinkt: den des Nachahmens. In dieser Hinsicht ist er äffischer als der Affe. Er muß das kulturelle Traditionsgut seiner Gruppe erst in einem eigenen Aneignungsprozeß für sich übernehmen und einüben.

Daher die frühe Geburt des Menschen: sobald es irgend angeht, solange er noch so plastisch wie möglich ist, soll er bereits in Kontakt mit seinen Sozialgenossen stehen, sollen die kulturellen Normen, die er übernehmen muß, auf ihn wirken. Selbst so Elementares wie die aufrechte Haltung und der Gang beruht nicht nur auf erblich angeborener Anlage, sondern ebenfalls auf dem Einfluß des an das Kind herangetragenen Vorbildes der Erwachsenen und ist daher auch keineswegs von Anfang an vorhanden (während junge Säugetiere von Geburt oder fast von Geburt an die Haltung und Bewegungsweise ihrer Art aufweisen.) Das erste Lebensalter des Menschen ist kein „Schimpansenalter", er muß nicht erst den Affen in sich überwinden! Von allem Anfang an wächst, reift er und bewegt er sich nach eigenen Gesetzen. (Auch das Verhältnis von Alt- und Neuhirn ist schon beim Neugeborenen ein anderes als beim Tier.)

Daher auch seine lange Jugend: die Aneignung der Kultur ist etwas derart Schwieriges, daß er damit nicht nur früh beginnen muß, sondern auch dann noch außerordentlich lange Zeit dazu benötigt. Es genügt nicht, die kulturellen Einrichtungen und Gewohnheiten rein als solche zu kennen. Man muß sich gleichsam nicht nur mit dem kulturellen Vokabular, sondern auch mit der kulturellen Syntax vertraut machen. Es gehört sehr viel dazu, diesen komplexen Apparat innerlich zu durchdringen und sinngemäß zu bedienen. Man wird von ihm nicht wie von Instinkten ohne eigenes Zutun getragen.

Schon allein zur Beherrschung der Kultur selbst muß der Mensch auch seinen subjektiven Geist ausbilden. Er muß es aber auch deshalb, weil das Leben ihn immer wieder vor unvorhergesehene Situationen stellt, für die keine passenden kulturellen Verhaltensnormen vorliegen und in denen er daher das Vorhandene selbständig abändern oder von sich aus völlig Neues ersinnen muß. Und hierfür wiederum muß er auch Überschau über die Welt der Dinge haben, er muß sie in einem viel umfänglicheren Sinne verarbeiten als das Tier. Eindringen in die Kultur und in die Welt und dabei zugleich die Selbständigkeit des eigenen Geistes entfalten: dies muß also parallel gehen, dies alles muß der Mensch zu einer gewissen Vollkommenheit in sich gebracht haben, ehe er der Obhut seiner Eltern entwächst. Und auch im Erwachsenenstadium benötigt er nach wie vor etwas von kindlicher Lern- und Sich-Vervollkommnungsgabe, die daher nicht nur wie eine rasch verwelkende Blüte aus ihm emporsprießen darf, sondern nur dadurch, daß er lange Jahre ganz auf sie gestellt ist, bis zuletzt in seinem Leben verankert bleibt. Deshalb ist seine späte Reifung nicht etwa eine zufällige Anomalie – auf Grund deren dann erst, aus Spieltrieb, die Kultur entstand –; sie hängt umgekehrt schon von der menschlichen Bestimmung zur Kultur ab. Beides ist harmonisch aufeinander hin komponiert. Biologische und kulturphilosophische Anthropologie greifen ineinander.

Zu der langen Jugend muß die Dauer des Erwachsenenstadiums in einem entsprechenden Verhältnis stehen. Wie der Mensch lange jung ist, so muß er auch lange erwachsen sein, um seine Nachkommenschaft großziehen und unterweisen zu können. Daher wird der Mensch älter als jedes der ihm verwandten Tiere, bei denen, gemäß ihrer früheren Reifung, auch der Gegenvorgang des Alterns viel früher einsetzt. Kleinere Säugetiere leben nur ein paar Jahre, mittlere 12 – 15, und nur wenige werden über 30 Jahre; 50jährige sind Ausnahmen. Auch die Menschenaffen sind schon mit 20 Jahren alt und beginnen zu vergreisen, nur in wenigen Fällen überschreiten sie das 30. Jahr. Der Mensch dagegen kann 70 Jahre und noch älter werden, ohne greisenhafte Züge aufzuweisen. Ein Volkswissen darum, daß der Mensch länger lebt als die Tiere, hat sich in der Legende niedergeschlagen, daß er ursprünglich nur 30 Jahre alt werden sollte und dann erst von Gott auf seine Bitte hin weitere (beschwerlichere) Jahre hinzugeschenkt erhielt. Dennoch bleibt auch so noch das Verhältnis von Erwachsensein und Jugend beim Menschen zugunsten der Jugend verschoben. Sie nimmt bei ihm ein relativ größeres Stück des Gesamtlebens ein als beim Tier. Nach Analogie zu den meisten Säugetieren müßte der Mensch bei seiner 20jährigen Jugend weit über 100 Jahre alt werden.

Während ferner für Tiere das Alter Abstieg und Verfall bedeutet, bleibt das Leben des Menschen noch bei sinkender Vitalität auf der Höhe und sinnvoll. Wenn die physischen Kräfte zurückgehen, können die geistigen erhalten bleiben, ja „der Blick unseres Verstandes schärft sich erst, wenn die Schärfe unserer Augen nachzulassen beginnt" (Sokrates zu Alkibiades). Auch nachdem er erwachsen ist, konserviert der Mensch nicht bloß das in der Jugend Erworbene, sondern bleibt insofern ein „ewiger Jüngling" (auch dies wieder könnte man mit der „persistierenden Kindlichkeit" und Verjugendlichung des Haustiers zusammenbringen), als er auch dann noch in viel weiterem Umfang als das Tier neue äußere und innere Erfahrungen machen kann. „Indem ich altere, lerne ich immer noch viel" (Solon). Er gelangt zur Altersweisheit und -serenität. Auch manche Künstler entfalten im Alter sogar eine eigene Produktivität, und ihre dann entstehenden Schöpfungen weisen einen neuen, von ihrem bisherigen Stil abweichenden „Altersstil" auf, in dem die Welt wieder anders geschaut erscheint und dem Kunst- und Literaturgeschichte heute besondere Aufmerksamkeit widmen.

c) die Weltoffenheit

Die Spezialisiertheit der Tiere erstreckt sich auch auf ihre Erkenntnisorgane. Ihre Erkenntnis bewegt sich nur in einer eng begrenzten, artspezifischen „Umwelt" (Jakob von Uexküll). Ihrer subjektiven Spezialisiertheit begegnet so gleichsam auch von der objektiven Seite eine Spezialisiertheit der Welt, und beide Spezialisiertheiten greifen wie ein Räderwerk ineinander. Verglichen hiermit hat der Mensch zwar ebenfalls keine absolute, aber eine unendlich gesteigerte „Weltoffenheit". Das Geistige, das seine auch sonstige Unspezialisiertheit ermöglicht, ist ebenfalls unspezialisiert. Abermals klärt sich hier das Menschliche e contrario vom Tierischen her. Nicht nur die denkende „Vernunft", so zeigt sich dabei, ist es, die der Mensch dem Tier voraus hat: er hat ihm bereits innerhalb des Wahrnehmens vieles voraus.

Schon vor Uexküll hat man gewußt, daß für Tiere immer nur ein bestimmter Ausschnitt der Welt relevant wird, daß sie nur auf bestimmte Reize reagieren und für andere unempfindlich sind. Und ebenfalls schon vor ihm hat man dies darauf zurückgeführt, daß das Tier die Dinge nur als Korrelate seiner vitalen Interessen erlebt. Ihm zerfällt die Welt in Freßbares und Nichtfreßbares, in Geschlechtsgenossen und Geschlechtspartner, in Beruhigendes und Beängstigendes. Woran es dagegen kein vitales Interesse hat, das ist für es wie nonexistent.

Auch so aber hat man die tierische Erlebnisweise noch viel zu anthropomorphistisch interpretiert. Man stellte es sich zu sehr noch so vor, als ob das Tier an dem, was kein Interesse in ihm auslöst, bloß, so wie ja auch der Mensch das sehr oft tut, vorübergehe. In nur gradueller Unterschiedenheit schien auch dem Tier die Welt zunächst in ähnlicher Weise wie uns zu einer allseitig-objektiven Gegebenheit zu kommen, aus der es sich dann selbst erst den schmalen Sektor des es lebensmäßig Angehenden, bloß einen schmaleren als wir, herausschneidet. Seit Uexküll dagegen wissen wir, daß das Tier *primär* und *nur* in einem solchen Sektor lebt. Es kennt von der Welt überhaupt nur seine Umwelt. Sein Weltbezug ist verglichen mit dem des Menschen unvorstellbar arm. Es schenkt nicht dem, was über seine Umwelt hinaus liegt, bloß keine Beachtung, sondern hat überhaupt keine Organe dafür. Seine Sinnesorgane sind gewissermaßen „Filter", die von vornherein nur das Lebensbedeutsame passieren lassen. Dafür dagegen, was zu wissen nicht not tut, sind sie undurchlässig. Bereits sie sind es also, die eine selektive Funktion ausüben und das Herausschneiden der Umwelt aus der Welt vornehmen. Dieses Herausschneiden bildet keinen bewußten Akt, sondern vollzieht sich im naturhaft Vorbewußten. Die Art gewährt dem Tier eine Wahrnehmungsfähigkeit nur für das, was es wahrnehmen *muß*. Nur darauf fällt gleichsam das Scheinwerferlicht der Wahrnehmung. So findet sich das Tier immer schon in einer auf es hin verengten – und da jede Art wieder eigene Bedürfnisse und Gewohnheiten hat, in einer qualitativ anderen – Umwelt vor. Es ist in sie so selbstverständlich eingefugt, daß es nicht einmal um die Ausschnitthaftigkeit seiner Umwelt weiß.

Uexkülls berühmtes Beispiel ist das Zeckenweibchen, das nur drei Sinne hat: Lichtsinn, Geruchssinn und Temperatursinn. Mit Hilfe des Lichtsinns seiner Haut findet es den Weg auf einen Ast, und der Geruchs- und Temperatursinn sagen ihm, wann unter dem Ast ein warmblütiges Tier durchgeht, auf das es sich fallen lassen und dessen Blut es trinken kann. Augen, Ohren und Geschmack hat es nicht, denn es braucht sie nicht. „Die ganze reiche, die Zecke umgebende Welt schnurrt demnach zusammen und verwandelt sich in ein ärmliches Gebilde, das der Hauptsache nach aus drei Merkmalen und drei Wirkmalen besteht: ihre Umwelt." Ein anderes Beispiel: die Eidechse, die auf das leiseste Rascheln im Laub hin zusammenzuckt, reagiert nicht auf eine neben ihr abgefeuerte Pistole. Denn ein Gefahrenmoment, das mit einem solchen Laut verbunden wäre, kommt in ihrer natürlichen Umwelt nicht vor. Darum liegt dieser Laut jenseits ihrer Reizschwelle.

Die tierische Umwelt trifft nicht nur quantitativ eine Auswahl aus der Welt der Dinge: auch qualitativ hebt sie aus den Dingen nur wenige Momente heraus. Dem Tier sind überhaupt nicht wie uns objektive „Dinge" mit lebensneutralen, ihnen von sich aus inhärierenden Eigenschaften gegeben. Vielmehr bezieht es alles von vornherein auf seine eigene Subjektivität, es fragt gleichsam nur: was bedeutet dies für mich, als mitbestimmender Faktor meines eigenen Verhaltens? Daher ist ihm von allem nur ein Teil und auch dieser Teil nur in auf es selbst relativer Verkürzung gegeben. Seine Merkwelt koinzidiert mit seiner Wirkwelt.

Daher hat auch ein und derselbe Gegenstand innerhalb der verschiedenen Umwelten je wieder verschiedene Valenz. Für den Fuchs, der unter der Eiche seine Höhle baut, ist die Eiche das Dach, für die Eule, die in einer hohlen Stelle haust, Schutzwand, für die Eichhörnchen etwas zum Klettern, für die Vögel etwas, worauf man sein Nest baut, die Ameise wiederum apperzipiert nur die Rinde, in deren Höhlen sie Beute sucht. „Jede Umwelt schneidet aus der Eiche einen bestimmten Teil heraus ... In all den verschiedenen Umwelten ihrer Bewohner spielt dieselbe Eiche eine höchst wechselvolle Rolle, bald mit diesen, bald mit jenen Teilen. Bald sind die gleichen Teile groß, bald klein. Bald ist ihr Holz hart, bald weich, bald dient sie dem Schutz, bald dem Angriff."

Seit den Griechen neigte man dazu, Erkenntnis als autonome, vom Leben isolierte Urkraft aufzufassen, die ihren Sinn absolutwertig in sich selbst trägt. Als ihre Aufgabe erschien ausschließlich die Entdeckung der Wahrheit. Erst sekundär, so nahm man an, erweisen sich dann einige Wahrheiten als auch praktisch verwendbar. Allein schon Aristoteles hat gewußt, daß die Erkenntnis um ihrer selbst willen ein spätes Kulturprodukt ist. Und im 19. Jahrhundert hat sich vollends gezeigt, wie sehr alle Erkenntnis ursprünglich nur auf das vital Relevante zielt. Gilt dies freilich für den Menschen nur mit Einschränkungen, so gilt es doch unzweifelhaft für die Tiere. Ihr Erkenntnisapparat ist von Anfang an so angelegt, daß er nur das registriert, was zu ihnen in einem Lebensbezug steht. Die Natur verfährt ökonomisch: sie gibt den Lebewesen keine überflüssigen Organe mit. Das Ungebrauchte wäre nutzloser Ballast. Ganz ebenso hinsichtlich der Erkenntnisorgane: jedes Wesen erhält und besitzt im ganzen nur soviel Wissen, als es zum Leben braucht. Darüber hinausgehendes Wissen würde es nur stören und verwirren.

Das Tier nimmt aber nicht nur „weniger" von der Welt wahr als der Mensch, sondern auch dieses Wenigere hat bei ihm andere Funktion, und eben deshalb darf es so wenig sein. Das Tier, wir sagten es schon, wird durch arttypisch festgelegte Instinkte beherrscht. Es entscheidet nicht selbst darüber, wie es sich jeweils verhalten will: seine Verhaltensweise ist ihm bereits von der Natur vorgesteckt. Diese Instinktivität des Tieres wirkt sich nun auch auf den Aufbau seiner Wahrnehmungswelt aus und erklärt, warum ihm die Dinge nur in Fragmenten gegeben sind und gegeben zu sein brauchen. Da für jede Situation, in die das Leben es stellt, ein ererbter Instinkt, wie es auf sie zu reagieren hat, schon in ihm bereit liegt, so hat es ein näheres erkennendes Eingehen auf die objektive Beschaffenheit dieser Situation gar nicht nötig. Es braucht sie gar nicht allseitig zu durchdringen. Vielmehr genügt vollkommen, wenn es sie soweit in sich aufnimmt, daß die für die jeweilige Situation passenden und vorgesehenen Instinktreaktionen in Gang gesetzt werden. Das aber geschieht bereits auf Grund geringer Anhaltspunkte. Und so kommt das Tier mit einem Minimum äußerer Weltkenntnis aus. Es kommt mit ihr aus, weil Weltkenntnis überhaupt bei ihm an anderer Stelle steht als beim Menschen. Die Eindrücke von seiten der Welt sind für es nur „Signale", die einen vorgeprägten Verhaltensmechanismus auslösen. Nicht ihm „Welt", sondern nur, ihm solche Signale und „Effektoren" zu vermitteln, ist der Sinn seiner Wahrnehmung.

Wie Konrad Lorenz gezeigt hat, besitzt das Tier neben den Aktionsschemata der Instinkte auch rezeptorische Schemata der Welt.An diesen erbbildlichen Runen hat das

Tier gleichsam seine „Kategorien". Es spannt sie wie Netze auf, um den Weltstoff einzufangen. Alles ihm Begegnende wird von ihm nicht so sehr auf seinen sachlichen Gehalt als darauf geprüft, ob es einem dieser Schemata genügt. Genügt es, so wird dadurch der zugehörige instinktive Verhaltensablauf „ausgeklinkt". Das Tier weiß somit von der Welt nur, was es schon apriori von ihr weiß. Es kann – so wie Platon es fälschlich vom Menschen lehrte – auch draußen nur dieselben für sein Verhalten maßgeblichen Umweltfaktoren wiedererkennen, die es als allgemeine innere Formen schon in sich trägt. Die Berührung mit der Realität füllt diese Formen bloß inhaltlich aus.[1])

Dem Menschen dagegen – der Verdeutlichung halber sei die Vergröberung erlaubt – fehlen die Instinkte. Nicht die Natur in ihm ist es, die ihm jeweils sagt, wie er sich in der gegebenen Situation zu verhalten hat. Mit Hilfe eigener Überlegung muß er sein Verhalten selbständig bestimmen, muß er von sich aus immer erst entscheiden, wie er die Welt nützen und sich in ihr einrichten will. Er reagiert nicht bloß auf sie: er handelt. Hierfür aber muß er die Welt kennen. Er muß eine möglichst umfängliche, tief eindringende und objektive Erfahrung von ihr haben, um nach Maßgabe dieser Erfahrung sein Handeln zu gestalten. Deshalb hat das Erkennen in seinem Gesamtlebenshaushalt eine ganz andere und weitergehende Aufgabe als bei den Tieren. Es muß nicht nur Signale und Auslöser feststellen, sondern einen viel reicheren Seinsbezug herstellen, muß nicht mehr nur eine Umwelt herausgreifen, sondern Welt zu möglichst adäquater Gegebenheit bringen. Was Schopenhauer vom Genie sagte: daß sich bei ihm der Intellekt, der sonst die Welt nur sub specie voluntatis ansieht, nur

---

[1]) Aber auch der Mensch wird in abgeschwächtem Maße noch von solchen Rezeptionsschemata beherrscht. Darum ist für uns der Adler stolz, das Kamel hochmütig, die Felswand drohend, die Mondsichel ein Mädchen. Auch nach C. G. Jung füllt sich unser Erleben in die Schablonen von „Archetypen". Das gilt auch fürs Individuum: bei jedem bilden sich persönliche Apperzeptionsgewohnheiten heraus und verhärten sich. „Man erlebt endlich nur noch sich selber" (Nietzsche). Daher rast im Alter die Zeit: man erlebt nichts „Neues" mehr.

Motive für den Willen in ihr sucht, vom Willen emanzipiert und sich ihrer Ansichbeschaffenheit öffnet, das ließe sich auch vom Menschen überhaupt im Verhältnis zum Tier sagen.

Es hieße daher beim Äußerlichen stehen bleiben, wenn man bloß konstatieren wollte: der Mensch erkennt mehr als das Tier. Auch hier vielmehr zeigt sich: er stellt keinen gradlinigen Fortschritt über das Tier hinaus dar. Er ist nicht bloß ein erkenntnisbegabteres Tier. Daß er mehr erkennt, das beruht darauf, daß sein Erkennen von vornherein etwas qualitativ anderes bezweckt. Und das wiederum beruht darauf, daß sein Tun und Lassen auf andere Weise zustandekommt und daß hierbei das Erkennen eine viel maßgeblichere Vorbereitungs- und Zwischeninstanz bildet. Die Struktur des Kognitiven erweist sich hier als abhängig von der elementareren Struktur der Mobilität. Das verschiedene Erkenntnisgesetz von Mensch und Tier ist je korrelativ auf das verschiedene Lebensgrundgesetz der beiden, aus dem es erst folgt oder von dem es vielmehr selbst einen Teil darstellt.

Schon quantitativ erstreckt sich der Umkreis des vom Menschen Gewußten sehr viel weiter als der des für ihn unmittelbar Lebenserheblichen. Er muß ja aus dem zunächst neutral Gegebenen selbst erst das für ihn Verwendbare aussuchen, muß es erst für sich verwendbar machen. Daher muß er von vielem erst einmal rein konstatierend Kenntnis nehmen, was ihm praktisch erst später – oder nie – zustatten kommen wird. Auch seine Sinne sind zwar in gewisser Weise „Filter": auch sie treffen, ihm unbewußt, aus der extensiv und intensiv unausschöpfbaren Allwelt eine Auswahl. Aber sie sind viel durchlässigere Filter als die Sinne der Tiere. Der Mensch betrachtet auch das für ihn Unbeträchtlichste. Er erfindet einen Namen für Gestirne, die sein Fuß nie betreten wird. Und auch das Einzelding, da es für ihn nicht nur Wegweiser ist, der ihm anzeigt, welche Richtung er einzuschlagen hat, offenbart sich ihm nicht nur in seinen Umrissen, sondern mit einer Fülle innerer Schätze; gleichsam nicht nur eindimensional, sondern mehrdimensional, von mehreren Seiten, mit zahlreicheren Merkmalen. Gewiß bleibt es immer Sache Weniger, auch dort, wo kein Lebensbezug vorliegt, ein rein geistiges Interesse zu nehmen. Vollends Philosophie und Wissenschaft, die dieses Interesse nicht auf das sich ohnehin Aufdrängende beschränken und systematisch ins Unerforschte vordringen, sind späte Kulturprodukte. Und doch setzen sie nur fort und bringen zur Reife, was im Menschen von jeher als seine Urfähigkeit angelegt war. Das Tier weiß eo ipso alles, was es wissen kann und muß. Beim Menschen dagegen erhält das Wissen eine „ethische" Dimension. Es wird ihm zur Aufgabe, der er gerecht werden, vor der er aber auch versagen kann.

Das Tier bezieht alles in seinen eigenen Vitalstrom ein, der geschlossen von ihm zur Welt und wieder zurück flutet und so auch die Welt mit Lebensbedeutsamkeit auflädt. Beim Menschen wird dieser Strom immer wieder unterbrochen. Zwischen der äußeren Wahrnehmung und dem inneren Handlungsantrieb liegt bei ihm, um mit Gehlen zu sprechen, ein „Hiatus". Er bedarf zur Herstellung dieses Hiatus nicht, wie Scheler glaubte, der Askese, vielmehr ist er ihm angestammt und natürlich. Das Wahrgenommene steht ihm abgerückter und fremder in nüchterner Distanz gegenüber. Aus einem bloßen Vitalkorrelat wird es bei ihm erst zu einem selbstgesetzlich in sich ruhenden, losgelösten Gegenstand. Oder: der bisherige bloße Gegenstand gewinnt Eigenstand. Er steht nicht nur im Horizont des lebendigen Verhaltens zu ihm, das ihm von sich aus und auf sich hin seine eng abgezirkelte Funktion anweist, so wie die Eiche für den Vogel etwas zum Nisten und für die Ameise etwas zum Klettern ist. Dieser eindeutig gradlinige Zuordnungszusammenhang fehlt beim Menschen. Er hat zur Eiche zunächst keine Vital-, sondern Erkenntnisbeziehung. Darum erfaßt er sie nicht nur von außen, als Trägerin einer Funktion, sondern funktionsfrei von ihr her als etwas in sich Zentriertes. Nachträglich schaltet auch der Mensch die Dinge für sich ein und verleiht ihnen Funktionswert für sich. Aber er tut das erst, nachdem sie ursprünglich zwecklose Objekte für ihn gewesen waren. Wenn Heidegger das sich der sorgenden Gestimmtheit zeigende „Zuhandene" logisch an den Anfang stellt und von ihm das „begaffte" „Vorhandene" nur einen „defizienten Modus" sein läßt, so hat er Unrecht. Dieser pragmatistische Naturalismus bestätigt sich von der allgemeinen Anthropologie her nicht. Sie gibt eher der älteren klassischen Auffassung Recht, die im Menschen den geborenen Theoretiker sieht. Auch der homo faber ist kein Tier. Er selbst macht sich erst sein Zuhandenes aus dem primären Vorhandenen. Nur deshalb kann er immer wieder anderes Zuhandenes aus ihm machen.

Sehr illustrativ für den unterschiedlichen Weltbezug von Mensch und Tier sind die Experimente von Wolfgang Köhler über die Intelligenz der Schimpansen. Selbst diese intelligentesten Tiere erleben keine funktionsneutralen „Dinge", die daher verschiedene Funktionen, bald diese, bald jene, versehen können; sie erleben alles nur von einer Funktion aus, die es für sie hat, und gelangen daher nur mit Mühe zur Einsicht, daß man es auch für andere Funktionen einsetzen, daß ein und dasselbe Träger mehrerer Funktionen sein kann. Köhlers Affen verfielen nur in seltenem „Ahaerlebnis" darauf, daß man eine hoch oben im Käfig angebrachte Frucht in Ermangelung des weggenommenen Stockes auch mit einer Decke herunterschlagen könne, denn die Decke dient einem andern Zweck, sie ist „etwas zum Schlafen" und nicht „etwas zum Herunterholen".

Wie das Tier das Ding als ganzes nicht von der Rolle loslösen kann, die es in seinem Leben spielt, so kann es auch *innerhalb* eines Dinges die Teilglieder nicht von der Rolle lösen, die sie im Gesamt spielen. Es erlebt ein größeres Gesamt nicht als ein aus selbständigen Teilgliedern Zusammengesetztes, sondern von vornherein als „Gestalt". Alle Teilglieder erhalten von der Gestalt her ihre Valenz zugestrahlt, sind völlig in sie eingeschmolzen. Begegnet dem Tier daher ein solches Teilglied außerhalb seiner Gestalt, so erkennt es es nicht als das ihm schon von der Gestalt her bekannte wieder. Wirft man einer Spinne eine Fliege zu, so weiß sie mit ihr nichts anzufangen und saugt sie nicht aus, denn sie kennt Fliegen nur innerhalb des Netzes, in dem sie sie zu fangen pflegt. Deshalb war es auch für Köhlers Affen keineswegs selbstverständlich, daß man den fehlenden Stock durch Herausbrechen eines Astes aus einem Baum ersetzen kann, denn der Ast hat seinen Stellenwert im Erscheinungsbild des Baumes und ist damit etwas so fundamental anderes als ein isolierter Stock, daß sich auch hier der Identitätsvollzug nicht so leicht einstellt. Auch hier also wird der Gegenstand nicht als er selbst, als in sich ruhende Substanz, sondern im Rahmen eines Bezugssystems erfaßt, in dem er eine bestimmte Bedeutung hat, und das verhindert oder erschwert zumindest sowohl seine Wiedererkenntnis außerhalb dieses Systems wie die Erkenntnis seiner Eignung noch für andere Bedeutungen. So steht auch das Gebanntsein an die Gestalten einer echten Sachoffenheit im Wege. Die Gestaltsichtigkeit, deren Vorhandensein die Gestalttheorie zwar auch beim Menschen und deren Recht sie neben den analytischen Verstandesfunktionen nachgewiesen hat, dominiert beim Tier ganz. Wieder klärt sich hier im Spiegel des Tierischen das Menschliche. Indem er die Gestalten analytisch in ihre Elemente zersprengt, erfährt der Mensch erst den Selbstgehalt dieser Elemente.

Mit dem Weltverständnis verwandelt sich das Selbstverständnis. Das Tier, das alles auf sich bezieht und es nur in seiner eigenen, Wert- und Unwert setzenden Perspektive sieht, nimmt sich selbst als Zentrum. Der Mensch dagegen lebt „exzentrisch" (Plessner). Er orientiert nicht nur die Welt auf sich, sondern reorientiert auch sich auf die Welt, lokalisiert sich in ihr und weiß um seinen zufällig-beliebigen Standort in ihr. „Innerhalb seiner Perspektive außerhalb ihrer stehen ist die Position des Menschen." Zusammen mit der Welt wird reflexiv er selbst sich gegenständlich. Hier liegt der Ermöglichungsgrund für alle höheren Formen der Introspektion, Selbstprüfung und Selbsterziehung.

Uexküll selbst hat noch nicht tierische Umwelt und menschliche Welt konfrontiert. Wie dasselbe Ding in den Umwelten der Tiere Verschiedenes bedeutet, so auch in den Umwelten verschiedener Menschengruppen. Für den

Waldbauern ist die Eiche ein Quantum Holz, für das Kind, für das der Wald noch mit Kobolden bevölkert ist, blickt ein erschreckendes Gesicht aus der Rinde. Für den Jäger ist der Wald ein Wildgebiet, für den Wanderer Schatten und Schönheitszauber, für den Verfolgten Unterschlupf. Nach Erich Rothacker sind ganze Kulturen auch in rezeptiver Hinsicht nach charakteristischen Dimensionen selektiv und artikulieren aus der Gesamtwelt jeweils eine andere geistige Landschaft heraus. Das ganze Vorstellungsleben eines mit Philosophie und Kunst erzogenen Griechen baut sich anders auf als das des auf Herrschaft, Recht und Zweckmäßigkeit gerichteten Römers. Der sinnenfeindliche angelsächsische Puritaner bleibt für Reize stumpf, für die der Romane gerade seine Sensibilität zu steigern und zu kultivieren sucht. Wie es physiologisch eine „Schwelle des Bewußtseins" gibt, die nur von bestimmten Reizen überschritten werden kann, so auch eine „Kulturschwelle": nur was innerhalb meines „Lebensstils" „Bedeutsamkeit" hat, findet Eingang über sie.

Aber das Tier hat primär und nur Umwelt; die Natur ist es, die sie ihm zuteilt. Der Mensch dagegen hat Welt, die sich erst sekundär zur Umwelt verengt; er selbst ist es, der sie sich konstituiert. Seine Umwelt gehört bereits zur Kultur. Daher hat nicht „der" Mensch eine Umwelt, so wie jede Tierart als ganze eine solche hat, sondern einzelne Menschengruppen – Völker, Berufe usf. – haben jeweils wieder andere Umwelt. Sehr oft wächst der Angehörige einer solchen Gruppe bereits in eine Umwelt hinein; aber früher einmal ist sie „geschaffen" worden, und auch der Nachgeborene kann sie, wenn er will oder muß, auflösen, verändern und erweitern. Der Römer kann sich zum „Griechen" bilden. Er ist nie starr auf sie festgelegt. Daher kann der Mensch sich auch teilnehmend in die Umwelten anderer – sogar außermenschlicher – Wesen einfühlen. Er versteht noch seinen Feind. –

Wie wir schon früher sagten, daß das Handeln aus Überlegung auf die Dauer zwar weiter bringt als das Reagieren aus Instinkten, für den Anfang jedoch das Leben erschwert, so wiederholt sich dies nach Gehlen auch auf der Erkenntnisebene. Innerhalb seines beschränkteren Kreises weiß das Tier immer schon, was ein jegliches bedeutet und von ihm fordert. In seiner sehr viel reicheren Welt dagegen weiß der Mensch vorerst nicht, was er mit ihr anfangen und wie er sich in ihr bewegen soll. Er betritt in ihr zunächst ein Überraschungsfeld immer neuer und ungeordneter, zwecklos von allen Seiten auf ihn zuströmender und ihn desorientierender Eindrücke.

Von der „Reizüberflutung", die das (freilich nur logisch rekonstruierte) erste Ergebnis der Weltoffenheit ist, „entlastet" sich nun nach Gehlen – der auch hier wieder im Schema des Abhängigkeitsverhältnisses denkt, wo in Wahrheit Wechsel-Bedingtheit vorliegt – der Mensch dadurch, daß er sie in das Kanalnetz seiner selbstgeschaffenen Kulturgebilde einfließen läßt. Da er keine natürlichen Bezugspunkte hat, von denen aus sich ihm die Welt gliedert, setzt er selbst künstliche; mit ihrer Hilfe gelingt es ihm erst, die ihn in ihrer Fremdheit lähmende und ratlos lassende Eindrucksfülle durchzuarbeiten und sich so die Dinge „verfügbar" zu machen. Und zwar wird die Hauptleistung hierbei von der Sprache vollbracht, die im Unterschied zum Tierschrei nicht bloß eine subjektive Gefühlsreaktion verlautbart, sondern Objektives, wie nur der Mensch es kennt, festhält und darstellt. Indem die Sprache alles unter Begriffe bringt, lichtet sich das bedrängende Chaos auf. Die Dinge gewinnen in einem Ordnungsplan eine Stelle. Ohne daß sie im Lebensgeschehen des Menschen eine Rolle zu spielen brauchen, ergreift er, indem er sie benennt, Besitz von ihnen und macht sie sich vertraut. Die Worte der Sprache, könnte man sagen, treten beim Menschen an die Stelle der Lorenzschen Erbrezeptakel der Tiere, bloß daß die Worte nicht mit Reaktionen gekoppelt sind und daß sie sehr viel reichere und differenziertere Rezeptakel an die Hand geben.

In genialer Vorwegnahme führt schon Herders Abhandlung über den „Ursprung der Sprache" aus, daß jedes Tier seine

„Sphäre" hat, einen Kreis, in den es von Geburt gehört und in dem es sich kraft seines Instinktes zurechtfindet. „Mit dem Menschen ändert sich die Szene ganz." Verglichen mit den Tieren erscheint er zwar zunächst als „das verwaisteste Kind der Natur. Nackt und bloß, schwach und dürftig, schüchtern und unbewaffnet; und, was die Summe seines Elends ausmacht, aller Leiterinnen des Lebens beraubt. Mit einer so zerstreuten, geschwächten Sinnlichkeit, mit so unbestimmten schlafenden Fähigkeiten, mit so geteilten und ermatteten Trieben geboren". „Der Charakter seiner Gattung" besteht geradezu aus „Lücken und Mängeln". Allein wenn auch der Vergleich des Menschen mit den Tieren in mancher Hinsicht zu seinem Nachteil ausfällt, so erscheint er dafür in anderer Hinsicht vor ihnen bevorzugt und zu Größerem berufen. „Der Mensch hat keine so einförmige und enge Sphäre, wo nur *eine* Arbeit auf ihn warte; eine Welt von Geschäften und Bestimmungen liegt um ihn." Eben deshalb, weil er einen sehr viel weiteren Kreis durchdringen muß, hat er auch anstatt der tierischen Ausstattung, die ihm nur hinderlich wäre, eine ihr genau entgegengelagerte. „Seine Sinne und Organisation sind nicht auf Eines geschärft; er hat Sinne für alles, und natürlich also für jedes Einzelne schwächere und stumpfere Sinne. Seine Seelenkräfte sind über die Welt verbreitet; keine Richtung seiner Vorstellungen auf ein Eines; mithin kein Kunsttrieb, keine Kunstfertigkeit." Mit einem zusammenfassenden Terminus nennt Herder den „aus der Mitte seiner Mängel entstehenden Ersatz", mit dem die Natur ihn schadlos hält, auch „Besonnenheit". Diesen Gedanken hat Kant in seiner „Idee einer allgemeinen Geschichte in weltbürgerlicher Absicht" übernommen. So sieht schon Herder den Zusammenhang zwischen tierischer Instinktgelenktheit und Eingeschlossenheit in ein Milieu einerseits und zwischen menschlicher Instinktarmut und höherer Weltoffenheit andrerseits. Und ebenfalls schon Herder hat in derselben Abhandlung die ausgezeichnete Bedeutung der Sprache erkannt. Er nennt den Menschen geradezu das „Sprachgeschöpf". Diese Definition bleibt zwar zu eng – der Mensch ist überhaupt „Kulturgeschöpf" –, und doch ist hier an einem Teilgebiet der Kultur das Richtige gesehen. – Am Beispiel der Sprache zeigt auch Humboldt die paradoxe Gleichzeitigkeit von Menschwerdung und Kulturwerdung. Der Mensch wird erst Mensch durch die Sprache: erst indem er die Welt in ihr Netz einfängt, entfaltet er seine eigene Produktivität und innere Formenfülle; um aber die Sprache bilden zu können, mußte er schon Mensch sein.

IV. Teil

Der Mensch als Geistwesen II: Der objektive Geist (Kulturanthropologie)

1. Kapitel

Der Mensch als Schöpfer der Kultur

a) Unvollendetheit und Selbstvollendung (Freiheit, Schöpfertum, Individualität)

Die Kulturanthropologie wird die Anthropologie der Zukunft sein. Für sie war alle bisherige Anthropologie nur Vorspiel. Denn sie zum erstenmal isoliert den Menschen nicht künstlich aus seiner natürlichen Lebenswelt und sieht ihn in Wechselwirkung mit ihr als ihren Träger und von ihr Getragenen. Seine Lebenswelt aber ist seine Kultur. So erfaßt erst die Kulturanthropologie den *ganzen* Menschen.

Die menschliche „Unspezialisiertheit" hinsichtlich der *Erkenntnisausstattung* bedeutet, wie wir sahen, ins Positive gewendet, „Weltoffenheit".

Unspezialisiert aber ist der Mensch auch auf der *aktiven* Seite, hinsichtlich des *Verhaltens*. Ihn treibt kein instinktiver Impuls, daß er bestimmte Fähigkeiten anwenden, bestimmte Lebensgewohnheiten einhalten muß. Die Unspezialisiertheit erweist sich hier als Undeterminiertheit. Das aber bedeutet positiv: 1. darf er seine Verhaltensweisen selbst bestimmen, er ist also *schöpferisch*; und 2. kann er es nur sein, weil er in eins damit *frei* ist. Er ist es in dem doppelten Sinne der „Freiheit von" – nämlich von der Lenkung durch den Instinkt – und der „Freiheit zu" – nämlich zu produktiver Selbstbestimmung –. Schöpfertum und Freiheit treten so als zwei weitere Anthropina neben die bloß theoretische Weltoffenheit, (die, wie wir sahen, bereits vom Handlungsaufbau abhängt). Beide Begriffe klingen freilich vernutzt, jener vor allem durch ästhetischen, dieser durch ethisch-politischen Gebrauch. Indem wir sie heute jedoch in allgemein anthropologischem Sinne verwenden, gewinnen sie wieder eine neue Farbe.

Unspezialisiertheit und Spezialisiertheit stehen nicht parallel nebeneinander. Der Mensch lebt nicht einfach aus jener heraus wie das Tier aus dieser. Vielmehr schließt die Unspezialisiertheit eine Unvollständigkeit ein. Das uns Mitgegebene enthält in sich eine Lücke. Das freie Schöpfertum des Menschen, der sein Verhalten selbst überlegt und erfindet, dient eben dazu, diese Lücke zu füllen und gleichsam das nachzuholen, was den Tieren bereits die Spezialisiertheit gewährt. Erst Unspezialisiertheit und Schöpfertum zusammen wiegen also auf der menschlichen Seite die Spezialisiertheit der Tiere auf. Das Tier, könnte man sagen, ist von der Natur in höherem Maße vollendet worden als der Mensch. Fertig geht es aus ihren Händen hervor und braucht bloß das in es Gelegte zu aktualisieren. Die Unspezialisiertheit des Menschen dagegen ist Unvollendetheit. Ihn hat die Natur gleichsam halbfertig in die Welt gestellt; sie hat nicht endgültig über ihn bestimmt, sondern ihn bis zu einem gewissen Grade unbestimmt gelassen.

Deshalb muß der Mensch sich von sich aus erst fertigen, muß sich jeweils erst zu etwas Bestimmtem festlegen, muß kraft eigener Anstrengung die Aufgabe, die er sich ist, zu lösen suchen. Er darf nicht nur, er muß schöpferisch sein. Schöpfertum ist keineswegs auf wenige Tätigkeiten Weniger beschränkt: es wurzelt als Notwendigkeit in der Seinsbeschaffenheit des Menschen als solchen. Wie wir schon einmal sagten: der homo sapiens ist ebensosehr und mehr homo inveniens. Unabgeschlossen, offen, in sich unendlich, unfaßbar, zugleich aber bewegt und werdend, vereinigt der Mensch in sich alle Züge, mit denen wir seit Wölfflin den Barock (sowie auch die Romantik) kennzeichnen.

Die Selbstvollendung des Menschen bedeutet aber nicht notwendig Vervollkommnung im emphatischen Sinne. Es bedeutet nur, daß er sich selbst zu Ende führt, sich erst die definitive Form gibt. Es kann eine hohe oder eine niedrige, eine reiche oder eine arme Form sein. Gerade weil das Sein des Menschen an seiner eigenen Entscheidung hängt, deshalb ist er, wie man gesagt hat, das aus sich gefährdete Wesen. Das Tier, da es sich nicht selbst in der Hand hat, kann zwar nicht über seine naturgewollte Form steigen, aber auch nicht unter sie fallen. Der Mensch dagegen steht in einer viel größeren Spannweite. Wie schon die Antike sah: die Möglichkeit der Erkenntnis und der Tugend schließt die des Irrtums und des Lasters ein. Er kann sich bis zum anbetungswürdigen Wunder emporheben – aber „das Herrlichste ist in seiner Entartung das Abscheulichste" (Aristoteles): er kann seine Selbstgestaltungsfähigkeit auch benutzen, „um tierischer als jedes Tier zu sein" und – so wie nach Nietzsche der Affe für den Menschen – für den Höherstehenden „ein Gelächter oder eine schmerzliche Scham" sein.

Noch ein Weiteres liegt im Prinzip der Selbstvollendung. Daß die Tiere ihr volles Sein schon vorfinden, das bedeutet, daß jedes Exemplar einer Gattung dem andern – und je tiefer die Gattung steht, um so weitgehender – gleicht. Sie spielen in ihrem Leben bloß die gattungsmäßig vorkomponierte Verhaltensmelodie ab, blühen bloß die Gattungsmöglichkeiten aus. Um sein volles Sein erst ringend, kann dagegen der einzelne Mensch sich nicht darauf beschränken, Repräsentant seiner Gattung zu sein. Das Tier ist ganz Gattung, der Mensch nur zum Teil. Zu einem andern Teil muß er über sie hinausgehen, stellt er notwendig etwas Eigenes und Neues dar. Kraft seines Wesensauftrages ist er somit jeweils ein besonderes *Individuum*. Nicht ohne ein gewisses Recht wendet sich daher die Existenzphilosophie gegen die Anthropologie des „Menschen überhaupt": der volle Mensch ist erst der zeitlich konkrete Mensch.

In der Regel wird freilich innerhalb der jeweiligen Kulturtraditionen von jedem Einzelnen dann doch wieder ein gleichförmiges Verhalten erwartet, bloß diesmal nicht ein natur-, sondern ein kulturbedingtes. Erst die Griechen haben das Individuum entschränkt, haben ihm die Erlaubnis und den Mut zu seiner Eigenart gegeben. Durch die

Erneuerung und Vertiefung dieses Anfangs in Renaissance und Sturm und Drang sowie von anderer Seite her durch das Christentum ist die nur sich selbst pflichtige, nur aus ihrem Innern schöpfende Persönlichkeit zum Ethos und zum Pathos unserer Welt geworden. Damit bilden wir aber nicht eine beliebige Sonderfähigkeit aus, sondern sind im Einklang mit der zentralen menschlichen Bestimmung. Wir treiben bloß die Straße, auf der zu gehen schon immer unser urverhängtes Schicksal war, die gehend wir Menschen wurden und sind, in derselben Richtung noch ein Stück weiter vor.

b) Geschichtliches

Daß der Mensch immer wieder wie „Herakles am Scheidewege" (Prodikos) steht, daß er das Paradeigma seines Lebens selbst zu „wählen" (Platon) und das Bessere „vorzuziehen" (Aristoteles) hat, ist altes philosophisches Erbgut. Allein die Antike hat den Gedanken nur für den engeren Bereich des Ethischen, nicht allgemein anthropologisch und kulturphilosophisch durchgeführt. Und sodann ist nach ihr das, wozwischen und wofür wir uns entscheiden sollen, immer schon als ideelle Norm vorgegeben. Wir haben zwar die Freiheit der Entscheidung, nicht aber die noch radikalere schöpferische Freiheit, das, was wir tun wollen, auch inhaltlich zu ersinnen. Diese schöpferische Freiheit kennt erst die abendländische Neuzeit.

Mit einem neuen Selbstgefühl tritt daher der Mensch der beginnenden Neuzeit allen Wesen gegenüber und beansprucht für sich eine exzeptionelle Stelle. In der ewigen Ordnung, in der Gott allem seinen festen Rang angewiesen hat, bleibt er allein beweglich und weist sich seinen Rang selbst zu. Als das am meisten zu bewundernde Wesen, so heißt es nach einer arabischen Vorlage bei *Pico della Mirandola* in seiner Schrift „Über die Würde des Menschen", beneiden ihn nicht nur die Tiere, sondern auch die astralen Geister, zwischen denen er die Mitte hält und für die er die „Einigungsfessel" (so schon Poseidonios) bildet. Denn er als einziger verfügt über Selbstbestimmung in einer im übrigen determinierten Welt. Aber freilich birgt diese Gnade zugleich auch eine Versuchung.

Nachdem Gott Adam geschaffen hat, spricht er zu ihm: „Keine eigentliche Gestalt, kein besonderes Erbe haben wir dir verliehen, damit du habest und besitzest, was du als Ausstattung dir wünschen mögest. Alle andern Wesen haben wir bestimmten Gesetzen unterworfen. Du allein bist nirgends beengt und kannst dir nehmen und erwählen, das zu sein, was du nach deinem Willen beschließest. Du selbst sollst zu deiner Ehre dein eigener Werkmeister und Bildner sein. Du kannst zum Vieh entarten oder dich zu den höchsten Sphären der Gottheit erheben." „Er vermag zu sein, was er begehrt. Die Tiere besitzen von der Geburt an alles das, was sie jemals besitzen werden. Die Geister sind von Uranfang an gewesen, was sie in alle Ewigkeit bleiben werden. In den Menschen allein streute der Vater den Samen zu allem Tun und die Keime zu jeglicher Lebensführung. Wer sollte diese Wandlungsfähigkeit, die der des Chamäleons und des Proteus gleicht, nicht bewundern?"

Damit verbindet sich – ebenso bei Ficino und später bei Giordano Bruno – ein Weiteres. Eine jetzt als unendlich erlebte Welt spiegelbildlich wiederholend, soll auch der Mensch nicht nur eine einzige Möglichkeit, er soll unendich viele Möglichkeiten verwirklichen. Er hat keine definitive Gestalt, in der er, nachdem er sie erreicht hat, still stehen und verharren dürfte: von jeder erreichten muß er sich zur nächsten weiterbilden. Ewig befindet er sich auf der Suche nach sich selbst. Seiner Natur nach in unaufhörlicher Bewegung begriffen, bleibt ihm immer eine Unbefriedigtheit zurück. Homo solus in praesenti hoc vivendi habitu quiescit numquam, solus hoc loco non est contentus. Wie bei Cusanus unsere Erkenntnis, imago viva der Welt, sich nie vollkommen rundet und die objektive Unendlichkeit nur in unendlicher Zeit aufarbeitet, so sind wir auch im Leben unabschließbar Werdende und Strebende. So wird hier der Mensch mit jener Rastlosigkeit und Dynamik, mit jener drängenden Sehnsucht nach dem Neuen aufgeladen, die sich, obwohl die Menschheit faktisch seit je immer wieder zu neuen Formen gefunden hat, doch erst seit der Renaissance zum bewußten Ethos intensiviert hat und die man seit Spengler nach ihrem Goetheschen Symbol gern die „faustische" nennt:

Im Weiterschreiten find er Qual und Glück,
Er, unbefriedigt jeden Augenblick!

Bei *Herder* ist das Tier nur ein gebückter Sklave, der Mensch dagegen „der erste Freigelassene der Schöpfung", „zur Freiheit organisiert"; „nicht mehr eine unfehlbare Maschine in den Händen der Natur, wird er sich selbst Zweck und Ziel der Bearbeitung". Darin liegt eine Größe, aber auch ein Risiko. „Lasset uns bedenken, wieviel die Natur gleichsam wagte, da sie Vernunft und Freiheit einer so schwachen Erdorganisation anvertraute ... Die Waage des Guten und Bösen, des Falschen und Wahren hängt an ihm: er soll wählen." Perfektibilität und Korruptibilität liegen gleichermaßen in ihm beschlossen, und niemand als er selbst entscheidet, ob der Weg nach oben oder nach unten führen wird.

Dagegen sind Kant und Schiller wieder auf den schwächeren Freiheitsbegriff der Antike zurückgefallen. So heißt es in Schillers „Über Anmut und Würde": „Bei dem Tier und der Pflanze gibt die Natur nicht nur die Bestimmung an, sondern führt sie auch allein aus. Dem Menschen aber übergibt sie bloß die Bestimmung und überläßt ihm selbst die Erfüllung derselben." Damit bleibt es doch die „Natur", die das Muster des Menschen aufstellt. Er selbst hat es nur zu realisieren. Es ist ihm zwar Freiheit gegeben, ob er es realisieren will oder nicht; nur er *will*, während die andern Wesen, sowohl Tier wie Gott, in deren „Mitte" er auch in Schillers „Eleusischem Fest" wieder steht, *müssen*. Aber dennoch ist dies nur eine eingeschränkte Freiheit. Sie besteht nicht hinsichtlich der inhaltlichen Konzepiton des Gesollten selbst. (Daneben hat Schiller freilich noch die andere, hintergründigere Freiheitsformel gefunden, daß der Mensch das Reich der Notwendigkeit und das der Freiheit im ästhetischen „Spiel" versöhne, „und er ist nur da ganz Mensch, wo er spielt" – hier knüpft noch Huizingas „Homo ludens" an.)

Ähnlich trägt nach Kierkegaard zwar jeder Einzelne die Verantwortung für sich. Wir dürfen uns nicht als gegeben hinnehmen, wir müssen uns bewußt übernehmen und „wählen". Aber das große Entweder-Oder, zwischen dem sich die Kierkegaardsche Wahl vollzieht, besteht als solches schon vor uns. Sie ist nur die alte religiöse Wahl zwischen Christus und Adam, zwischen ewigem Heil und irdischem Wohl. Auch Kierkegaard kennt somit nur die Freiheit der Entscheidung zwischen präexistenten Werten, nicht dagegen die Freiheit, Werte selbst zu formen.

Ganz anders steht es mit den beiden andern Großen des 19. Jahrhunderts, mit Marx und Nietzsche. Nur partiell nämlich bestimmt nach *Marx'* zu oft zitiertem Satze das (gesellschaftliche) Sein, die Klassenlage, das Bewußtsein. Das gilt nur hinsichtlich des sekundären, philosophisch-ideologischen Bewußtseins. Dagegen hat ein noch ursprünglicheres Bewußtsein, der intellectus agens, immer schon seinerseits das gesellschaftliche Sein bestimmt. Marx ist also nicht so sehr der Gegner Hegels wie er selbst glaubte. Auch er vielmehr erbt vom deutschen Freiheitsidealismus, den er als erster auf die sozial-ökonomische Sphäre anwendet und dem er noch eine extremere Wendung gibt. Nach der klassischen Nationalökonomie hat der Mensch naturgegebene Bedürfnisse, die die Wirtschaft bereits vorfindet und nur besser oder schlechter befriedigen kann. Nach Marx dagegen ist der Mensch schon in seinen materiellen Bedürfnissen kein Naturwesen. Er unterscheidet sich von den Tieren nicht nur dadurch, daß er seine äußeren Lebensbedingungen selbst herstellt, Werkzeuge erfindet, Waren hervorbringt. Vielmehr verändert und schafft er mit den Lebensbedingungen auch sich selbst. Daß er als einziges Wesen arbeiten muß, ist nicht nur ein leidiger Zwang, sondern die Arbeit enthält auch den Keim zu seiner Größe. Wie der Kunstgegenstand erst ein des Schönheitsgenusses fähiges Publikum erzeugt, so erzeugt die wirtschaftliche Produktion erst die Konsumtion, nämlich das spezifische Bedürfnis selbst. Die Produktion „produziert nicht nur einen Gegenstand für das Subjekt, sondern auch ein Subjekt für den Gegenstand". Indem sie das Bedürfnis befriedigt, ruft sie es erst hervor. Was unsere „Natur" zu sein schien, ist in Wahrheit bereits – man fühlt sich über alle Abstände hinweg an Fichte erinnert – Ergebnis unserer eigenen spontanen Tätigkeit. Und wie der Mensch sich als ökonomisches Subjekt selbst prägt und den „finish" gibt, so auch im Außerökonomischen. Selbst den aufrechten Gang will Marx auf eine Willensleistung zurückgehen lassen!

Vergleichbar ist die Urerfahrung *Nietzsches* vom Menschen die seiner unbegrenzten Plastizität. Durch und durch bildsam, kann er die verschiedensten Formen annehmen, und er selbst ist es, der sie sich gibt. „Im Menschen ist Geschöpf und Schöpfer vereint." Wie Michelangelo im Marmorblock bereits die aus ihm herauszumeißelnde Statue schlafen sah, so schlafen nach Nietzsche im Menschen – nicht als Uranlagen, sondern als freie Entwürfe – Idealbilder seiner selbst. „Ach, ihr Menschen, im Steine schläft mir ein Bild, das Bild meiner Bilder! Ach, daß es im härtesten, häßlichsten Steine schlafen muß!" (Zar. II 2). Phantasie und Unrast des Menschen werden immer neue solche Idealbilder, nach denen er sich richtet, aufstellen. Keine Existenzweise, zu der er sich vereindeutigt hat, ist definitiv, jede muß „um der Zukunft willen" wieder zerbrochen werden. Er ist „unsicherer, wechselnder, unfestgestellter als irgend ein Tier sonst ... Er hat mehr gewagt, geneuert, getrotzt, das Schicksal herausgefordert, als alle übrigen Tiere zusammengenommen: er, der große Experimentator mit sich, der Unbefriedigte, Ungesättigte, der um die letzte Herrschaft mit Tier, Natur und Göttern ringt – er, der immer noch Unbezwungene, der ewig-Zukünftige, der vor seiner eigenen drängenden Kraft keine Ruhe mehr findet, so daß ihm seine Zukunft unerbittlich wie ein Sporn im Fleische jeder Gegenwart wühlt" (VII 431). Seine größte Gefahr wäre „jener vorzeitige Stillstand, welchen, soweit wir sehen können, die meisten andern Tiergattungen längst erreicht haben".

Ein Teil dieser Denkmotive findet seinen Gegenwartsausdruck in der Existenzphilosophie. Schon Bergson hat gewarnt, unser eigenes Inneres nach Maßgabe der Weltdinge zu verstehen, zwischen denen wir leben und die daher das Kategoriensystem unseres Geistes vornehmlich bestimmen. Denn jene liegen unabänderlich umschrieben fest. Sie lassen sich messen und berechnen. Unser eigener tiefster Seelengrund dagegen ist konturlos zukunftoffenes Strömen. Wir müssen unser Verständnis unserer selbst, wie hier anknüpfend *Jaspers* fordert, entdinglichen. Erst dann erkennen wir uns als offene, unpräjudizierte Möglichkeit. Wir müssen über unser Sein jeweils erst frei entscheiden.

Deshalb läßt uns auch *Heidegger* uns selbst „entwerfen". Immer sind wir im Entwurf schon über uns hinaus und rücken dann erst auch der Faktizität nach in das Entworfene ein. Wie uns die Daseinsfürsorge überhaupt zum Vorlaufen in die Zukunft zwingt, so tun wir es auch in unsere eigene Zukunft. Nur zu leicht verfallen wir dabei der Gefahr, die Stimme der eigenen Jemeinigkeit zu überhören und nur die Möglichkeiten zu ergreifen, die von außen, durch das Man, an uns herangetragen werden. Aus dem dumpfen und unverantwortlichen Dahinleben in der Verfallenheit an das Man, das uns die Entscheidungen, die wir selbst treffen sollten, abnimmt, will uns die Existenzphilosophie aufstören. Sie will ein Appell an uns sein, nach den Möglichkeiten in uns zu schürfen, die dem eigenen Ich und nur ihm gemäß sind.

Die Freiheit des Sich-Entwerfens wird aber durch gewisse Vorgegebenheiten begrenzt. Einmal beginnt die Existenz nie von vorn, vielmehr findet sie sich schon vor in der „Geworfenheit" in eine geschichtliche Situation, die sie sich nicht ausgesucht hat. Wir alle sind geprägt durch die Überlieferungen der Gemeinschaften, in denen wir aufgewachsen sind und stehen. Wir sind geprägt durch unsere eigene Vergangenheit. Dieses „Erbe", dessen Träger wir sind, zeichnet nun auch unserer Zukunft ihre Linien vor. Die Möglichkeiten, zu denen wir uns entscheiden, sind nur dann unsere ureigensten, wenn sie mit dem Erbe in einer Kontinuität stehen. So wird die Entscheidungssouveränität des Augenblicks durch das Gewicht der vita ante acta beschränkt.

Wie die Existenz nicht von vorn beginnt, so schwebt sie nicht im leeren Raum. Sie steht nicht nur in einer allgemeinen geschichtlichen Situation, sondern vor den Aufgaben einer konkreten Lebenssituation. Auch diese Aufgaben gehören zu den Prämissen unserer Entscheidungen. Wir können zwar die Aufgaben so oder anders lösen, aber daß wir sie überhaupt und daß wir gerade diese Aufgaben zu lösen haben, dieser *Rahmen* unserer Entscheidungen liegt *nicht* in unserer Entscheidung.

Ähnlich wie Kierkgaard erwartet Heidegger, daß wir zu unserer „Eigentlichkeit" durchstoßen. Deutlicher als Kierkegaard weiß er, daß der Inhalt der Eigentlichkeit für jedes Individuum ein anderer sein wird. Aber wieder wie Kierkegaard läßt er uns diesen Inhalt jeweils bereits gegeben sein. Unsere Leistung soll nur sein, uns zu ihm zu bekennen, die feststehend bereitliegende „Möglichkeit" zu „verwirklichen". Er kennt nicht die noch grundlegendere Leistung, die darin liegt, allererst einmal den Inhalt selbst zu gewinnen.

Dagegen ist gerade dies die Leistung, die *Jean Paul Sartre* von uns fordert. Pflanze und Tier brauchen bloß das Gesetz ihrer Gattung zu erfüllen. Auch ein Handwerksgegenstand wird nach einem Plan hergestellt, der sich zuvor im Geiste des Herstellers befindet. Beim Menschen dagegen versagt aller Platonismus. Bei ihm als einzigem Seienden geht der Existenz keine Essenz vorher. Weder hat ihn Gott nach seinem Bilde geprägt, noch liegt ein zeitloses Wesen des Menschen in der Vernunft vorgebildet. Schon von einer nature humaine zu sprechen ist irreführend; es gibt nur eine condition humaine.

An die Stelle dessen, was beim übrigen Seienden die bleibende Natur ist, tritt beim Menschen, daß er sich jeweils erst zu sich macht. Da ihm kein Plan zugrunde liegt, projektiert er sich selbst. „Der Mensch erfindet den Menschen." In einem unaufhörlichen dépassement seiner selbst *ist* er überhaupt nicht: immer wieder in eine jungfrauliche Zukunft geworfen, *wird* er so, wie er sich will.

Deshalb ist der Mensch zur Freiheit *verurteilt,* steht unter der Notwendigkeit, frei sein zu *müssen*. Freiheit ist nicht ein Geschenk, das er annehmen oder ausschlagen kann. Sie gehört zu seiner inneren Unfestgelegtheit wie der positive Pol zum negativen. „Der Feige macht sich feige, der Held macht sich zum Helden. Für den Feigen gibt es immer die Möglichkeit, nicht mehr feige zu sein, und für den Helden die, kein Held mehr zu sein." Der Mensch ist auch dort unausweichlich frei, wo er es zu sein nicht weiß oder leugnet.

Man könnte auch sagen: er ist zur Freiheit *verdammt*. Sie begründet zwar seine „Würde", überbürdet ihm aber zugleich die Last der Verantwortung. Immer wieder sucht er sich daher der ihm auferlegten Verantwortung zu entziehen: er beruft sich etwa auf den Ratschluß Gottes, den es jedoch nicht gibt, oder auf charakterliche Veranlagung und äußere Umstände, die jedoch alle nur die Kraft von Faktoren und nicht von Determinanten haben. Was er aus seinem Schicksal macht, wie er es gestaltet und, auch wo er es nicht mehr gestalten kann, was es innerlich für ihn bedeutet, hängt einzig an ihm. Wir können unsere Verantwortung nie abladen. Wir sind, was wir über uns verfügt haben.

Sartres prometheischer Creationismus setzt sich durch seine eigene Übergipfelung ins Unrecht. 1. Wie Valéry seine Gedichte lieber im Zustand der Bewußtheit als der Inspiration schreiben wollte, so soll sich auch nach Sartre der Mensch bewußt „machen". Schon der Sturm und Drang hat aber gewußt, daß wir es nicht in der Hand haben, ein Kunstwerk zu machen, sondern daß es in der unbewußten Stille organischen Wachstums reifen muß. Ebenso müssen wir auch uns selbst unserm eigenen Wachstum überlassen. Kein Zufall, daß sich bei Sartre die Anthropologie wieder zur Ethik verengt: im Ethischen haben die bewußt gefällten Entscheidungen am ehesten ihren Ort.

2. Alles Schaffen erhält seinen Adel erst dadurch, daß es objektive Notwendigkeiten vollstreckt. Deshalb untersteht es nach Platon einer Idee, nach Kant einer allgemeinen Gesetzgebung. Diese Formeln sind uns zwar heute, da wir stärker als frühere Zeiten um die unwiederholbare Einmaligkeit jedes Individuums wissen, verblaßt. Aber noch das selbstherrlichste Individuum muß sich durch ein Gesetz – ein dann eben „individuelles Gesetz" (Georg Simmel) – legitimieren. Fehlt dieses Gesetz, so entartet das Schaffen zum Spiel. Seine Ergebnisse tragen nicht mehr den Stempel der Notwendigkeit, sondern den beliebiger Willkür. Ein solcher Entartungsprozeß hat seinerzeit schon vom Sturm und Drang, in dem sich das schöpferische Subjekt noch eins mit der Natur fühlte, zur Romantik hin stattgefunden, die es von nichts Größerem mehr gehalten und getragen sein läßt. Und dieses nicht eigentlich zur Freiheit, sondern zur Willkür verurteilte Subjekt ist auch das Subjekt Sartres. Er ist als Philosoph ungewollt der Bruder Cocteaus.

3. Weil wir in unserm Schaffen zugleich einem über uns Hinausgehenden pflichten, dürfen wir das Geschaffene nie bloß uns selbst zuschreiben. Es sind bei seiner Entstehung noch andere Kräfte im Spiel. Das gilt für das Schaffen von Gebilden wie für das Schaffen unser selbst. Wir erhalten uns „geschenkt" (Jaspers).

4. Daß das Geschaffene nie nur der Niederschlag unserer bewußten, auf es gerichteten Schaffensabsicht ist, zeigt sich auch daran, daß es Momente enthält, die in der Absicht nicht lagen und daß die Wirklichkeit den Traum von ihr desavouiert. „Ich brachte reines Feuer vom Altar; was ich entzündet, ist nicht reine Flamme" (Goethe). Wir werden durch die Resultate unseres eigenen Tuns überrascht.

c) Die verfestigte Selbstvollendung der Kultur

Den einschneidendsten Unterschied zwischen Tier und Mensch bekommt man aber nicht in den Blick, solange man nur auf der animalisch-physischen Ebene vergleicht: das Tier hat diese Eigenschaften, der Mensch jene. Der Mensch hat dem Tier mehr voraus als bloß Eigenschaften. Was ihn am Leben hält und ihm das Leben erleichtert, das ist etwas ganz anderes.

Er muß ja nicht in jedem Augenblick wieder von vorn anfangen, erkennend in die Weltdinge eindringen und über sein eigenes Verhalten entscheiden. Jeder Einzelne sammelt „Erfahrungen", und auch in jeder Gruppe werden solche Erfahrungen überliefert. Ein Schatz von Wissen steht also immer bereits zur Verfügung. Ganz ebenso steht es mit technischen Erfindungen, die die mangelnde Angepaßtheit des Menschen an die Natur ausgleichen, ferner mit sich bewährenden sittlichen und sozialen Einrichtungen: sie alle gehen nicht, kaum geschaffen, wieder unter, sondern werden zum dauernden, die Völker begleitenden Besitz. Neben der Fähigkeit, sie zu schaffen, haben wir auch die, sie zu bewahren, sie zur festen Einrichtung, zum Traditionsgut werden zu lassen. Neben das Aktualschöpferische der Gegenwart tritt gleichsam ein zweiter Aggregatzustand des Schöpferischen: das zu objektiver Form geronnene Schöpfertum der Vergangenheit.

Wir nennen den verfestigten Niederschlag menschlichen Schaffens in Erweiterung eines Hegelschen Terminus „objektiven Geist". Nehmen wir den Wissensbesitz hinzu – der vom Menschen wohl erworben, aber nicht erschaffen wird – so sprechen wir von (objektiver) Kultur. Wiewohl die Kultur nur aus dem Menschen entsteht und zu ihrer Verlebendigung darauf angewiesen ist, daß er sie trägt, sich ihrer bedient und sich mit ihr erfüllt, ist sie doch nicht bloß etwas am Menschen, sondern hat ein selbständiges Dasein außerhalb seiner. Das zeigt sich schon an ihrer Ablösbarkeit und Übertragbarkeit von einem Träger auf den andern. Sie steht uns insofern ebenso gegenüber wie die vorgefundene Welt der Natur. Wie in dieser, so stehen wir selbstverständlich und unentrinnlich in der aus uns selbst hervorgegangenen Kulturwelt.

Deshalb war es einseitig, den Menschen nur in psychologisch-ethischer Perspektive auf die freie Entscheidung zu stellen. Anthropologisch ebenso gewichtig ist: daß die Entscheidung sich nicht im Leben zu verpuffen braucht, sondern daß sich auf ihrer Grundlage und als ihr Resultat ein eigenes Seinsgebilde zu konsolidieren vermag. Was zunächst nur ein Einzelner gelebt oder hervorgebracht hat, kann zur Norm werden, die vom Fühlen und Handeln der Späteren nachgeahmt und befolgt wird. Der homo creator verewigt sich im creatum der Kultur. Der Triumph seines Schöpfertums ist die Kulturschöpfung.

Die Kulturschöpfung hat einen sehr viel weiteren Umfang und reicht sehr viel tiefer, als man bisher geglaubt hat. Im menschlichen Leben beruht weit weniger auf Naturanlage als auf kulturgeprägter Form und Usance. Wie wir geschichtlich gelernt haben, daß es keinen Naturmenschen gibt, sondern daß schon der früheste Mensch in einer Kultur steht, so haben wir anthropologisch gelernt, daß selbst das Allerelementarste und -notwendigste: wie wir uns ernähren und fortpflanzen, in welchen Beziehungen wir zu unserer Mitwelt stehen, wie wir unseren Nachwuchs aufziehen sollen usf., daß selbst all dies, was wir an sich mit den Tieren teilen, was aber bei ihnen von der Natur geregelt wird, beim Menschen bereits seiner eigenen Regelung überlassen bleibt. Für keine Regelung, die wir treffen, dürfen wir uns auf eine Vorschreibung der Natur berufen. Weder für die Ehe noch für das Gemeinschaftsleben usf. läßt sich von ihr her begründen, daß gerade diese und nicht jene Gestalt die richtige ist. Alle unsere Regelungen sind, wenn man so will, unnatürlich, künstlich. Sie beruhen, um mit den Sophisten zu sprechen, nicht auf Physis, sondern auf Nomos, auf Brauch und Satzung (die aber nicht, wie manche Sophisten weiterhin wollten, nur aus konventioneller Willkür, sondern subjektiv im guten Glauben entstanden sein können, daß sie so notwendig und gesollt seien). Die Natur selbst zwingt uns zur Kultur. Es ist unsere Natur, daß wir schon in der Sphäre des Animalischen die Verlaufsformen unseres Lebens frei erobern, daß wir kulturschöpferisch sein müssen. Schon diese Ebene ist bei uns Kulturebene. Wieder zeigt sich hier: der Mensch ist nicht ein Tier, über dessen Fundament sich erst das spezifisch Menschliche erhebt; das Menschliche greift durch und beginnt von unten an.

Allerdings *müssen* wir uns ja ernähren, *müssen* mit dem andern Geschlecht in Beziehung treten. Nur die *Formen,* in denen wir dies tun wollen, dürfen wir selbst bestimmen. Das Daß ist also hier naturverankert, nur das Wie uns anheimgegeben. Es besteht ein Kondominat von Notwendigkeit und Freiheit. Nachdem aber die kulturschöpferische Kraft einmal in den Menschen gelegt ist, wendet er sie auch über das Notwendige hinaus an und schafft Kulturelles, das von der Natur überhaupt nicht vorgesehen war und bei dem nicht nur das Wie, sondern auch das Daß auf seiner eigenen freien Tat beruht. Doppelschöpferisch gibt er nicht nur einem naturnotwendigen Gebiet die Gestalt, sondern schafft das Gebiet selbst.

Wenn Franklin den Menschen „a tool making animal", ein Werkzeugtier nannte, so spricht er nur den geringsten Teil der Wahrheit aus[1]). Der Mensch bringt nicht nur Werkzeuge hervor, sondern Wissenstraditionen, Weltanschauungen, Techniken, Sitten, gesellschaftliche Ordnungen, Verständigungsmittel, Stile und vieles mehr.

Meist wähnen wir, all dies sei selbstverständlich und man könne gar nicht anders denken und handeln. Wiewohl der Mensch faktisch der Urheber seiner Kultur ist, war er sich die längste Zeit nicht bewußt, es zu sein. Er hielt sie für göttliches Geschenk oder natürliche Mitgift. Das objektiv wirksame Schöpferische war subjektiv noch nicht entdeckt. Erst die Griechen, die unter dem Eindruck der Vielheit der Kulturen standen und bei denen sich zugleich der sonst unendlich langsame Rhythmus der Kulturentwicklung derart beschleunigte, daß er sichtbar wurde, haben die Schaffensgebürtigkeit der Kulturen erkannt und „Kul-

[1]) Werkzeuge als solche kennen auch Tiere. Ist das Netz der Spinne kein Werkzeug? Aber die Spinne schafft ihr Netz aus Naturanlage, muß immer wieder dasselbe Netz aus sich herausspinnen. Man kann dem Affen das Brett neben den Bach legen, den er überqueren möchte, er wird es dennoch nicht als Steg benutzen. Ihm fehlt die Phantasie, auf die innere Gestalt „Steg" zu verfallen. Der Mensch dagegen erfindet sein Werkzeug, verfällt hier auf dieses, dort auf jenes.

turentstehungslehren" aufgestellt. Und in nochmals vertiefter Weise wissen die Neuzeit und wir Heutigen, wie sehr alles Kulturelle ein geschichtlich – anderswo anders oder nicht – Gewordenes ist und wie weit der Kreis des Gestifteten reicht.

2. Kapitel

Der Mensch als Geschöpf der Kultur

a) Das Kulturwesen

Als Gottesgeschöpf, als Vernunftwesen und als Lebewesen haben wir den Menschen kennengelernt. Jetzt müssen wir ihn als Kulturwesen kennenlernen. Wir sind einmal Erzeuger der Kultur. Sodann aber durch Rückwirkung auch von ihr Erzeugte. In einem „mächtigen System kreisläufiger Ursächlichkeit" (Kroeber) bestimmen wir sie und erfahren dann wieder ihr „patterning" an uns. Treffend spricht Theodor Litt (für das Problem „Individuum und Gemeinschaft") von einer „Reziprocität der Perspektiven". Von der Kultur her betrachtet hat dabei das aktive Erzeugen den Primat. Es bildet ihr Fundament. Vom Einzelnen her betrachtet hat dagegen das passive Erzeugtsein den Primat. Jeder ist zunächst kulturgeprägt und erst dann vielleicht auch Kulturpräger. Nicht nur das Vermögen des Kulturleistens, sondern auch das Getragensein von ihr tritt damit in die „Lücke", die der Mensch im Vergleich zum Tier aufzuweisen scheint. Daß die Menschheit stets in einem doppelten Geschichtsbewußtsein lebt, daß sie sich zugleich jung und alt, am Anfang und am Ende stehend vorkommt, hat hier seine Wurzel. Beides trifft zu: als immer noch in die Zukunft hinein schöpferische ist sie jung, als immer bereits von der Vergangenheit geschaffene alt.

Wie wir schon sagten: niemand beginnt je völlig „von vorn". Nicht jede Situation fordert unsere originäre Schaffenskraft heraus. Meist brauchen wir bloß die Resultate früheren Schaffens zu übernehmen. Wir dürfen uns in einem vorbereiteten Kanalsystem bewegen, das schon lange vor uns von anderen ausgehoben worden ist. Wir werden nicht nur mit unsern uns als Einzelnen zukommenden Gaben, sondern zugleich in den „Außenapparat" einer Kultur hineingeboren, die von unsern Ahnen akkumuliert und auf uns weitervererbt worden ist. Zu unserm von uns selbst mitgebrachten subjektiven Geist empfangen wir von ihnen das Geschenk des objektiven Geistes. In die sich uns zur Verfügung stellenden Vorbahnungen dieses objektiven Geistes muß sich unser Leben nur noch gleichsam ergießen. Es bedarf auf weite Strecken hin gar keiner Spontaneität, sondern reaktualisiert nur schon vorgefundene Lebensordnungen. Wie von sittlichen Normen, so sind wir auf allen Gebieten von vorbestehenden Seins- und Verhaltensnormen gegängelt.

Nur dadurch können wir uns in der fremden und feindlichen Welt behaupten und gelangen zugleich auf viel höhere Stufe, als wir sie allein erklimmen könnten. Was der Einzelne in seinem kurzen Leben ersinnen kann, ist vergleichsweise wenig. In der Kultur dagegen basieren wir auf der gesammelten Fülle von Erfahrungen und Erfindungen, die ein ganzes Volk, ja die die Menschheit während vieler Generationen gemacht hat. Wir sind die Nutznießer dieses Reichtums, und unsere Arbeit wird durch diese Vorarbeit erleichtert und differenziert.

Das somatisch-psychische Gerüst, das der Mensch von Geburt mitbekommt, ist bei ihm noch nicht das Ganze. Es bildet nur einen Teil seiner Gesamtwirklichkeit. Solange man nur nach seinen somatisch-psychischen Eigenschaften fragt, wird man ihn ewig verfehlen. Vollständig erfaßt man ihn erst, wenn man zu diesen Eigenschaften seine Verwurzelung im objektiven Geist hinzunimmt, zu dem naturhaft Geburtbedingten das Kulturbedingte, zu dem, was ein ewiges und konstantes Erbteil seiner Gattung ist, dasjenige, was zwar ebenfalls unausweichlich zu seiner Gattung gehört, was jedoch inhaltlich von Volk zu Volk, von Zeitalter zu Zeitalter variiert. Jedes menschliche Individuum wird es selbst erst dadurch, daß es Anteil gewinnt am überindividuellen, über es selbst hinausgehenden und einer ganzen Gruppe gemeinsamen Medium der Kultur. Nur ihre Stütze hält es aufrecht, nur in ihrer umhüllenden Atmosphäre vermag es zu atmen. Ihre Direktiven durchflechten ihn gleichsam wie ein Aderwerk, das einen integrierenden Teil seiner selbst ausmacht. Dieses Aderwerk muß er freilich mit seiner Subjektivität durchbluten, er muß das sozusagen Ideelle mit Lebenswirklichkeit auffüllen. Die Kultur wäre nicht ohne den sie vollziehenden Menschen. Aber ebenso wäre er nichts ohne sie. Wie er an ihr, so hat sie an ihm eine unabtrennbare Funktion. Nur künstlich lassen sich aus dieser Einheit die beiden ineinandergreifenden Glieder herauslösen.

b) Das Sozialwesen

Implicite ist dieses Wissen, daß dem Einzelnen so, wie er zur Welt kommt und nur von sich aus ist, noch etwas fehlt, immer lebendig gewesen in aller Sozialanthropologie, die insofern auf höherer Stufe steht und moderner berührt als die Psychoanthropologie. Denn das Psychische gehört (wiewohl kulturell modifizierbar) zur Naturgrundlage des Menschen. Es bleibt sich durch die Kulturen hindurch relativ identisch. Das Soziale dagegen ist zwar als solches naturgefordert, bildet aber seiner Form nach bereits eine Kultursphäre. In jeder Kultur gestaltet es sich wieder anders. Faßt man also den Menschen als Sozialwesen, so faßt man ihn damit schon als Kulturwesen.

Schon Aristoteles wußte, daß der Mensch dieser Kulturergänzung bedarf, daß er sich allein nicht genügt, sondern seiner Anlage nach Gemeinschaftswesen ist. Wer außerhalb der Gemeinschaft steht, ist kein Mensch, sondern „entweder Tier oder Gott". Insofern ist schon Aristoteles über seine sonstige Vernunftanthropologie – denn die Vernunft gehört uns als Individuen – hinaus. „Der Mensch wird nur unter Menschen ein Mensch. Sollen überhaupt Menschen sein, so müssen mehrere sein" (Fichte).

Die Gemeinschaft ist aber nicht nur selbst eine Kultursphäre, sondern zugleich Bewahrerin und Weitergeberin der Gesamtkultur. Um also Kulturwesen im vollen Sinne sein zu können, müssen wir zugleich und zuvor Gemeinschaftswesen sein. Deshalb ist der Mensch das sozialste Wesen, und das bildet keinen Widerspruch dazu, daß er zugleich das individuellste Wesen ist. Sozial ist er als Geschöpf, individuell als Schöpfer der Kultur.

Auch viele Tiere leben in Verbänden. Aber beim Menschen hat das Leben im Verband eine zusätzliche und tiefergreifende Funktion. Ein von seinen Artgenossen getrennt, etwa beim Menschen, aufgewachsenes Tier wird sich dennoch in allem genau so verhalten, wie ein normal aufgewachsenes. Das arttypische Verhalten bricht von selbst in ihm durch. Der Mensch dagegen wird erst durch das Aufwachsen im traditiontragenden arteigenen Verband zum Vollmenschen. Seine Kulturhälfte kommt erst dadurch zur Ausbildung. Wächst er isoliert auf, so bleibt er geistig auf kindlicher Stufe stehen. Und wächst er bei Wölfen (Werwolf) oder Bären auf, so ist auch hier noch der Impuls, es seiner Umgebung gleichzutun, so stark in ihm, daß er die Gewohnheiten dieser Tiere annimmt. Linné führt solche Wolfs- und Bärenmenschen, die vereinzelt immer wieder aufgefunden werden und an denen er den Mangel des aufrechten Ganges und die Stummheit hervorhebt, sogar als eigene menschliche Varietät (homo ferus) an.

Daher bleibt es dennoch unzulänglich, den Menschen nur aus seiner Sozialeinbettung zu verstehen. Das Richtige pflegt damit zwar mitgemeint zu sein, aber der Akzent ist falsch gelegt. Daß wir in Sozialgefügen stehen, das allein ist es noch nicht, wodurch das Menschliche in uns ganz wird. Das geschieht erst durch die Teilhabe an den (auch außersozialen) Gütern der Kultur. Nun sind es freilich die Sozialgefüge, die uns die Kultur übermitteln. Der Weg zur Teilhabe an der Kultur führt über die Teilhabe am Sozialen. Aber gleichwohl ist dies letztere für das erstere nur die Vorbedingung. Anthropologisch betrachtet müssen wir nur soziabel werden, um, was das bei weitem Entscheidendere ist, kultiviert zu werden. Deshalb schießt die Sozialanthropologie zu kurz. Der zentrale Punkt wird erst durch die Kulturanthropologie getroffen.

c) Das Geschichtswesen

Wohl dagegen könnte man so gut wie von Kulturanthropologie auch von Geschichtsanthropologie sprechen. Damit wird etwas in die Ausdrücklichkeit gehoben, was im Bisherigen nur stillschweigend involviert war. Genau besehen erzeugt nämlich der Mensch nicht die Kultur: er erzeugt Kulturen. Daß er sich, wie wir sagten, auf Grund innerer Unfestgelegtheit selbst die Form geben darf, das ist dahin zu ergänzen, daß er sich im Lauf der Geschichte (und ebenso an den verschiedensten Punkten der Erde) immer wieder eine andere, daß er sich eine unendliche Vielfalt wechselnder Formen gibt. Wie die Selbstprägung, die der Einzelne sich angedeihen läßt, notwendig immer ein individuelles Gesicht annimmt, so auch die umspannende kulturelle Selbstprägung der Völker und Zeiten. Die Kulturalität des Menschen schließt also seine Geschichtlichkeit ein. Schon die ältere Neuzeit hat das auf ihre Weise gewußt: die Biene baut seit Jahrtausenden dieselbe Zelle, der Mensch dagegen „schreitet fort". Wie Kulturwesen ist er Geschichtswesen. Und auch dies in doppeltem Sinne: er ist zugleich geschichtsmächtig und geschichtsabhängig, bestimmt die Geschichte und wird von ihr bestimmt.

Das wird überall dort verkannt, wo man annimmt, es gebe ein gleichsam natürliches Kulturelles – einen „natürlichen Staat", eine „natürliche Religion" usf. –, das wie ein zeitloses Apriori im Wesen des Menschen beschlossen liege; sei es, daß man naiv die eigenen Anschauungen und Gepflogenheiten mit diesem natürlichen Kulturellen gleichsetzt, sei es, daß es nur in der Vergangenheit verwirklicht gewesen oder ein erst in der Zukunft zu verwirklichendes Ideal sein soll. Wäre es so, dann stände all unser Kulturerzeugen nur vor der Aufgabe, jene apriorische Bild einer innerlich notwendigen und einzig gemäßen Naturkultur zu finden und in die Tat umzusetzen. Und eigentlich schöpferisch wären wir nur im Negativen: dort, wo wir sie verfehlen.

Eine solche Naturkultur bleibt aber Traum und Wahn. Jeder Anschein der Natürlichkeit trügt. Man könnte das Kulturelle radikal definieren als das geschichtlich Variable. Was uns als Menschen mitgeboren ist, was man unser Apriori nennen könnte, ist nicht eine vorseiende Norm der Kultur, sondern ein Funktionales: nur die Kraft als solche, Kultur zu entwerfen und auf sie hinzuarbeiten. Inhaltlich aber sind wir ungebunden. Unser Schöpfertum wird nicht durch ein urgegebenes und bloß zu erkennendes Ziel beschränkt; es ist totales Schöpfertum. Auch noch die Festsetzung des Ziels fällt in seine eigene Kompetenz. Es kann die inhaltlich allerverschiedensten Kulturen aus sich hervortreiben. Es kann das ins Unabsehbare, wird nicht durch eine endliche Zahl möglicher Inhalte beschränkt. Das Schöpferische in uns ist unausschöpflich. Gewiß beruht die Verschiedenheit der Kulturen auch auf der individuellen Veranlagung der Rassen und der Einzelnen, ferner auf geographischen und andern Bedingungen; und doch sind die Kulturen letztlich nie bloß Entfaltung eines Innern oder Reaktion auf Äußeres, sondern freies Werk. Eben darin besteht unsere Geschichtsmächtigkeit.

Um den Glauben an die gott- oder naturgewollte Eine Kultur angesichts der empirisch vielen Kulturen zu retten, hat man die geschichtlichen Vorgänge gewaltsam als einen einlinigen Prozeß des Fortschritts auf jene eine hin oder des Abfalls von ihr oder als beides – wobei sie dann in die Mitte verlagert wird – interpretiert. Dieser Prozeß kann entweder als einmalig-menschheitlicher oder als sich in jedem Volk wiederholender gedacht werden. Die Vielheit der Kulturen steht damit ganz auf der Negativseite. Sie steht der einen Idealkultur ebenso gegenüber wie die Vielheit der Irrtümer der einen Wahrheit.

Daran ändert es auch nichts, wenn man genauer einzelne Etappen des Prozesses unterscheidet, so wie nach alter (noch von Morgan umgebildeter und erst von Eduard Hahn widerlegter) Theorie jedes Volk die drei wirtschaftlichen Stufen der Sammler und Jäger, Hirten und Ackerbauer durchläuft, nach Wundt jedes die drei religiösen Stufen des Animismus, Fetischismus und Totemismus, oder so wie Lamprecht und Spengler den innerhalb der Gesamtkultur stattfindenden Phasenablauf minutiös differenzieren. Diese scheinbar pluralistischere Geschichtsphilosophie macht in Wahrheit den Fehler nur noch größer. Sie läßt nicht nur die seinsollende Kulturform als Letztpunkt im menschlichen Wesen verankert sein, sondern auch die nichtseinsollenden, und nicht nur ihren Inhalt, sondern auch noch ihre Zahl und ihre Reihenfolge. Nicht einmal mehr das Negativkulturelle bleibt noch unserer Schöpferfreiheit anheimgestellt. Sowohl das Richtige wie das Falsche liegt naturhaft präformiert in uns bereit, so wie im kindlichen Kiefer schon die späteren Zähne bereit liegen. Die Völker werden gewissermaßen auf eine Schiene gestellt, auf der sie, ohne von ihr abweichen zu können, die immer wieder selben Stationen – womöglich noch in vorgeschriebener Zeit! – durcheilen müssen. Sie tragen sämtliche Kulturmöglichkeiten schon als fixe Anlagen in sich und müssen sie nach stereotypem Entfaltungsrhythmus bloß wie ein Pensum abhaspeln.

Demgegenüber haben schon die Geschichtsdenker der Goethezeit, Herder und die Romantiker, erkannt, daß verschiedene Kulturen und verschiedene Ausprägungen einzelner Kulturdomänen untereinander gleichberechtigt sein können. Nicht, als ob alles je ans Licht Getretene eo ipso gleichwertig sei. Immanente Wertmaßstäbe bleiben nach wie vor bestehen. Aber grundsätzlich ist es unangängig, so wie man das bisher tat, etwa frühere oder andere Kunst an der Stilnorm der eigenen oder an einem Ideal von Kunst zu messen. Alles mit echter Notwendigkeit organisch Gewachsene trägt einen letzten Sinn in sich und steht auf gleicher Höhe. Diese geschichtsphilosophische Überzeugung war es, die die altüberkommenen schematischen Geschichtskurven überflüssig gemacht und auch die geschichtliche Forschung, das liebevolle Sichversenken in das Fremdkulturelle, erst auf ihren seitherigen Intensitätsgrad gebracht hat.

Der goethezeitlichen Einsicht in die legitime Pluralität der Kulturen fehlte aber damals noch das anthropologische Fundament. Das Fundament liefert erst unser heutiges Bild vom Menschen als des ursprünglich Unvollendeten und sich daher notwendig in immer neuen Kulturschöpfungen Vollendenden. Schon die Goethezeit hat zwar wie keine Zeit zuvor um das Schöpferische gewußt. Aber sie beschränkte es auf das künstlerische Genie. Erst wir haben es zum grundsätzlich anthropologischen und kulturphilosophischen Prinzip geweitet. Das Absolutum, das man im Objektiven der Kultur, und einer einzigen Kultur, stets vergeblich zu finden hoffte, liegt in Wahrheit in der alle Kulturen aus sich entlassenden subjektiven Schöpferkraft, die damit das gegenseitige Sich-Relativieren der Kulturen aufwiegt. Die Geschichtsphilosophie schon der Goethezeit und die erst in der Gegenwart reif gewordene Anthropologie greifen so wie zwei Hände ineinander und verifizieren sich gegenseitig. –

Wie wir oben allgemein sagten, daß wir nicht nur die Bildner, sondern auch die Gebilde der Kultur sind, daß man den Einzelnen nie aus sich allein verstehen kann, sondern nur aus den ihn stützenden und durchwebenden kulturellen Vorgegebenheiten, so gilt dies nun auch konkret. Wie wir nie Kultur überhaupt, immer vielmehr eine geschichtlich besonderte Kultur erzeugen, so zeugt uns auch ihr rückwirkender Einfluß jeweils zu geschichtlich Besonderten. Die Freiheit zur Geschichte wird gegenbalanciert durch das Eingebundensein in sie, die Produktivität auf der einen durch die Plastizität auf der andern Seite, vermöge deren auch der Mensch mit dem wechselnden Kulturambiente mitwechselt. Nicht nur imitieren wir das in unserer Umkultur uns jeweils Vorgelebte – „wie die Alten sungen, so zwitschern die Jungen" –, sondern sogar unsere Hervorbringungen sind von ihrem Gesamtstil imprägniert. Weit stärker als der Anlagefaktor – den Rassetheoretiker für den allein ausschlaggebenden halten – determiniert uns der Kulturfaktor. Mit den Beispielen Rothackers: ein eineiiger Zwillingsbruder Bachs in einem fremden

Kulturkreis wäre kein Bach geworden; ein in Japan aufwachsender Europäer mit malerischer Begabung malt japanisch. Eine jeweils andere Vergangenheit in uns aufnehmend werden wir selbst andere. Jede Kultur formt so, nachdem ursprünglich der Mensch sie geformt hat, ihrerseits den Menschen wieder zurück, der sich so indirekt selbst in ihr formt. Daher werden heute Kulturen gern unter anthropologischem Aspekt dargestellt in Büchern mit Titeln wie „Der hellenische Mensch", „Der gotische Mensch", „Der protestantische Mensch" usf.

So wenig wie ein ewiges Musterbild der Kultur gibt es eines des Menschen. Indem er in jeder Kultur eine andere Gestalt annimmt, weicht er nicht von seiner Einen Sollgestalt ab. Wie die Variabilität das Gesetz der Kultur ist, ist sie auch das seine. Nur weil sie das seine ist, ist sie auch das der Kultur. Er trägt in sich nicht ein gleichbleibend unberührbares Sein, während die Geschichtlichkeit sich nur in den Außenbezirken abspielte. Selbst für Spontanstes und scheinbar Geschichtsunabhängiges wie Beten und Lieben besitzen wir keinerlei ein für allemal gültigen Anhalt, wie wir es zu verrichten haben: bis in den innersten Kern sind wir dem Schicksal der geschichtlichen Wandelbarkeit überantwortet. Die fundamentale Uneindeutigkeit des Menschen wird jeweils erst durch die geschichtliche Stelle, an der er steht, vereindeutigt. Auch das, was erst die Geschichte aus ihm macht, ist nicht weniger er selbst als das, wozu schon die Natur ihn gemacht hat. „Genau so wie Natur bin ich Geschichte" (Dilthey). Ja „der Mensch hat keine Natur, er hat nur eine Geschichte" (Ortega y Gasset). Beides bildet jedoch keinen Gegensatz: wie schon Demokrit formuliert, schafft die Erziehung, indem sie den Menschen umformt, dadurch selbst wieder Natur. (φυσιοποιεῖ)

Wenn er aber derart auf Wandelbarkeit gestellt ist, worin besteht dann noch sein konstantes Wesen? Wie können wir ihn definieren? Oder bricht die Einheit des Menschseins auseinander? „Der Typus Mensch zerschmilzt im Prozeß der Geschichte", sagt Dilthey. Und: „Was der Mensch sei" – so folgert er daher – „das erfährt er nicht durch Grübeleien über sich, sondern nur durch die Geschichte." Da er nur als geschichtlich spezifizierter existiert und festen Umriß gewinnt, so bleibt uns offenbar nur übrig, uns an das Zeugnis der Geschichte zu halten, die das unendliche Inventar seiner Spezifikationen vor uns ausbreitet. Mehr als sie über ihn lehrt, wissen wir von ihm nicht. Eine allgemeine philosophische Anthropologie dagegen, deren Aussagen für den Menschen überhaupt gelten und die damit den geschichtlichen Wissenschaften vom Menschen vorgelagert wäre, scheint illusorisch. Wie seit der Romantik auch in der objektiven Kulturbetrachtung historische Disziplinen an die Stelle systematischer getreten sind – z. B. an die Stelle von Poetik Literaturgeschichte –, so scheint auch für den Menschen selbst die systematische Betrachtung der historischen weichen zu müssen. Quae philosophia fuit, historia facta est. Wie eine Generation später in der Existenzphilosophie das Individuum, so empört sich hier die Geschichte (und beides hat insofern Verwandtschaft) gegen den Menschen in abstracto.

Allein trotz der verwirrenden Divergenz seiner geschichtlichen Erscheinungsweisen muß ihnen dennoch etwas wie ein unveränderliches Wesen des Menschen, das sie alle zusammenhält, zugrundeliegen. Alle geschichtlichen Gesichter, die er sich gibt, sind freilich vergänglich und vertauschbar. Wer eines von ihnen, so wie das früher geschah, für das einzig menschgemäße ausgibt, den weist man mit Recht auf ihre Vielheit und Gleichrangigkeit hin. Daß der Mensch aber überhaupt aus einer letzten Amorphheit sich immer wieder selbst das Gesicht geben darf und muß, dieses Ineinander von Undurchbildetheit, Bildsamkeit und Auftrag des Sichbildens erweist sich als ein sich durch allen Wandel perennierend durchhaltendes Anthropinon. Worauf er, indem er sich nicht mehr von einer bestimmten Kultur her denkt, Verzicht tut, das wächst ihm als innere Macht, die alle Kulturen erst ermöglicht, wieder zu (nach Plessner). Der in Erscheinung tretende homo hominatus ist geschichtlich, die schöpferische Keimzelle des homo hominans ewig. Insofern existiert doch eine menschliche

„Natur": bloß darf man sie nicht im Inhaltlichen, sondern nur im allen Inhalten vorausliegenden Konstitutionsgesetz suchen, nicht im Resultat, sondern in dem die Resultate erst zeitigenden Prozeß, der die primordiale Unabgeschlossenheit des Menschen beheben soll. Zwar: daß der Prozeß überhaupt zu irgendeinem Resultat führt, gleichsam ein geometrischer Ort der möglichen Resultate, gehört ebenfalls, und unabdingbar, zum Menschen. Aber die Schließungen wechseln, während die Unabgeschlossenheit und der Schließungsprozeß selbst identisch perseverieren. Der Phänotypus des Menschen, könnte man sagen, geht inhaltlich immer über seinen Genotypus hinaus. Immer nur vorübergehend können wir die „offene Frage" (Plessner) klären, die wir am Grunde unseres Wesens stets bleiben.

d) Das Traditionswesen

Die Instinkte, die das Verhalten des Tieres steuern, sind ein Naturbesitz seiner Gattung. Sie werden ebenso wie die Körpermerkmale rein biologisch weiter *vererbt*. Daher verhält sich auch – wir sagten es schon einmal – ein von artfremden Wesen aufgezogenes Tier genau so wie ein von seinen natürlichen Eltern aufgezogenes. Das menschliche Verhalten dagegen wird durch die von Menschen selbst einst erworbene Kultur gesteuert. Wie er sich nährt und fortpflanzt, wie er sich kleidet und wohnt, wie er praktisch und sittlich handelt, spricht und in die Welt schaut, all die kulturellen Formen, deren er sich bedient, beruhen auf geschichtlicher Schöpfung. Als erst geschichtlich geschaffene aber können sie nicht vererbt werden. Dennoch sollen sie konserviert werden: das von den Ahnen Gefundene soll noch späteren Generationen zugute kommen. An die Stelle der Vererbung muß also hier eine andere, rein geistige Form der Konservierung treten. Diese andere Form der Konservierung ist die *Tradition*. Durch sie werden Kenntnisse und Fertigkeiten gleichsam wie der Eimer bei der Feuersbrunst „durch der Hände lange Kette" von Geschlecht zu Geschlecht weitergereicht und durch Vorbild und Unterweisung von der Vorwelt auf die Nachwelt übermittelt.

Bei der historischen (zunächst mythischen) Erinnerung wissen wir uns vom Vergangenen durch den Graben einer Zeitdistanz getrennt, wissen vielleicht sogar um die Größe dieser Distanz. Das Vergangene ist ein Einmaliges, nicht Wiederkehrendes. Bei der Tradition dagegen herrscht keine Distanz, vielmehr ragt das Vergangene aktual in die Gegenwart herein. Es wird von ihr stets neu wiederholt. Daher pflegen wir auch nicht zu wissen, von wannen die Tradition stammt. Auf je früherer Stufe ein Volk steht, desto mehr lebt bei ihm das Frühere nur in der Form der Tradition. Was bewahrt werden soll, wird in die Tradition eingebaut; wo es im Realleben keinen Raum findet, dort etwa durch Einrichtung eines jährlich wiederkehrenden Festes, an dem das einmal Geschehene nachvollzogen wird.

Die an ihn herangetragenen kulturellen Traditionen muß der Einzelne erst in sich aufnehmen. Er muß die Höhe der Kultur, in die er hineingeboren wird, erst erklimmen. Nehmen wir als Beispiel die Sprache. Was er von Natur als Anlage mitbringt, ist nur die Sprechfähigkeit als solche. Die historisch-individuelle Sprache dagegen, die in seiner Umgebung gesprochen wird, ist nicht in ihm angelegt. Denn sie ist erst ein geschichtlich Gewordenes. Sie vielmehr muß er sich rezeptiv von außen aneignen. Wüchse er in anderer Umgebung auf, so würde er eine andere Sprache sprechen. Und hätte er überhaupt niemanden, der ihm eine Sprache vorspricht, so würde er trotz angeborener Sprechfähigkeit aphatisch bleiben. Daß der Mensch auf der einen Seite das Kulturelle selbst hervorbringen darf, dem entspricht also auf der andern, daß der jeweils Spätere dieses Kulturelle *lernen* muß.

Wie das Lernen die eine Hälfte der Tradition ist, so ihre andere das Lehren. Vieles muß freilich nicht *bewußt* gelehrt werden. Die Jüngeren reproduzieren es kraft natürlicher Nachahmungsbereitschaft, und weil sie nur so auf die Anerkennung der Älteren zählen dürfen, von selbst. Aber anderes muß ihnen ausdrücklich und oft mühsam anerzogen werden, sie müssen in einem langwährenden Prozeß in die Tradition hineinerzogen werden (während Tiereltern ihre Brut, die ja den Erbanlagen vertrauen darf, mehr nur *auf*ziehen und nur in viel geringerem Umfang *er*-

ziehen). Nachdem der Mensch das Kulturelle hervorgebracht hat, muß er durch Erziehung, die also keineswegs nur eine „Entwicklungshilfe" für einen ohnehin abrollenden Naturablauf darstellt, auch dafür sorgen, daß es nicht wieder verloren geht. Hier liegt das anthropologische Fundament aller Pädagogik.

Betrachten wir den Menschen gleichsam makroskopisch, richten wir unsern Blick auf die Völker und Zeitalter in der Mannigfaltigkeit ihrer Stile, dann dürfen wir ihn als das schöpferische Wesen bestimmen, das immer neue Kulturen aus sich herausformt. Vertauschen wir dagegen die Linse und betrachten den Einzelnen *innerhalb* einer dieser Kulturen, dann kehrt in merkwürdiger Weise das, was den Menschen im Großen kennzeichnet, am Einzelnen nicht oder nur partiell wieder. Der Einzelne nämlich, und nicht nur der Durchschnitt, noch das größte Genie, ist weit weniger der Former als das Geformte seiner Kultur. Verglichen mit der immensen Vorgeprägtheit, die er seiner Kultur verdankt, kommt seine Fähigkeit, selbst etwas zu prägen, kaum in Anschlag. Indem er auf früheren Geschaffenheiten bereits aufruht und von ihnen zehrt, erscheint sein Eigenschöpferisches gering und nur wie eine innerste Geheimzelle oder Notfallsreserve seines Wesens, von der aus man ihn jedoch als ganzen nicht begreifen kann. Wiewohl von der Natur dazu freigelassen, nicht bloß bereitliegende Seins- und Verhaltensschemata auszufüllen, sondern originär zu handeln, wird durch die Tradition, in die er hineinwächst, auch der Mensch zum Ausfüller solcher Schemata: nicht zwar naturbestimmter, dafür aber der von seinen Altvordern selbst erarbeiteten Kulturschemata, die so das Prinzip der Originarität bei den Nachfolgenden einschränken. Seine ursprüngliche Bestimmung zu individueller Entscheidung und seine gleichzeitige Angewiesenheit auf eine Tradition, in der ihm Entscheidungen vorweg- und abgenommen sind und die er bloß nachzuvollziehen hat, prallen antinomisch aufeinander. Das Anthropinon des Vollendetwerdens durch eine Kultur deckt das Anthropinon der autonomen Selbstvollendung zu und läßt es nur latent durchschimmern.

Der Widerspruch ist aber nur scheinbar. Beide Anthropina können und müssen koexistieren. Zu seinem Glücke findet sich jeder in eine Kulturtradition eingebettet vor. Dank ihr darf er zahlreichere und höhere Kulturgüter sein eigen nennen, als er sie allein je gewinnen würde. Trotzdem ist ihm aber das Gewinnen von Neuem unbenommen, ja es wird von ihm erwartet. Denn einmal weisen die Traditionsgeleise Lücken auf. Sie regeln das Leben nicht bis in jede Einzelheit. Immer wieder kommt der Mensch in die Situation, in der die Geleise fehlen, in der er mit sich allein ist und aus eigenem Ermessen seinen Weg bahnen muß. Sie sind ferner nicht eindeutig: bedürfen der Interpretation oder lassen zumindest neue Interpretationen zu. Endlich sind sie nicht starr. Auch darin unterscheidet sich die Tradition von der Vererbung, von deren viel unverbrüchlicher bindender Bahn es keine (oder nur von der ganzen Gattung vollzogene) Abweichungen gibt. Immer behalten wir letztlich eine Distanz zur Tradition, aus der heraus wir sie bejahen oder verneinen. Wo sie unserm Empfinden nicht mehr entspricht, da können wir sie verlassen und gegen sie rebellieren.

Das neue Wissen, das wir erworben, die Erfindung, die wir gemacht, die Verhaltensweise, die wir erstmalig an den Tag gelegt haben, können entweder sogleich wieder untergehen resp. auf den Einzelnen beschränkt bleiben. Oder sie können in die Tradition eingehen, können sie umgestalten und so für alle eine Änderung einleiten. Wiewohl sie das Prinzip des Bewahrens bildet, bleibt die Tradition doch beweglich und ist, als selbst einmal geschaffene, der Anreicherung und Modifikation durch neues Schaffen zugänglich. Sie ist ja auch früher nicht mit einem Schlage entstanden. Eine Vielzahl von Einzelerrungenschaften summiert sich in ihr. Und dieser Summationsprozeß setzt sich auch heute noch und ins Unabsehbare fort – so sehr, daß schließlich, wie Simmel gezeigt hat, der Einzelne all das, was die objektive Kultur ihm bietet, gar nicht mehr in sich aufnehmen, sich nicht mehr subjektiv dadurch kultivieren kann. Und wie successive neue Momente zu ihr hinzutreten und dann ebenfalls von ihr weitergegeben werden, so machen andere einen Wandlungsprozeß durch, während wieder andere absterben. Im Körperlichen, wo das Gesetz der Vererbung herrscht, noch von den fernsten Ahnen relativ ununterschieden, steht beim Menschen jedes Folgegeschlecht geistig wieder in einer anderen Welt.

Nicht aller Traditionswandel freilich erfolgt aus bewußter Absicht. Sprachen, Sitten, Stile usf. entwickeln sich vielfach nach immanenten Gesetzen, ohne daß die Menschen, die die Vollstrecker dieser Entwicklung sind, den Willen zu ihr haben, ja sogar, wie wiederum Simmel gezeigt hat, gegen ihren Willen: sie werden von der eigenen Logik ihrer Erzeugnisse in Bann geschlagen. Selbst dort, wo ein solcher Wille herrscht und wirkt, braucht er seinen Trägern nicht bewußt zu sein, die darum dann auch nicht als Einzelne hervortreten müssen. Das eigentliche Subjekt der Entwicklung kann ein anonymes Kollektiv sein. Wie ungewollt oder nicht bewußt gewollt, so kann sie darum auch unbemerkt vor sich gehen. Jeder Einzelne und jede Generation mag subjektiv des Glaubens leben, bloß das von altersher Überkommene getreulich an die Nachgeborenen weiterzureichen. Faktisch wandeln sie es dabei doch ab. Wenn zwei Generationen dasselbe tun, so ist es nicht mehr dasselbe, und durch Kumulation leichter Verschiebungen im Lauf langer Zeiträume entsteht grundsätzlich Neues. Aber nur dort, wo frühere Dokumente sich erhalten haben, wird der Wandel sichtbar.

Diese gleichsam „kalte" Form des Wandels dominiert vor allem in der Frühzeit. Denn je tiefer wir geschichtlich zurückgehen, um so pietätvoller hält man an der nicht zu verletzenden Tradition fest. Als Vermächtnis der Ahnen und als Gemeinschaftsbesitz gilt sie für heilig, und: sie hat sich bis heute bewährt. Jede Abweichung von ihr könnte den Zorn höherer Gewalten herausfordern, könnte die Gemeinschaft ins Unglück stoßen. Daher wird jede Abweichung als Frevel geahndet. Deshalb können auf dieser Stufe nur solche Veränderungen geschehen, die entweder die Schwelle des Bewußtseins nicht überschreiten oder die sich auf eine höhere Sanktion und Notwendigkeit berufen dürfen. Erst spät, erst von der Hochkultur und in abermaliger Lockerung von den Griechen ab, verliert die Tradition allmählich an Rigidität. Die contrainte (Durkheim), die sie auf den Einzelnen ausübt, nimmt ab. Er gewinnt freieren Spielraum gegen sie und darf unbekümmert das Schöpferische, das in ihm lebt, entfalten. In den großen Einzelnen, deren Werke jeder bestaunt und die neue Bahnungen erfinden, in denen noch das Leben des Spätlings verläuft, verehrt daher die Menschheit gleichsam die Kristallisationspunkte ihrer eigenen Schöpferkraft. Sie sind die Repräsentanten der Menschheit (Emerson).

Rein logisch möchte man denken: am Anfang war noch am wenigsten geschaffen, also konnte sich dort die Schöpferbegabung am ungehemmtesten ausleben. Je mehr dagegen schon geschaffen ist, um so weniger Anwendungsbereich findet sie und muß daher zurückgehen. In Wirklichkeit ist sie gerade am Anfang durch traditionalistischen Zwang am eingeengtesten, findet auch noch nicht genügend Vorarbeit und Kombinationsmöglichkeiten vor. Freilich drängt ein Übermaß von schon Geschaffenem sie abermals zurück. Am ungebundensten darf sich also das schöpferische Erbteil des Individuums offenbar in der Mitte einer Kultur vorwagen. Hier hat es seine große Zeit. Dies auch deshalb, weil nur das Nochvorhandensein allgemeiner und notwendiger Aufgaben die Produktivität vor dem Abgleiten ins Spielerische und Willkürliche bewahrt. Die Übergangszeiten, in denen ein altes Weltgefüge sich auflockert, aber der Individualismus noch nicht bis zu seinem Höhepunkt gediehen ist, sind die begnadetsten.

LITERATURVERZEICHNIS

Althaus, P., Paulus und Luther über den Menschen. Gütersloh 1951[2].

Ballauff, Th., Der Mensch, seine Natur und seine Stellung in der Welt. Ztschr. f. phil. Forschg. VI, 1951/52.

Bally, G., Vom Ursprung und von der Grenze der Freiheit. Eine Deutung des Spiels bei Tier und Mensch. Basel 1945.

Barth, K., Mensch und Mitmensch. Göttingen 1954.

Berger, Fr., Menschenbild und Menschenbildung. Die phil.-pädagog. Anthropologie I. G. Herders. Stuttgart 1933.

Binswanger, L., Über Ideenflucht. Zürich 1933.

Binswanger, L., Grundformen und Erkenntnis menschlichen Daseins. Zürich 1942.

Binswanger, L., Ausgewählte Vorträge und Aufsätze, Bd. I: Zur phänomenologischen Anthropologie. Bern 1947.

Boas, Franz, Das Geschöpf des sechsten Tages. Berlin 1955.

de Boer, W., Das Problem des Menschen und die Kultur. Neue Wege der Anthropologie. Bonn 1958.

Bollnow, O. F., Das neue Bild des Menschen und die pädagog. Aufgabe. Frankfurt 1934.

Bollnow, O. F., Existenzerhellung und phil. Anthropologie. Bl. f. dtsch. Phil. XII, 2, 1938.

Bolk, L., Das Problem der Menschwerdung. Jena 1926.

Brinkmann, D., Probleme des Unbewußten. Zürich – Leipzig 1943.

Brinkmann, D., Mensch und Technik. Bern 1947.

Brüning, W., Philosophische Anthropologie. Historische Voraussetzungen und gegenwärtiger Stand. Stuttgart 1960.

Buber, M., Das Problem des Menschen. Heidelberg 1948.

Buytendijk, F. J J., Wesen und Sinn des Spiels. Das Spiel des Menschen u. der Tiere als Erscheinungsformen der Lebenstriebe. Berlin 1933

Carrel, A., Der Mensch, das unbekannte Wesen. Stuttgart 1936.

Cassirer, E., An Essay on Man. An Introduction to a Philosophy of Human Culture. New Haven 1944.

Davis, K., Human Society. New York 1949.

Dinkler, E., Die Anthropologie Augustins. Stuttgart 1934.

Dobbek, W., I. G. Herders Humanitätsidee als Ausdruck seines Weltbildes und seiner Persönlichkeit. Braunschweig 1949.

Eichrodt, W., Das Menschenverständnis des Alten Testaments. Zürich 1947.

Freyer, H., Weltgeschichte Europas (Einleitung). Stuttgart 1954[2].

v. Gebsattel, V. E. Frhr., Prolegomena zu einer medizinischen Anthropologie. Ausgewählte Aufsätze. Berlin – Göttingen – Heidelberg 1954.

Gehlen, A.,Zur Systematik der Anthropologie, in: System. Philosophie.

Gehlen, A., Der Mensch, seine Natur und seine Stellung in der Welt. Bonn 1950[4].
Berlin 1942.

Gehlen, A., INSAN. Istanbul 1954.

Goedeckemeyer, A., Eine synthetische Studie über den Menschen. Halle 1935.

Graham, R., Urgeschichte der Menschheit. Stuttgart 1954.

Groethuysen, B., Philosophische Anthropologie. München – Berlin 1928 bis 1931.

Guardini, Romano, Welt und Person. Versuche zur christl. Lehre vom Menschen. Würzburg 1950.

Gutbrod, W., Die paulinische Anthropologie. Stuttgart-Berlin 1934.

Hartmann, N., Naturphilosophie und Anthropologie. Bl. f. dtsch. Phil. Bd. 18, 1944.
Hartmann, N., Alte und neue Ontologie. Kongreßbericht Mendoza II 1949.
Häberlin, P., Der Mensch. Eine philos. Anthropologie. Zürich 1941.
Heberer, G., Neue Ergebnisse der menschlichen Abstammungslehre. Göttingen 1951.
Heimsoeth, H., Zur Anthropologie Friedrich Nietzsches. Bl. f. dtsch. Phil. Bd. 17, 1943/44.
Heinemann, I., Die Lehre von der Zweckbestimmung des Menschen im griechisch-römischen Altertum und im jüd. Mittelalter. Breslau 1926.
Heinimann, F., Nomos und Physis. Herkunft u. Bedeutg. einer Antithese im griech. Denken d. 5. Jahrhs. Basel 1945.
Heiss, R., Sören Kierkegaards Bild vom Menschen. Bl. f. dtsch. Phil. Bd. 10, 1937.
Hengstenberg, H. E., Philosophische Anthropologie. Stuttgart (2. Aufl.) 1960.
Hennemann, G., Das Bild der Welt und des Menschen in ontologischer Sicht. München-Basel 1951.
Herszkovits, M. J., Man and his Works; the Science of Cultural Anthropology. Toronto (Mc. Clelland) 1948.
v. Holzschuher, L., Praktische Psychologie. Die Primitivperson im Menschen. Seebruck 1949.
Horkheimer, M., Bemerkungen zur phil. Anthropologie. Zeitschr. f. Sozialfschg. IV, 1935.
v. Humboldt, W., Philosophische Anthropologie und Theorie der Menschenkenntnis. Halle 1929.
Karpp, H., Probleme altchristlicher Anthropologie. Gütersloh 1950.
Katz, D., Mensch und Tier. Studien zur vergleichenden Psychologie. Zürich 1948.
Keller, W., Der Mensch. Basel 1943.
Kern, F., Geschichte und Entwicklung (Evolution). Bern 1952.
Kluckhohn, C., Spiegel der Menschheit. Zürich 1951.
Köhler, W., Intelligenzprüfungen an Anthropoiden. Abhdlg. d. Preuß. Akad. d. Wiss. 2 A. Berlin 1921.
Köhler, W., The Mentality of Apes. London 1927².
Kraeling, C. H, Anthropos and son of Man. New York 1927.
Kranz, W., Kosmos und Mensch in der Vorstellung frühen Griechentums. Nachr. d. Gesell. d. Wissenschaften. Göttingen 1938.
Kroeber, A. L., Configurations of Culture Growth. Los Angeles 1944.
Kroeber, A. L., The Nature of Culture. Chicago 1952.
Kroeber, A. L., ed.: Anthropology today. Chicago 1953.
Kümmel, W. G., Das Bild des Menschen im Neuen Testament. Zürich 1948.
Kuhlmann, G., Theologische Anthropologie. Tübingen 1935.
Kunz, H., Die anthropologische Bedeutung der Phantasie. Basel 1946.
Landmann, M., De homine. Der Mensch im Spiegel seines Gedankens. Hrsg. v. M. L. mit Mitarbeitern. Freibg. – München 1962.
Landmann, M., Der Mensch als Schöpfer und Geschöpf der Kultur. Geschichts- und Sozialanthropologie. München – Basel 1961.
Landsberg, P. L., Einführung in die philosophische Anthropologie. Frankfurt (2. Aufl.) 1960.
van der Leeuw, G., Der Mensch und die Religion. Anthropologischer Versuch. Basel 1941.
Leisegang, H., Die Anthropologie in Dantes Divina Commedia. Dante-Jahrbuch XXVII, 1948.

Linné u. Fabricius, Zu ihrem Leben und Werk. Drei Faksimiles zu Linnés 150. Todestag herausg. v. Julius Schuster. München 1928.
Linton, R., The Cultural Background of Personality. London 1947.
Litt, Th., Die Sonderstellung des Menschen im Reiche des Lebendigen. Wiesbaden 1948.
Litt, Th., Mensch und Welt. München 1948.
Litt, Th., Denken und Sein. Stuttgart 1948.
Litt, Th., Die Weltbedeutung des Menschen. Zeitschr. f. phil. Forschg. IV, 1949.
Litt, Th., Das Bildungsideal der deutschen Klassik und die moderne Arbeitswelt. Bonn 1955.
Löwith, K., Das Individuum in der Rolle des Mitmenschen. Ein Beitrag z. anthr. Grundlage d. eth. Probleme. München 1928.
Lorenz, K., Über den Begriff der Instinkthandlung. Folia Biotheor. 2, 18–50.
Lorenz, K., Ganzheit und Teil in der tierischen und menschlichen Gemeinschaft. Studium Generale 1950.
Lowie, R. H., An Introduction to Cultural Anthropology. New York 1947[7].
Malinowski, B., Wissenschaftliche Theorie der Kultur. Zürich 1954.
Mead, M. ed., The Study of Culture at a Distance. Chicago 1953.
Metzger, W., Das Bild des Menschen in der neueren Psychologie. Studium Generale V, 1952.
Mouroux, J., Größe und Elend des Menschen. Versuch einer christl. Anthropologie. Wien 1948.
Muckermann, H., Vom Sein und Sollen des Menschen. Berlin 1954.
Mühlmann, W. E., Geschichte der Anthropologie. Bonn 1948.
Mühlmann, W. E., Homo creator. Abhandlungen zur Soziologie, Anthropologie und Ethnologie. Wiesbaden 1962.
Murdock, G. P., Social Structure. New York 1949.
Niebuhr, R., The Nature and Destiny of Man. A Christian Interpretation. London 1941–43.
Otto, R., Das Heilige. Breslau 1917.
Pawlow, I. P., Die höchste Nerventätigkeit (das Verhalten) von Tieren. München 1926.
Pfänder, A., Philosophie der Lebensziele. Göttingen 1948.
Pieper, J., Über das christliche Menschenbild. München 1954[4].
Plessner, H., Die Stufen des Organischen und der Mensch. Einleitung i. d. phil. Anthropologie. Berlin 1928.
Plessner, H., Macht und menschliche Natur. Berlin 1931.
Plessner, H., Lachen und Weinen. Eine Untersuchung nach den Grenzen menschl. Verhaltens. Bern 1950[2].
Plessner, H., Die Aufgabe der philosophischen Anthropologie. In: Zwischen Philosophie und Gesellschaft. Bern 1953.
Wesen und Wirklichkeit des Menschen. Fs. für H. Plessner, Hrsg. v. Kl. Ziegler, Göttingen 1957.
Portmann, A., Biologische Fragmente zu einer Lehre vom Menschen. Basel 1951[2].
Portmann, A., Vom Ursprung des Menschen. Basel 1944.
Portmann, A., Das Ursprungsproblem. Eranos-Jahrbuch XV, 1947.
Portmann, A., Lebensforschung unserer Tage. Universitas Heft 2–4, 1955.
Portmann, A., Biologie auf neuen Wegen. In: Moras-Paeschke, Dt. Geist zw. Gestern u. Morgen. Stuttgart 1954.

Portmann, A., Zoologie und das neue Bild des Menschen. Hamburg 1956.
van Peursen, C. A., Leib, Seele, Geist. Einführung in eine phänomenologische Anthropologie. Gütersloh 1959.
Riezler, K., Man. Mutable and Immutable. The fundamental Structure of Social Life. Chicago 1950.
Ritter, I., Über den Sinn und die Grenze der Lehre vom Menschen. Potsdam 1933.
Rothacker, E., Probleme der Kulturanthropologie. Bonn 1948.
Rothacker, E., Die Schichten der Persönlichkeit. Bonn 1952[5].
Rothacker, E., Mensch und Geschichte. Studien zur Anthropologie und Wissenschaftsgeschichte. Bonn 1950[2].
Scheler, M., Die Stellung des Menschen im Kosmos. München (5. Aufl.) 1957.
Schmalenbach, H., Das Ethos und die Idee des Erkennens. Tübingen 1933.
Schmidt, G., Der Begriff des Menschen in der Geschichts- und Sprachphilosophie Herders. Ztschr. f. phil. Forschg. VIII, 1954.
Schmidt, K. L., Homo imago Dei im Alten und Neuen Testament. Eranos-Jahrb. XV, 1947.
Schoeps, H. J., Was ist der Mensch. Philosophische Anthropologie als Geistesgeschichte der neueren Zeit. Göttg. – Berl. – Fft. 1960.
Schwidetzky, J., Das Menschenbild der Biologie. Ergebnisse und Probleme der naturwissenschaftlichen Anthropologie. Stuttgart 1959.
Selz, O., Die Gesetze der prod. und reprod. Geistestätigkeit. Bonn 1924.
Siegmund, G., Der Mensch in seinem Dasein. Philosophische Anthropologie Teil I. Freiburg 1953.
Sombart, W., Vom Menschen. Versuch einer geisteswissenschaftlichen Anthropologie. Berlin (2. Aufl.) 1956.
Sombart, W., Beiträge zur Geschichte der wiss. Anthropologie. Sitz. Ber. Akad. Bln. phil. hist. Kl. XIII, 1938.
Spranger, E., Christliche und humanistische Persönlichkeit. Credo I, Berlin 1947.
Spranger, E., Goethes Bild vom Menschen. Studium Generale II, 1949.
Steinbüchel, Th., Vom Menschenbild des christlichen Mittelalters. Tübingen 1953.
Stürmann, J., Systematische Anthropologie. Strukturgesetze der menschlichen Seinsverwirklichung. München 1957.
Tautz, J., Schellings philosophische Anthropologie. Würzburg o. J.
Teilhard de Chardin, P., Der Mensch im Kosmos (Übersetzung von: Le phénomène humain, frz. 1954). München (4. Aufl.) 1961.
Thielicke, H., Tod und Leben. Studien zur christl. Anthropologie. Tübingen 1946[2].
Thirring, H., Homo sapiens. Wien 1947[2].
Thomas, W. I., Primitive Behavior. New York 1937.
Tillich, P., Der Mensch im Christentum und im Marxismus, Stuttgart – Düsseldorf 1952.
Tinbergen, N., Instinktlehre. Berlin – Hamburg 1952.
Torrance, Th., Calvins Lehre vom Menschen. Zürich 1951.
Tschernyschewskij, N. G., Das anthropologische Prinzip. Bln.-O. 1956.
v. Uexküll, J., Umwelt und Innenwelt der Tiere. Berlin 1921.
v. Uexküll, J., Theoretische Biologie. Berlin 1928[2].
v. Uuexküll, J. und Kriszat, G., Streifzüge durch die Umwelten von Tieren und Menschen. Berlin 1934.
v. Uexküll, J., Der Sinn des Lebens. Godesberg 1947.
v. Uexküll, J., Niegeschaute Welten. Berlin – Frankfurt 1949[9–13].

W a c h , J., Typen religiöser Anthropologie. Tübingen 1932.
W e i n , H., Von Descartes zur heutigen Anthropologie. Zeitschr. f. phil. Forschg. II, 1947.
W e i n , H., Das Problem des Relativismus. Philosophie im Übergang z. Anthropologie. Berlin 1950.
W e i n , H., Die Philosophie des Menschen. In: Der dtsch. Arzt, III, 1953.
W e i n , H., Zwischen Philosophie und Erfahrungswissenschaft. In: Moras-Paeschke: Dt. Geist zw. Gestern u. Morgen. Stuttgart 1954.
v. W e i z s ä c k e r , V., Der kranke Mensch. Eine Einführg. i. d. medizinische Anthropologie. Stuttgart 1951.
v. W i e s e , L., Homo sum. Gedanken zu einer zusammenfassenden Anthropologie. Jena 1940.
v. W i e s e , L. u. S p e c h t , K. G., Synthetische Anthropologie. Bonn 1950.
v. W i e s e , L., Soziologie und Anthropologie. Köln. Zeitschr. f. Soziologie III, 1951.
Z i m m e r l i , W., Das Menschenbild des Alten Testaments. München 1949.

Namen- und Sachregister

von Hans-Reiner Padberg

Vom gleichen Verfasser sind zur Anthropologie erschienen:

Der Mensch als Schöpfer und Geschöpf der Kultur
Geschichts- und Sozialanthropologie
München/Basel 1961 – 237 S.

mit Mitarbeitern: De homine
Der Mensch im Spiegel seines Gedankens
Freiburg 1962 – 620 S.

Creatura creatrix
Ursprünge und Zielsetzung der philosophischen Anthropologie
Berlin 1962 – 30 S.

Pluralität und Antinomie
München / Basel 1963 – 247 S.

SAMMLUNG GÖSCHEN

GESAMTVERZEICHNIS

Jeder Band DM 3,60 · Doppelband DM 5,80

Februar 1964

WALTER DE GRUYTER & CO., BERLIN 30

Inhaltsübersicht

Geisteswissenschaften

Philosophie

Einführung in die Philosophie von *H. Leisegang* †. 5. Auflage. 146 Seiten. 1963. (281)

Hauptprobleme der Philosophie von *G. Simmel* †. 7., unveränderte Auflage. 177 Seiten. 1950. (500)

Geschichte der Philosophie

I: Die griechische Philosophie von *W. Capelle*. 1. Teil. Von Thales bis Leukippos. 2., erweiterte Auflage. 135 Seiten. 1953. (857)

II: Die griechische Philosophie von *W. Capelle*. 2. Teil. Von der Sophistik bis zum Tode Platons. 2., stark erweiterte Auflage. 144 Seiten. 1953. (858)

III: Die griechische Philosophie von *W. Capelle*. 3. Teil. Vom Tode Platons bis zur Alten Stoa. 2., stark erweiterte Auflage. 132 Seiten. 1954. (859)

IV: Die griechische Philosophie von *W. Capelle*. 4. Teil. Von der Alten Stoa bis zum Eklektizismus im 1. Jh. v. Chr. 2., stark erweiterte Auflage. 132 Seiten. 1954. (863)

V: Die Philosophie des Mittelalters von *J. Koch*. In Vorbereitung. (826)

VI: Von der Renaissance bis Kant von *K. Schilling*. 234 Seiten. 1954. (394/394a)

VII: Immanuel Kant von *G. Lehmann*. In Vorbereitung. (536)

VIII: Die Philosophie des 19. Jahrhunderts von *G. Lehmann*. 1. Teil. 151 Seiten. 1953. (571)

IX: Die Philosophie des 19. Jahrhunderts von *G. Lehmann*. 2. Teil. 168 Seiten. 1953. (709)

X: Die Philosophie im ersten Drittel des 20. Jahrhunderts 1. Teil von *G. Lehmann*. 128 Seiten. 1957. (845)

XI: Die Philosophie im ersten Drittel des 20. Jahrhunderts 2. Teil von *G. Lehmann*. 114 Seiten. 1960. (850)

Die geistige Situation der Zeit (1931) von *K. Jaspers*. 5., unveränderter Abdruck der im Sommer 1932 bearbeiteten 5. Auflage. 211 Seiten. 1960. (1000)

Erkenntnistheorie von *G. Kropp*.
1. Teil: Allgemeine Grundlegung. 143 Seiten. 1950. (807)

Formale Logik von *P. Lorenzen*. 2., verbesserte Auflage. 165 Seiten. 1962. (1176/1176a)

Philosophisches Wörterbuch von *M. Apel* †. 5., völlig neubearbeitete Auflage von *P. Ludz*. 315 Seiten. 1958. (1031/1031a)

Philosophische Anthropologie. Menschliche Selbstdeutung in Geschichte und Gegenwart von *M. Landmann*. 2. Auflage. 214 Seiten. 1964. (156/156a)

Pädagogik, Psychologie, Soziologie

Geschichte der Pädagogik von *Herm. Weimer*. 15., neubearbeitete und vermehrte Auflage von *Heinz Weimer*. 184 Seiten. 1962. (145)
Therapeutische Psychologie. Ihr Weg durch die Psychoanalyse von *W. M. Kranefeldt*. Mit einer Einfuhrung von *C. G. Jung*. 3. Auflage. 152 Seiten. 1956. (1034)
Allgemeine Psychologie von *Th. Erismann †*. 4 Bände. 2., neubearbeitete Auflage.
I: Grundprobleme. 146 Seiten. 1958. (831)
II: Grundarten des psychischen Geschehens. 248 Seiten. 1959. (832/832a)
III: Experimentelle Psychologie und ihre Grundlagen. 1. Teil. 112 Seiten, 7 Abbildungen. 1962. (833)
IV: Experimentelle Psychologie und ihre Grundlagen. 2. Teil. 199 Seiten, 20 Abbildungen. 1962. (834/834a)
Soziologie. Geschichte und Hauptprobleme von *L. von Wiese*. 6. Auflage. 175 Seiten. 1960. (101)
Ideengeschichte der sozialen Bewegung des 19. und 20. Jh. von *W. Hofmann*. 243 Seiten. 1962. (1205/1205a)
Sozialpsychologie von *P. R. Hofstatter*. 2. Auflage. 181 Seiten, 15 Abbildungen, 22 Tabellen. 1964. In Vorbereitung. (104/104a)
Psychologie des Berufs- und Wirtschaftslebens von *W. Moede †*. 190 Seiten, 48 Abbildungen. 1958. (851/851a)
Industrie- und Betriebssoziologie von *R. Dahrendorf*. 2., umgearbeitete und erweiterte Auflage. 142 Seiten, 3 Figuren. 1962. (103)
Wirtschaftssoziologie von *F. Furstenberg*. 122 Seiten. 1961. (1193)
Einführung in die Sozialethik von *H.-D. Wendland*. 144 Seiten. 1963. (1203)

Religion

Jesus von *M. Dibelius †*. 3. Auflage, mit einem Nachtrag von *W. G. Kummel*. 140 Seiten. 1960. (1130)
Paulus von *M. Dibelius †*. Nach dem Tode des Verfassers herausgegeben und zu Ende gefuhrt von *W. G. Kümmel*. 3., durchgesehene Auflage. 155 Seiten. 1964. (1160)
Luther von *F. Lau*. 151 Seiten. 1959. (1187)
Melanchthon von *R. Stupperich*. 139 Seiten. 1960. (1190)
Einführung in die Konfessionskunde der orthodoxen Kirchen von *K. Onasch*. 291 Seiten. 1962. (1197/1197a)
Geschichte des christlichen Gottesdienstes von *W. Nagel*. 215 Seiten. 1962. (1202/1202a)
Geschichte Israels. Von den Anfangen bis zur Zerstorung des Tempels (70 n. Chr.) von *E. L. Ehrlich*. 158 Seiten, 1 Tafel. 1958. (231/231a)
Romische Religionsgeschichte von *F. Altheim*. 2 Bande. 2., umgearbeitete Auflage.
I. Grundlagen und Grundbegriffe. 116 Seiten. 1956. (1035)
II: Der geschichtliche Ablauf. 164 Seiten. 1956. (1052)

Die Religion des Buddhismus von *D. Schlingloff*. 2 Bände.
I: Der Heilsweg des Mönchtums. 122 Seiten, 11 Abbildungen, 1 Karte. 1962. (174)
II: Der Heilsweg für die Welt. 129 Seiten, 9 Abbildungen, 1 Karte. 1963. (770)

Musik

Musikästhetik von *H. J. Moser*. 180 Seiten. Mit zahlreichen Notenbeispielen. 1953. (344)
Systematische Modulation von *R. Hernried*. 2. Auflage. 136 Seiten. Mit zahlreichen Notenbeispielen. 1950. (1094)
Der polyphone Satz von *E. Pepping*. 2 Bände.
I: Der cantus-firmus-Satz. 2. Auflage. 223 Seiten. Mit zahlreichen Notenbeispielen. 1950. (1148)
II: Übungen im doppelten Kontrapunkt und im Kanon. 137 Seiten. Mit zahlreichen Notenbeispielen. 1957. (1164/1164a)
Allgemeine Musiklehre von *H. J. Moser*. 2., durchgesehene Auflage. 155 Seiten. Mit zahlreichen Notenbeispielen. 1955. (220/220a)
Harmonielehre von *H. J. Moser*. 2 Bände.
I: 109 Seiten. Mit 120 Notenbeispielen. 1954. (809)
II: In Vorbereitung. (810)
Die Musik des 19. Jahrhunderts von *W. Oehlmann*. 180 Seiten. 1953. (170)
Die Musik des 20. Jahrhunderts von *W. Oehlmann*. 312 Seiten. 1961. (171/171a)
Technik der deutschen Gesangskunst von *H. J. Moser*. 3., durchgesehene und verbesserte Auflage. 144 Seiten, 5 Figuren sowie Tabellen und Notenbeispiele. 1954. (576/576a)
Die Kunst des Dirigierens von *H. W. von Waltershausen †*. 2., vermehrte Auflage. 138 Seiten. Mit 19 Notenbeispielen. 1954. (1147)
Die Technik des Klavierspiels aus dem Geiste des musikalischen Kunstwerkes von *K. Schubert †*. 3. Auflage. 110 Seiten. Mit Notenbeispielen. 1954. (1045)

Kunst

Stilkunde von *H. Weigert*. 2 Bände. 3., durchgesehene und ergänzte Auflage.
I: Vorzeit, Antike, Mittelalter. 136 Seiten, 94 Abbildungen. 1958. (80)
II: Spätmittelalter und Neuzeit. 150 Seiten, 88 Abbildungen. 1958. (781)
Archäologie von *A. Rumpf*. 3 Bände.
I: Einleitung, historischer Überblick. 143 Seiten, 6 Abbildungen, 12 Tafeln. 1953. (538)
II: Die Archäologensprache. Die antiken Reproduktionen. 136 Seiten, 7 Abbildungen, 12 Tafeln. 1956. (539)
III: In Vorbereitung. (540)

Geschichte

Einführung in die Geschichtswissenschaft von *P. Kirn*. 4., durchgesehene Auflage. 127 Seiten. 1963. (270)

GEISTESWISSENSCHAFTEN

Einführung in die Zeitgeschichte von *B. Scheurig*. 101 Seiten. 1962. (1204)

Zeitrechnung der römischen Kaiserzeit, des Mittelalters und der Neuzeit für die Jahre 1—2000 n. Chr. von *H. Lietzmann †*. 3. Auflage, durchgesehen von *K. Aland*. 130 Seiten. 1956. (1085)

Kultur der Urzeit von *F. Behn*. 3 Bande. 4. Auflage der Kultur der Urzeit Bd. 1—3 von *M. Hoernes*.

I: Die vormetallischen Kulturen. (Die Steinzeiten Europas. Gleichartige Kulturen in anderen Erdteilen.) 172 Seiten, 48 Abbildungen. 1950. (564)

II: Die alteren Metallkulturen. (Der Beginn der Metallbenutzung, Kupfer- und Bronzezeit in Europa, im Orient und in Amerika.) 160 Seiten, 67 Abbildungen. 1950. (565)

III: Die jungeren Metallkulturen. (Das Eisen als Kulturmetall, Hallstatt-Latène-Kultur in Europa. Das erste Auftreten des Eisens in den anderen Weltteilen.) 149 Seiten, 60 Abbildungen. 1950. (566)

Vorgeschichte Europas von *F. Behn*. Vollig neue Bearbeitung der 7. Auflage der „Urgeschichte der Menschheit“ von *M. Hoernes*. 125 Seiten, 47 Abbildungen. 1949. (42)

Der Eintritt der Germanen in die Geschichte von *J. Haller †*. 3. Auflage, durchgesehen von *H. Dannenbauer*. 120 Seiten, 6 Kartenskizzen. 1957. (1117)

Von den Karolingern zu den Staufern. Die altdeutsche Kaiserzeit (900—1250) von *J. Haller †*. 4., durchgesehene Auflage von *H. Dannenbauer*. 142 Seiten, 4 Karten. 1958. (1065)

Von den Staufern zu den Habsburgern. Auflosung des Reichs und Emporkommen der Landesstaaten (1250—1519) von *J. Haller †*. 2., durchgesehene Auflage von *H. Dannenbauer*. 118 Seiten, 6 Kartenskizzen. 1960. (1077)

Deutsche Geschichte im Zeitalter der Reformation, der Gegenreformation und des dreißigjährigen Krieges von *F. Hartung*. 2., durchgesehene Auflage. 123 Seiten. 1963. (1105)

Deutsche Geschichte von 1648—1740. Politischer und geistiger Wiederaufbau von *W. Treue*. 120 Seiten. 1956. (35)

Deutsche Geschichte von 1713—1806. Von der Schaffung des europäischen Gleichgewichts bis zu Napoleons Herrschaft von *W. Treue*. 168 Seiten. 1957. (39)

Deutsche Geschichte von 1806—1890. Vom Ende des alten bis zur Hohe des neuen Reiches von *W. Treue*. 128 Seiten. 1961. (893)

Deutsche Geschichte von 1890 bis zur Gegenwart von *W. Treue*. In Vorbereitung. (894)

Quellenkunde der Deutschen Geschichte im Mittelalter (bis zur Mitte des 15. Jahrhunderts) von *K. Jacob †*. 3 Bande.

I: Einleitung. Allgemeiner Teil. Die Zeit der Karolinger. 6. Auflage, bearbeitet von *H. Hohenleutner*. 127 Seiten. 1959. (279)

II: Die Kaiserzeit (911—1250). 5. Auflage, neubearbeitet von *H. Hohenleutner*. 141 Seiten. 1961. (280)

III: Das Spätmittelalter (vom Interregnum bis 1500). Herausgegeben von *F. Weden*. 152 Seiten. 1952. (284)

Geschichte Englands von *H. Preller.* 2 Bande.
I: bis 1815. 3., stark umgearbeitete Auflage. 135 Seiten, 7 Stammtafeln, 2 Karten. 1952. (375)
II: Von 1815 bis 1910. 2., vollig umgearbeitete Auflage. 118 Seiten, 1 Stammtafel, 7 Karten. 1954. (1088)

Römische Geschichte von *F. Altheim.* 4 Bande. 2., verbesserte Auflage.
I: Bis zur Schlacht bei Pydna (168 v.Chr.). 124 Seiten. 1956. (19)
II: Bis zur Schlacht bei Actium (31 v.Chr.). 129 Seiten. 1956. (677)
III: Bis zur Schlacht an der Milvischen Brücke (312 n.Chr.). 148 Seiten. 1958. (679)
IV: Bis zur Schlacht am Yarmuk (636 n.Chr.). In Vorbereitung. (684)

Geschichte der Vereinigten Staaten von Amerika von *O. Graf zu Stolberg-Wernigerode.* 192 Seiten, 10 Karten. 1956. (1051/1051a)

Deutsche Sprache und Literatur

Geschichte der Deutschen Sprache von *H. Sperber.* 4. Auflage, besorgt von *W. Fleischhauer.* 128 Seiten. 1963. (915)

Deutsches Rechtschreibungswörterbuch von *M. Gottschald †.* 2., verbesserte Auflage. 219 Seiten. 1953. (200/200a)

Deutsche Wortkunde. Kulturgeschichte des deutschen Wortschatzes von *A. Schirmer.* 4. Auflage von *W. Mitzka.* 123 Seiten. 1960. (929)

Deutsche Sprachlehre von *W. Hofstaetter.* 10. Auflage. Vollige Umarbeitung der 8. Auflage. 150 Seiten. 1960. (20)

Stimmkunde fur Beruf, Kunst und Heilzwecke von *H. Biehle.* 111 Seiten. 1955. (60)

Redetechnik. Einführung in die Rhetorik von *H. Biehle.* 2., erweiterte Auflage. 151 Seiten. 1961. (61)

Sprechen und Sprachpflege (Die Kunst des Sprechens) von *H. Feist.* 2., verbesserte Auflage. 99 Seiten, 25 Abbildungen. 1952. (1122)

Deutsches Dichten und Denken von der germanischen bis zur staufischen Zeit von *H. Naumann †.* (Deutsche Literaturgeschichte vom 5.—13. Jahrhundert.) 2., verbesserte Auflage. 166 Seiten. 1952. (1121)

Deutsches Dichten und Denken vom Mittelalter zur Neuzeit von *G. Müller* (1270 bis 1700). 3., durchgesehene Auflage. 159 Seiten. In Vorbereitung. (1086)

Deutsches Dichten und Denken von der Aufklärung bis zum Realismus (Deutsche Literaturgeschichte von 1700—1890) von *K. Vietor †.* 3., durchgesehene Auflage. 159 Seiten. 1958. (1096)

Deutsche Heldensage von *H. Schneider.* 2. Auflage, bearbeitet von *R. Wisniewski.* 148 Seiten. 1964. (32)

Der Nibelunge Nôt in Auswahl mit kurzem Wörterbuch von *K. Langosch.* 10., durchgesehene Auflage. 164 Seiten. 1956. (1)

Kudrun und Dietrich-Epen in Auswahl mit Wörterbuch von *O. L. Jiriczek.* 6. Auflage, bearbeitet von *R. Wisniewski.* 173 Seiten. 1957. (10)

Wolfram von Eschenbach. Parzival. Eine Auswahl mit Anmerkungen und Worterbuch von *H. Jantzen.* 2. Auflage, bearbeitet von *H. Kolb.* 128 Seiten. 1957. (921)

Hartmann von Aue. Der arme Heinrich nebst einer Auswahl aus der „Klage", dem „Gregorius" und den Liedern (mit einem Worterverzeichnis) herausgegeben von *F. Maurer*. 96 Seiten. 1958. (18)
Gottfried von Strassburg in Auswahl herausgegeben von *F. Maurer*. 142 Seiten. 1959. (22)
Die deutschen Personennamen von *M. Gottschald* †. 2., verbesserte Auflage. 151 Seiten. 1955. (422)
Althochdeutsches Elementarbuch. Grammatik und Texte von *H. Naumann* † und *W. Betz*. 3., verbesserte und vermehrte Auflage. 183 Seiten. 1962. (1111/1111a)
Mittelhochdeutsche Grammatik von *H. de Boor* und *R. Wisniewski*. 3., verbesserte und ergänzte Auflage. 150 Seiten. 1963. (1108)

Indogermanisch, Germanisch

Indogermanische Sprachwissenschaft von *H. Krahe*. 2 Bände. 4., uberarbeitete Auflage.
I: Einleitung und Lautlehre. 110 Seiten. 1962. (59)
II: Formenlehre. 100 Seiten. 1963. (64)
Gotisches Elementarbuch. Grammatik, Texte mit Übersetzung und Erlauterungen von *H. Hempel*. 3., umgearbeitete Auflage. 166 Seiten. 1962. (79/79a)
Germanische Sprachwissenschaft von *H. Krahe*. 2 Bände.
I: Einleitung und Lautlehre. 5., überarbeitete Auflage. 149 Seiten. 1963. (238)
II: Formenlehre. 4., uberarbeitete Auflage. 149 Seiten. 1961. (780)
Altnordisches Elementarbuch. Schrift, Sprache, Texte mit Übersetzung und Worterbuch von *F. Ranke*. 2., durchgesehene Auflage. 146 Seiten. 1949. (1115)

Englisch, Romanisch

Altenglisches Elementarbuch. Einführung, Grammatik, Texte mit Übersetzung und Worterbuch von *M. Lehnert*. 5., verbesserte Auflage. 178 Seiten. 1962. (1125)
Historische neuenglische Laut- und Formenlehre von *E. Ekwall*. 3., durchgesehene Auflage. 150 Seiten. 1956. (735)
Englische Phonetik von *H. Mutschmann* †. 2. Auflage, bearbeitet von *G. Scherer*. 127 Seiten. 1963. (601)
Englische Literaturgeschichte von *F. Schubel*. 4 Bände.
I: Die alt- und mittelenglische Periode. 163 Seiten. 1954. (1114)
II: Von der Renaissance bis zur Aufklärung. 160 Seiten. 1956. (1116)
III: Romantik und Viktorianismus. 160 Seiten. 1960. (1124)
Beowulf von *M. Lehnert*. Eine Auswahl mit Einfuhrung, teilweiser Übersetzung, Anmerkungen und etymologischem Worterbuch. 3., verbesserte Auflage. 135 Seiten. 1959. (1135)
Shakespeare von *P. Meißner* †. 2. Auflage, neubearbeitet von *M. Lehnert*. 136 Seiten. 1954. (1142)

Romanische Sprachwissenschaft von *H. Lausberg*. 4 Bände.
I: Einleitung und Vokalismus. 2., durchgesehene Auflage. 211 Seiten. 1963. (128/128a)
II: Konsonantismus. 95 Seiten. 1956. (250)
III: Formenlehre. 1. Teil. 99 Seiten. 1962. (1199)
III: Formenlehre. 2. Teil. S. 99—260. 1962. (1200/1200a)
IV: Wortlehre. In Vorbereitung. (1208)

Griechisch, Lateinisch

Griechische Sprachwissenschaft von *W. Brandenstein*. 3 Bände.
I: Einleitung, Lautsystem, Etymologie. 160 Seiten. 1954. (117)
II: Wortbildung und Formenlehre. 192 Seiten. 1959. (118/118a)
III: Syntax. In Vorbereitung. (1218)

Geschichte der griechischen Sprache. 2 Bände.
I: Bis zum Ausgang der klassischen Zeit von *O. Hoffmann †*. 3. Auflage, bearbeitet von *A. Debrunner †*. 156 Seiten. 1953. (111)
II: Grundfragen und Grundzüge des nachklassischen Griechisch von *A. Debrunner †*. 144 Seiten. 1954. (114)

Geschichte der griechischen Literatur von *W. Nestle*. 2 Bände. 3. Auflage, bearbeitet von *W. Liebich*.
I: 144 Seiten. 1961. (70)
II: 149 Seiten. 1963. (557)

Grammatik der neugriechischen Volkssprache von *J. Kalitsunakis*. 3., wesentlich erweiterte und verbesserte Auflage. 196 Seiten. 1963. (756/756a)

Neugriechisch-deutsches Gesprächsbuch von *J. Kalitsunakis*. 2. Auflage, bearbeitet von *A. Steinmetz*. 99 Seiten. 1960. (587)

Geschichte der lateinischen Sprache von *F. Stolz*. 4. Auflage von *A. Debrunner †*. In Vorbereitung. (492)

Geschichte der römischen Literatur von *L. Bieler*. 2 Bände.
I: Die Literatur der Republik. 160 Seiten. 1961. (52)
II: Die Literatur der Kaiserzeit. 133 Seiten. 1961. (866)

Hebräisch, Sanskrit, Russisch

Hebräische Grammatik von *G. Beer †*. 2 Bände. Völlig neubearbeitet von *R. Meyer*.
I: Schrift-, Laut- und Formenlehre I. 3. Auflage. Etwa 224 Seiten. In Vorbereitung. (763/763a)
II: Formenlehre II. Syntax und Flexionstabellen. 2. Auflage. 195 Seiten. 1955. (764/764a)

Hebräisches Textbuch zu *G. Beer-R. Meyer*, Hebräische Grammatik von *R. Meyer*. 170 Seiten. 1960. (769/769a)

Sanskrit-Grammatik von *M. Mayrhofer*. 89 Seiten. 1953. (1158)

Russische Grammatik von *E. Berneker †*. 6., verbesserte Auflage von *M. Vasmer †*. 155 Seiten. 1961. (66)

Slavische Sprachwissenschaft von *H. Bräuer*. 2 Bände.
I: Einleitung, Lautlehre. 221 Seiten. 1961. (1191/1191a)

Erd- und Länderkunde, Kartographie

Afrika von *F. Jaeger*. Ein geographischer Überblick. 2 Bände. 3. Auflage.
 I: Der Lebensraum. 179 Seiten, 18 Abbildungen. In Vorbereitung. (910)
 II: Mensch und Kultur. 155 Seiten, 6 Abbildungen. In Vorbereitung. (911)

Australien und Ozeanien von *H. J. Krug*. 176 Seiten, 46 Skizzen. 1953. (319)

Kartographie von *V. Heissler*. 213 Seiten, 125 Abb., 8 Anlagen. 1962. (30/30a)

Volkswirtschaft, Statistik, Publizistik

Allgemeine Betriebswirtschaftslehre von *K. Mellerowicz*. 4 Bande. 11., durchgesehene Auflage.
 I: 224 Seiten. 1961. (1008/1008a)
 II: 188 Seiten. 1962. (1153/1153a)
 III: 260 Seiten. 1963. (1154/1154a)
 IV: 209 Seiten. 1963. (1186/1186a)

Buchhaltung und Bilanz von *E. Kosiol*. Etwa 114 Seiten, 29 Tafeln. 1964. (1213)

Geschichte der Volkswirtschaftslehre von *S. Wendt*. 182 Seiten. 1961. (1194)

Allgemeine Volkswirtschaftslehre von *A. Paulsen*. 4 Bände.
 I: Grundlegung, Wirtschaftskreislauf. 5., neubearbeitete Auflage. 154 Seiten. 1964. (1169)
 II: Haushalte, Unternehmungen, Marktformen. 5., neubearbeitete Auflage. 168 Seiten, 35 Abbildungen. 1964. (1170)
 III: Produktionsfaktoren. 3., neubearbeitete und ergänzte Auflage. 198 Seiten. 1963. (1171)
 IV: Gesamtbeschaftigung, Konjunkturen, Wachstum. 3. Auflage. 174 Seiten. 1964. (1172)

Allgemeine Volkswirtschaftspolitik von *H. Ohm*. 2 Bände.
 I: Systematisch-Theoretische Grundlegung. 137 Seiten, 6 Abbildungen. 1962. (1195)
 II: Der volkswirtschaftliche Gesamtorganismus als Objekt der Wirtschaftspolitik. In Vorbereitung. (1196)

Finanzwissenschaft von *H. Kolms*. 4 Bande.
 I: Grundlegung, Öffentliche Ausgaben. 2., verbesserte Auflage. 162 Seiten. 1963. (148)
 II: Erwerbseinkunfte, Gebuhren und Beiträge, Allgemeine Steuerlehre. 2., verbesserte Auflage. 150 Seiten. 1964. (391)
 III: Besondere Steuerlehre. 178 Seiten. 1962. (776)
 IV: Öffentlicher Kredit. Haushaltswesen. Finanzausgleich. 1964. In Vorbereitung. (782)

Finanzmathematik von *M. Nicolas.* 192 Seiten, 11 Tafeln, 8 Tabellen und 72 Beispiele. 1959. (1183/1183a)

Industrie- und Betriebssoziologie von *R. Dahrendorf.* 2., umgearbeitete und erweiterte Auflage. 142 Seiten, 3 Figuren. 1962. (103)

Wirtschaftssoziologie von *F. Fürstenberg.* 122 Seiten. 1961. (1193)

Psychologie des Berufs- und Wirtschaftslebens von *W. Moede †.* 190 Seiten, 48 Abbildungen. 1958. (851/851a)

Einführung in die Arbeitswissenschaft von *H. H. Hilf.* 164 Seiten, 57 Abbildungen. 1964. (1212/1212a)

Allgemeine Methodenlehre der Statistik von *J. Pfanzagl.* 2 Bände.
I: Elementare Methoden unter besonderer Berucksichtigung der Anwendungen in den Wirtschafts- und Sozialwissenschaften. 2. Auflage. 251 Seiten, 42 Abbildungen. 1964. (746/746a)
II: Höhere Methoden unter besonderer Berücksichtigung der Anwendungen in Naturwissenschaft, Medizin und Technik. 295 Seiten, 39 Abbildungen. 1962. (747/747a)

Zeitungslehre von *E. Dovifat.* 2 Bände. 4., neubearbeitete Auflage.
I: Theoretische und rechtliche Grundlagen — Nachricht und Meinung — Sprache und Form. 149 Seiten. 1962. (1039)
II: Redaktion — Die Sparten: Verlag und Vertrieb, Wirtschaft und Technik — Sicherung der öffentlichen Aufgabe. 168 Seiten. 1962. (1040)

Naturwissenschaften

Mathematik

Geschichte der Mathematik von *J. E. Hofmann*. 4 Bände.
I: Von den Anfängen bis zum Auftreten von Fermat und Descartes. 2., verbesserte und vermehrte Auflage. 251 Seiten. 1963. (226/226a)
II: Von Fermat und Descartes bis zur Erfindung des Calculus und bis zum Ausbau der neuen Methoden. 109 Seiten. 1957. (875)
III: Von den Auseinandersetzungen um den Calculus bis zur französischen Revolution. 107 Seiten. 1957. (882)
IV: Geschichte der Mathematik der neuesten Zeit von *N. Stuloff*. In Vorbereitung. (883)

Mathematische Formelsammlung von *F. O. Ringleb*. 7., erweiterte Auflage. 320 Seiten, 40 Figuren. 1960. (51/51a)

Vierstellige Tafeln und Gegentafeln fur logarithmisches und trigonometrisches Rechnen in zwei Farben zusammengestellt von *H. Schubert* und *R. Haussner*. 3., neubearbeitete Auflage von *J. Erlebach*. 158 Seiten. 1960. (81)

Fünfstellige Logarithmen mit mehreren graphischen Rechentafeln und haufig vorkommenden Zahlenwerten von *A. Adler*. 4. Auflage, uberarbeitet von *J. Erlebach*. 127 Seiten, 1 Tafel. 1962. (423)

Arithmetik von *P. B. Fischer †*. 3. Auflage von *H. Rohrbach*. 152 Seiten, 19 Abbildungen. 1958. (47)

Höhere Algebra von *H. Hasse*. 2 Bande.
I: Lineare Gleichungen. 5., neubearbeitete Auflage. 150 Seiten. 1963. (931)
II: Gleichungen höheren Grades. 4., durchgesehene Auflage. 158 Seiten, 5 Figuren. 1958. (932)

Aufgabensammlung zur höheren Algebra von *H. Hasse* und *W. Klobe*. 3., verbesserte Auflage. 183 Seiten. 1961. (1082)

Elementare und klassische Algebra vom modernen Standpunkt von *W. Krull*. 2 Bande.
I: 3., erweiterte Auflage. 148 Seiten. 1963. (930)
II: 132 Seiten. 1959. (933)

Lineare Programmierung von *H. Langen*. Etwa 200 Seiten. 1964. (1206/1206a)

Algebraische Kurven und Flächen von *W. Burau*. 2 Bande.
I: Algebraische Kurven der Ebene. 153 Seiten, 28 Abbildungen. 1962. (435)
II: Algebraische Flachen 3. Grades und Raumkurven 3. und 4. Grades. 162 Seiten, 17 Abbildungen. 1962. (436/436a)

Einführung in die Zahlentheorie von *A. Scholz †*. Überarbeitet und herausgegeben von *B. Schoeneberg*. 3. Auflage. 128 Seiten. 1961. (1131)

Formale Logik von *P. Lorenzen*. 2., verbesserte Auflage. 165 Seiten. 1962. (1176/1176a)

Topologie von *W. Franz.* 2 Bände.
I: Allgemeine Topologie. 144 Seiten, 9 Figuren. 1960. (1181)
II: Algebraische Topologie. 130 Seiten. 1964. (1182)

Elemente der Funktionentheorie von *K. Knopp †.* 6. Auflage. 144 Seiten, 23 Figuren. 1963. (1109)

Funktionentheorie von *K. Knopp †.* 2 Bände. 10. Auflage.
I: Grundlagen der allgemeinen Theorie der analytischen Funktionen. 144 Seiten, 8 Figuren. 1961. (668)
II: Anwendungen und Weiterfuhrung der allgemeinen Theorie. 130 Seiten, 7 Figuren. 1962. (703)

Aufgabensammlung zur Funktionentheorie von *K. Knopp †.* 2 Bände.
I: Aufgaben zur elementaren Funktionentheorie. 6. Auflage. 135 Seiten. 1962. (877)
II: Aufgaben zur hoheren Funktionentheorie. 5. Auflage. 151 Seiten. 1959. (878)

Differential- und Integralrechnung von *M. Barner.* (Früher *Witting*). 4 Bande.
I: Grenzwertbegriff, Differentialrechnung. 2., durchgesehene Auflage. 176 Seiten, 39 Figuren. 1963. (86)

Gewöhnliche Differentialgleichungen von *G. Hoheisel.* 6., neubearbeitete und erweiterte Auflage. 128 Seiten. 1960. (920)

Partielle Differentialgleichungen von *G. Hoheisel.* 4., durchgesehene Auflage. 128 Seiten. 1960. (1003)

Aufgabensammlung zu den gewöhnlichen und partiellen Differentialgleichungen von *G. Hoheisel.* 5., durchgesehene und verbesserte Auflage. 124 Seiten. 1964. (1059/1059a)

Integralgleichungen von *G. Hoheisel.* 2., neubearbeitete und erweiterte Auflage. 112 Seiten. 1963. (1099)

Mengenlehre von *E. Kamke.* 4., verbesserte Auflage. 194 Seiten, 6 Figuren. 1962. (999/999a)

Gruppentheorie von *L. Baumgartner.* 4., neubearbeitete Auflage. 110 Seiten, 3 Tafeln. 1964. In Vorbereitung. (837)

Ebene und sphärische Trigonometrie von *G. Hessenberg †.* 5. Auflage, durchgesehen von *H. Kneser.* 172 Seiten, 60 Figuren. 1957. (99)

Darstellende Geometrie von *W. Haack.* 3 Bande.
I: Die wichtigsten Darstellungsmethoden. Grund- und Aufriß ebenflachiger Korper. 4., durchgesehene und erganzte Auflage. 113 Seiten, 120 Abbildungen. 1963. (142)
II: Korper mit krummen Begrenzungsflachen. Kotierte Projektionen. 3., durchgesehene Auflage. 129 Seiten, 86 Abbildungen. 1962. (143)
III: Axonometrie und Perspektive. 2., durchgesehene und erganzte Auflage. 129 Seiten, 100 Abbildungen. 1962. (144)

Analytische Geometrie von *K. P. Grotemeyer.* 2., erweiterte Auflage. 218 Seiten, 73 Abbildungen. 1962. (65/65a)

Nichteuklidische Geometrie. Hyperbolische Geometrie der Ebene von *R. Baldus †.* Durchgesehen und herausgegeben von *F. Lobell.* 4., verbesserte Auflage. 140 Seiten, 70 Figuren. 1964. (970)

Differentialgeometrie von *K. Strubecker* (fruher *Rothe*). 3 Bande.
I: Kurventheorie der Ebene und des Raumes. 2. Auflage. 200 Seiten, 18 Figuren. 1964. In Vorbereitung. (1113/1113a)

II: Theorie der Flächenmetrik. 195 Seiten, 14 Figuren. 1958. (1179/1179a)
III: Theorie der Flächenkrümmung. 254 Seiten, 38 Figuren. 1959. (1180/1180a)

Variationsrechnung von *L. Koschmieder*. 2 Bände. 2., neubearbeitete Auflage.
I: Das freie und gebundene Extrem einfacher Grundintegrale. 128 Seiten, 23 Figuren. 1962. (1074)
II: Anwendung klassischer Verfahren auf allgemeine Fragen des Extrems. — Neuere unmittelbare Verfahren. In Vorbereitung. (1075)

Einführung in die konforme Abbildung von *L. Bieberbach*. 5., erweiterte Auflage. 180 Seiten, 42 Figuren. 1956. (768/768a)

Vektoren und Matrizen von *S. Valentiner*. 3. Auflage. (10., erweiterte Auflage der „Vektoranalysis"). Mit Anhang: Aufgaben zur Vektorrechnung von *H. König*. 206 Seiten, 35 Figuren. 1963. (354/354a)

Wahrscheinlichkeitstheorie und Grundzüge der Maßtheorie von *H. Bauer*. 2 Bände.
I: 1964. Im Druck. (1216)
II: In Vorbereitung. (1217)

Versicherungsmathematik von *F. Böhm*. 2 Bände.
I: Elemente der Versicherungsrechnung. 3., vermehrte und verbesserte Auflage. Durchgesehener Neudruck. 151 Seiten. 1953. (180)
II: Lebensversicherungsmathematik. Einführung in die technischen Grundlagen der Sozialversicherung. 2., verbesserte und vermehrte Auflage. 205 Seiten. 1953. (917/917a)

Finanzmathematik von *M. Nicolas*. 192 Seiten, 11 Tafeln, 8 Tabellen und 72 Beispiele. 1959. (1183/1183a)

Kinematik von *H. R. Müller*. 171 Seiten, 75 Figuren. 1963. (584/584a)

Physik

Einführung in die theoretische Physik von *W. Döring*. 5 Bände.
I: Mechanik. 2., verbesserte Auflage. 123 Seiten, 25 Abbildungen. 1960. (76)
II: Das elektromagnetische Feld. 2., verbesserte Auflage. 132 Seiten, 15 Abbildungen. 1962. (77)
III: Optik. 2., verbesserte Auflage. 117 Seiten, 32 Abbildungen. 1963. (78)
IV: Thermodynamik. 2., verbesserte Auflage. 107 Seiten, 9 Abbildungen. 1964. (374)
V: Statistische Mechanik. 114 Seiten, 12 Abbildungen. 1957. (1017)

Mechanik deformierbarer Körper von *M. Päsler*. 199 Seiten, 48 Abbildungen. 1960. (1189/1189a)

Atomphysik von *K. Bechert*, *Ch. Gerthsen* † und *A. Flammersfeld*. 7 Bände. 4., durchgesehene Auflage.
I: Allgemeine Grundlagen. 1. Teil von *A. Flammersfeld*. 124 Seiten, 35 Abbildungen. 1959. (1009)
II: Allgemeine Grundlagen. 2. Teil von *A. Flammersfeld*. 112 Seiten, 47 Abbildungen. 1963. (1033)

III: Theorie des Atombaus. 1. Teil von *K. Bechert.* 148 Seiten, 16 Abbildungen. 1963. (1123/1123a)

IV: Theorie des Atombaus. 2. Teil von *K. Bechert.* 170 Seiten, 14 Abbildungen. 1963. (1165/1165a)

Differentialgleichungen der Physik von *F. Sauter.* 3., durchgesehene und erganzte Auflage. 148 Seiten, 16 Figuren. 1958. (1070)

Physikalische Formelsammlung von *G. Mahler†.* Fortgefuhrt von *K. Mahler.* Neubearbeitet von *H. Graewe.* 11. Auflage. 167 Seiten, 69 Figuren. 1963. (136)

Physikalische Aufgabensammlung von *G. Mahler †.* Neubearbeitet von *H. Graewe.* Mit den Ergebnissen. 12. Auflage. 127 Seiten. 1964. (243)

Chemie

Geschichte der Chemie in kurzgefaßter Darstellung von *G. Lockemann.* 2 Bande.

I: Vom Altertum bis zur Entdeckung des Sauerstoffs. 2. Auflage. 142 Seiten, 8 Bildnisse. In Vorbereitung. (264)

II: Von der Entdeckung des Sauerstoffs bis zur Gegenwart. 151 Seiten, 16 Bildnisse. 1955. (265/265a)

Anorganische Chemie von *W. Klemm.* 13., neubearbeitete und erweiterte Auflage. 255 Seiten, 35 Abbildungen. 1964. (37/37a)

Organische Chemie von *W. Schlenk.* 9., erweiterte Auflage. 273 Seiten, 16 Abbildungen. 1963. (38/38a)

Physikalische Methoden in der Organischen Chemie von *G. Kresze.* 2 Bande.

I: 119 Seiten, 65 Abbildungen. 1962. (44)

II: 164 Seiten. 1962. (45/45a)

Allgemeine und physikalische Chemie von *W. Schulze.* 2 Bande.

I: 5., durchgesehene Auflage. 139 Seiten, 10 Figuren. 1960. (71)

II: 5., verbesserte Auflage. 178 Seiten, 37 Figuren. 1961. (698/698a)

Einfache Versuche zur allgemeinen und physikalischen Chemie von *E. Dehn.* 371 Versuche mit 40 Abbildungen. 272 Seiten. 1962. (1201/1201a)

Molekülbau. Theoretische Grundlagen und Methoden der Strukturermittlung von *W. Schulze.* 123 Seiten, 43 Figuren. 1958. (786)

Physikalisch-chemische Rechenaufgaben von *E. Asmus.* 3., verbesserte Auflage. 96 Seiten. 1958. (445)

Maßanalyse. Theorie und Praxis der klassischen und der elektrochemischen Titrierverfahren von *G. Jander* und *K. F. Jahr.* 10., erweiterte Auflage, mitbearbeitet von *H. Knoll.* 358 Seiten, 56 Figuren. 1963. (221/221a)

Qualitative Analyse von *H. Hofmann* u. *G. Jander.* 2., durchgesehene und verbesserte Auflage. 308 Seiten, 5 Abbildungen. 1963. (247/247a)

Thermochemie von *W. A. Roth †.* 2., verbesserte Auflage. 109 Seiten, 16 Figuren. 1952. (1057)

Stöchiometrische Aufgabensammlung von *W. Bahrdt †* und *R. Scheer*. Mit den Ergebnissen. 7., durchgesehene Auflage. 119 Seiten. 1960. (452)

Elektrochemie von *K. Vetter*. 2 Bände.
I: 1961. In Vorbereitung. (252)
II: 1964. In Vorbereitung. (253)

Technologie

Die Chemie der Kunststoffe von *K. Hamann*, unter Mitarbeit von *W. Funke* und *H. D Hermann* 143 Seiten. 1960. (1173)

Warenkunde von *K. Hassak* und *E. Beutel †*. 2 Bände.
I: Anorganische Waren sowie Kohle und Erdöl. 8. Auflage. Neubearbeitet von *A. Kutzelnigg*. 119 Seiten, 18 Figuren. 1958. (222)
II: Organische Waren. 8. Auflage. Vollständig neubearbeitet von *A. Kutzelnigg*. 157 Seiten, 32 Figuren. 1959. (223)

Die Fette und Öle von *Th. Klug*. 6., verbesserte Auflage. 143 Seiten. 1961. (335)

Die Seifenfabrikation von *K. Braun †*. 3., neubearbeitete und verbesserte Auflage von *Th Klug* 116 Seiten, 18 Abbildungen. 1953. (336)

Thermische Verfahrenstechnik von *H. Bock*. 3 Bände.
I: Eigenschaften und Verhalten der realen Stoffe. 164 Seiten 28 Abbildungen. 1963. (1209/1209a)
II: Funktionen und Berechnung der elementaren Geräte. In Vorbereitung (1210/1210a)
III: Fließbilder, ihre Funktion und ihr Zusammenbau aus Geräten. In Vorbereitung. (1211/1211a)

Textilindustrie von *A Blümcke*.
I: Spinnerei und Zwirnerei. 111 Seiten, 43 Abbildungen. 1954. (184)

Biologie

Einführung in die allgemeine Biologie und ihre philosophischen Grund- und Grenzfragen von *M. Hartmann*. 132 Seiten, 2 Abbildungen. 1956. (96)

Hormone von *G. Koller*. 2., neubearbeitete und erweiterte Auflage. 187 Seiten, 60 Abbildungen, 19 Tabellen. 1949. (1141)

Fortpflanzung im Tier- und Pflanzenreich von *J. Hämmerling*. 2., ergänzte Auflage. 135 Seiten, 101 Abbildungen. 1951. (1138)

Geschlecht und Geschlechtsbestimmung im Tier- und Pflanzenreich von *M. Hartmann*. 2., verbesserte Auflage. 116 Seiten, 61 Abbildungen, 7 Tabellen. 1951. (1127)

Symbiose der Tiere mit pflanzlichen Mikroorganismen von *P. Buchner*. 2., verbesserte und vermehrte Auflage. 130 Seiten, 121 Abbildungen. 1949. (1128)

Grundriß der Allgemeinen Mikrobiologie von *W. u. A. Schwartz*. 2 Bände. 2., verbesserte und ergänzte Auflage.
I: 147 Seiten, 25 Abbildungen. 1960. (1155)
II: 142 Seiten, 29 Abbildungen. 1961. (1157)

Botanik

Entwicklungsgeschichte des Pflanzenreiches von *H. Heil.* 2. Auflage. 138 Seiten, 94 Abbildungen, 1 Tabelle. 1950. (1137)

Morphologie der Pflanzen von *L. Geitler.*, 3., umgearbeitete Auflage. 126 Seiten, 114 Abbildungen. 1953. (141)

Pflanzengeographie von *L. Diels †.* 5., völlig neubearbeitete Auflage von *F. Mattick.* 195 Seiten, 2 Karten. 1958. (389/389 a)

Die Laubhölzer. Kurzgefaßte Beschreibung der in Mitteleuropa gedeihenden Laubbäume und Sträucher von *F. W. Neger †* und *E. Münch †.* 3., durchgesehene Auflage, herausgegeben von *B. Huber.* 143 Seiten, 63 Figuren, 7 Tabellen. 1950. (718)

Die Nadelhölzer (Koniferen) und übrigen Gymnospermen von *F. W. Neger †* und *E. Münch †.* 4. Auflage, durchgesehen und ergänzt von *B. Huber.* 140 Seiten, 75 Figuren, 4 Tabellen, 3 Karten. 1952. (355)

Pflanzenzüchtung von *H. Kuckuck.* 2 Bände.
- I: Grundzüge der Pflanzenzüchtung. 3., völlig umgearbeitete und erweiterte Auflage. 132 Seiten, 22 Abbildungen. 1952. (1134)
- II: Spezielle gartenbauliche Pflanzenzüchtung (Züchtung von Gemüse, Obst und Blumen). 178 Seiten, 27 Abbildungen. 1957. (1178/1178 a)

Zoologie

Entwicklungsphysiologie der Tiere von *F. Seidel.* 2 Bände.
- I: Ei und Furchung. 126 Seiten, 29 Abbildungen. 1953. (1162)
- II: Körpergrundgestalt und Organbildung. 159 Seiten, 42 Abbildungen. 1953. (1163)

Das Tierreich
- I: Einzeller, Protozoen von *E. Reichenow.* 115 Seiten. 59 Abbildungen. 1956. (444)
- II: Schwämme und Hohltiere von *H. J. Hannemann.* 95 Seiten, 80 Abbildungen. 1956. (442)
- III: Würmer. Platt-, Hohl-, Schnurwürmer, Kamptozoen, Ringelwürmer, Protracheaten, Bärtierchen, Zungenwürmer von *S. Jaeckel.* 114 Seiten, 36 Abbildungen. 1955. (439)
- IV, 1: Krebse von *H. E. Gruner* und *K. Deckert.* 114 Seiten, 43 Abbildungen. 1956. (443)
- IV, 2: Spinnentiere (Trilobitomorphen, Fühlerlose) und Tausendfüßler von *A. Kaestner.* 96 Seiten, 55 Abbildungen. 1955. (1161)
- IV, 3: Insekten von *H. von Lengerken.* 128 Seiten, 58 Abbildungen. 1953. (594)
- V: Weichtiere. Urmollusken, Schnecken, Muscheln und Kopffüßer von *S. Jaeckel.* 92 Seiten. 34 Figuren. 1954. (440)
- VI: Stachelhäuter. Tentakulaten, Binnenatmer und Pfeilwürmer von *S. Jaeckel.* 100 Seiten, 46 Abbildungen. 1955. (441)
- VII, 1: Manteltiere, Schädellose, Rundmäuler von *Th. Haltenorth.* In Vorbereitung. (448)

VII, 2: Fische von *D. Lüdemann.* 130 Seiten, 65 Abbildungen. 1955. (356)
VII, 3: Lurche (Chordatiere) von *K. Herter.* 143 Seiten, 129 Abbildungen. 1955. (847)
VII, 4: Kriechtiere (Chordatiere) von *K. Herter.* 200 Seiten, 42 Abbildungen. 1960. (447/447a)
VII, 5: Vogel (Chordatiere) von *H.-A. Freye.* 156 Seiten, 69 Figuren. 1960. (869)
VII, 6: Saugetiere (Chordatiere) von *Th. Haltenorth.* In Vorbereitung. (282)

Land- und Forstwirtschaft

Landwirtschaftliche Tierzucht. Die Züchtung und Haltung der landwirtschaftlichen Nutztiere von *H. Vogel.* 139 Seiten, 11 Abbildungen. 1952. (228)

Kulturtechnische Bodenverbesserungen von *O. Fauser.* 2 Bände. 5., verbesserte und vermehrte Auflage.
I: Allgemeines, Entwasserung. 127 Seiten, 49 Abbildungen. 1959. (691)
II: Bewasserung, Ödlandkultur, Flurbereinigung. 159 Seiten, 71 Abbildungen. 1961. (692)

Agrikulturchemie von *K. Scharrer.* 2 Bande.
I: Pflanzenernahrung. 143 Seiten. 1953. (329)
II: Futtermittelkunde. 192 Seiten. 1956. (330/330a)

Geologie, Mineralogie, Kristallographie

Geologie von *F. Lotze.* 2., verbesserte Auflage. 178 Seiten, 80 Abbildungen. 1961. (13)

Erzkunde von *H. von Philipsborn.* In Vorbereitung. (1207)

Mineral- und Erzlagerstättenkunde von *H. Huttenlocher †.* 2 Bande. 2. Auflage.
I: 128 Seiten, 34 Abbildungen. In Vorbereitung. (1014)
II: 156 Seiten, 48 Abbildungen. In Vorbereitung. (1015/1015a)

Allgemeine Mineralogie. 11., erweiterte Auflage der „Mineralogie" von *R. Brauns†*, neubearbeitet von *K. F. Chudoba.* 152 Seiten, 143 Textfiguren, 1 Tafel, 3 Tabellen. 1963. (29/29a)

Spezielle Mineralogie. 11., erweiterte Auflage der „Mineralogie" von *R. Brauns †*, bearbeitet von *K. F. Chudoba.* Etwa 170 Seiten, 127 Textfiguren, 4 Tabellen. 1964. (31/31a)

Petrographie (Gesteinskunde) von *W. Bruhns †.* Neubearbeitet von *P. Ramdohr.* 5., erweiterte Auflage. 141 Seiten, 10 Figuren. 1960. (173)

Kristallographie von *W. Bruhns †.* 5. Auflage, neubearbeitet von *P. Ramdohr.* 109 Seiten, 164 Abbildungen. 1958. (210)

Einführung in die Kristalloptik von *E. Buchwald.* 5., verbesserte Auflage. 128 Seiten, 117 Figuren. 1963. (619/619a)

Lötrohrprobierkunde. Mineraldiagnose mit Lotrohr und Tupfelreaktion von *M. Henglein.* 4., durchgesehene und erweiterte Auflage. 108 Seiten, 12 Figuren. 1962. (483)

Technik

Graphische Darstellung in Wissenschaft und Technik von *M. Pirani*. 3., erweiterte Auflage bearbeitet von *J. Fischer* unter Benutzung der von *I. Runge* besorgten 2. Auflage. 216 Seiten, 104 Abbildungen. 1957. (728/728a)

Technische Tabellen und Formeln von *W. Müller*. 5., verbesserte und erweiterte Auflage von *E. Schulze*. 165 Seiten, 114 Abbildungen, 99 Tafeln. 1962. (579)

Einführung in die Arbeitswissenschaft von *H. H. Hilf*. 164 Seiten, 57 Abbildungen. 1964. (1212/1212a)

Grundlagen der Straßenverkehrstechnik. Theorie der Leistungsfähigkeit von *E. Engel*. 101 Seiten, 55 Abbildungen. 1962. (1198)

Elektrotechnik

Grundlagen der allgemeinen Elektrotechnik von *O. Mohr*. 2., durchgesehene Auflage. 260 Seiten, 136 Bilder, 14 Tafeln. 1961. (196/196a)

Die Gleichstrommaschine von *K. Humburg*. 2 Bände. 2., durchgesehene Auflage.
I: 102 Seiten, 59 Abbildungen. 1956. (257)
II: 101 Seiten, 38 Abbildungen. 1956. (881)

Die Synchronmaschine von *W. Putz*. 92 Seiten, 64 Bilder. 1962. (1146)

Induktionsmaschinen von *F. Unger*. 2., erweiterte Auflage. 142 Seiten, 49 Abbildungen. 1954. (1140)

Die komplexe Berechnung von Wechselstromschaltungen von *H. H. Meinke*. 3. Auflage. 180 Seiten, 120 Abbildungen. 1964. In Vorbereitung. (1156/1156a)

Theoretische Grundlagen zur Berechnung der Schaltgeräte von *F. Kesselring*. 3. Auflage. 144 Seiten, 92 Abbildungen. 1950. (711)

Einführung in die Technik selbsttätiger Regelungen von *W. zur Megede*. 2., durchgesehene Auflage. 180 Seiten, 86 Abbildungen. 1961. (714/714a)

Elektromotorische Antriebe (Grundlagen fur die Berechnung) von *A. Schwaiger*. 3., neubearbeitete Auflage. 96 Seiten, 34 Abbildungen. 1952. (827)

Überspannungen und Überspannungsschutz von *G. Frühauf*. Durchgesehener Neudruck. 122 Seiten, 98 Abbildungen. 1950. (1132)

Elektrische Höchstspannungs-Schaltanlagen für Freiluft und Innenanordnung von *G. Meiners* und *K.-H. Wiesenewsky*. 138 Seiten, 58 Abbildungen. 1964. (796/796a)

Transformatoren von *W. Schafer*. 4., uberarbeitete und erganzte Auflage. 130 Seiten, 73 Abbildungen. 1962. (952)

Maschinenbau

Metallkunde von *H. Borchers*. 3 Bände. 5., ergänzte und durchgesehene Auflage.
I: Aufbau der Metalle und Legierungen. 120 Seiten, 90 Abbildungen, 2 Tabellen. 1962. (432)
II: Eigenschaften, Grundzüge der Form- und Zustandsgebung. 182 Seiten, 107 Abbildungen, 10 Tabellen. 1963. (433/433a)
III: Die metallkundlichen Untersuchungsmethoden von *E. Hanke*. In Vorbereitung. (434)

Die Werkstoffe des Maschinenbaues von *A. Thum †* und *C. M. v. Meysenbug*. 2 Bande.
I: Einfuhrung in die Werkstoffprüfung. 2., neubearbeitete Auflage. 100 Seiten, 7 Tabellen, 56 Abbildungen. 1956. (476)
II: Die Konstruktionswerkstoffe. 132 Seiten, 40 Abbildungen. 1959. (936)

Dynamik von *W. Müller*. 2 Bände. 2., verbesserte Auflage.
I: Dynamik des Einzelkorpers. 128 Seiten, 48 Figuren. 1952. (902)
II: Systeme von starren Körpern. 102 Seiten, 41 Figuren. 1952. (903)

Technische Schwingungslehre von *L. Zipperer*. 2 Bände. 2., neubearbeitete Auflage.
I: Allgemeine Schwingungsgleichungen, einfache Schwinger. 120 Seiten, 101 Abbildungen. 1953. (953)
II: Torsionsschwingungen in Maschinenanlagen. 102 Seiten, 59 Abbildungen. 1955. (961/961 a)

Werkzeugmaschinen für Metallbearbeitung von *K. P. Matthes*. 2 Bande.
I: 100 Seiten, 27 Abbildungen, 11 Zahlentafeln, 1 Tafelanhang. 1954. (561)
II: Fertigungstechnische Grundlagen der neuzeitlichen Metallbearbeitung. 101 Seiten, 30 Abbildungen, 5 Tafeln. 1955. (562)

Das Maschinenzeichnen mit Einführung in das Konstruieren von *W. Tochtermann*. 2 Bande. 4. Auflage.
I: Das Maschinenzeichnen. 156 Seiten, 75 Tafeln. 1950. (589)
II: Ausgeführte Konstruktionsbeispiele. 130 Seiten, 58 Tafeln. 1950. (590)

Die Maschinenelemente von *E. A. vom Ende †*. 4., überarbeitete Auflage. 184 Seiten, 179 Figuren, 11 Tafeln. 1963. (3/3a)

Die Maschinen der Eisenhüttenwerke von *L. Engel*. 156 Seiten, 95 Abbildungen. 1957. (583/583a)

Walzwerke von *H. Sedlaczek †* unter Mitarbeit von *F. Fischer* und *M. Buch*. 232 Seiten, 157 Abbildungen. 1958. (580/580a)

Getriebelehre von *P. Grodzinski †*. 2 Bande. 3., neubearbeitete Auflage von *G. Lechner*.
I: Geometrische Grundlagen. 164 Seiten, 131 Figuren. 1960. (1061)
II: Angewandte Getriebelehre. In Vorbereitung. (1062)

Kinematik von *H. R. Müller*. 171 Seiten, 75 Figuren. 1963. (584/584a)

Gießereitechnik von *H. Jungbluth.* 2 Bände.
I: Eisengießerei. 126 Seiten, 44 Abbildungen. 1951. (1159)

Die Dampfturbinen. Ihre Wirkungsweise, Berechnung und Konstruktion von *C. Zietemann.* 3 Bande.
I: Theorie der Dampfturbinen. 4. Auflage. 139 Seiten, 48 Abbildungen. 1964. In Vorbereitung. (274)
II: Die Berechnung der Dampfturbinen und die Konstruktion der Einzelteile. 4., verbesserte Auflage. 132 Seiten, 111 Abbildungen. 1964. In Vorbereitung. (715)
III: Die Regelung der Dampfturbinen, die Bauarten, Turbinen fur Sonderzwecke, Kondensationsanlagen. 3., verbesserte Auflage. 126 Seiten, 90 Abbildungen. 1956. (716)

Verbrennungsmotoren von *W. Endres.* 3 Bände.
I: Überblick. Motor-Brennstoffe. Verbrennung im Motor allgemein, im Otto- und Diesel-Motor. 153 Seiten, 57 Abbildungen. 1958. (1076/1076a)
II: Die heutigen Typen der Verbrennungskraftmaschine. In Vorbereitung. (1184)
III: Die Einzelteile des Verbrennungsmotors. In Vorbereitung. (1185)

Autogenes Schweißen und Schneiden von *H. Niese.* 5. Auflage, neubearbeitet von *A. Küchler.* 136 Seiten, 71 Figuren. 1953. (499)

Die elektrischen Schweißverfahren von *H. Niese.* 2. Auflage, neubearbeitet von *H. Dienst.* 136 Seiten, 58 Abbildungen. 1955. (1020)

Die Hebezeuge. Entwurf von Winden und Kranen von *G. Tafel.* 2., verbesserte Auflage. 176 Seiten, 230 Figuren. 1954. (414/414a)

Wasserbau

Wasserkraftanlagen von *A. Ludin* unter Mitarbeit von *W. Borkenstein.* 2 Bande.
I: Planung, Grundlagen und Grundzüge. 124 Seiten, 60 Abbildungen. 1955. (665)
II: Anordnung und Ausbildung der Hauptbauwerke. 184 Seiten. 91 Abbildungen. 1958. (666/666a)

Verkehrswasserbau von *H. Dehnert.* 3 Bande.
I: Entwurfsgrundlagen, Flußregelungen. 103 Seiten, 53 Abbildungen. 1950. (585)
II: Flußkanalisierung und Schiffahrtskanäle. 94 Seiten, 60 Abbildungen. 1950. (597)
III. Schleusen und Hebewerke. 98 Seiten, 70 Abbildungen. 1950. (1152)

Wehr- und Stauanlagen von *H. Dehnert.* 134 Seiten, 90 Abbildungen. 1952. (965)

Talsperren von *F. Tolke.* 122 Seiten, 70 Abbildungen. 1953. (1044)

Vermessungswesen

Vermessungskunde von *W. Großmann*. 3 Bände.

I: Stückvermessung und Nivellieren. 11., verbesserte Auflage. 144 Seiten, 117 Figuren. 1962. (468)

II: Horizontalaufnahmen und ebene Rechnungen. 9., verbesserte Auflage. 136 Seiten, 101 Figuren. 1963. (469)

III: Trigonometrische und barometrische Höhenmessung. Tachymetrie und Absteckungen. 8. Auflage. 136 Seiten, 97 Figuren. 1964. (862)

Kartographie von *V. Heissler*. 213 Seiten, 125 Abbildungen, 8 Anlagen. 1962. (30/30a)

Photogrammetrie von *G. Lehmann*. 189 Seiten, 132 Abbildungen. 1959. (1188/1188a)

Hoch- und Tiefbau

Die wichtigsten Baustoffe des Hoch- und Tiefbaus von *O. Graf †*. 4., verbesserte Auflage. 131 Seiten, 63 Abbildungen. 1953. (984)

Baustoffverarbeitung und Baustellenprüfung des Betons von *A. Kleinlogel*. 2., neubearbeitete und erweiterte Auflage. 126 Seiten, 35 Abbildungen. 1951. (978)

Festigkeitslehre. 2 Bande.

I: Elastizität, Plastizität und Festigkeit der Baustoffe und Bauteile von *W. Gehler †* und *W. Herberg*. Durchgesehener und erweiterter Neudruck. 159 Seiten, 118 Abbildungen. 1952. (1144)

II: Formanderung, Platten, Stabilität und Bruchhypothesen von *W. Herberg* und *N. Dimitrov*. 187 Seiten, 94 Abbildungen. 1955. (1145/1145a)

Grundlagen des Stahlbetonbaus von *A. Troche*. 2., neubearbeitete und erweiterte Auflage. 208 Seiten, 75 Abbildungen, 17 Bemessungstafeln, 20 Rechenbeispiele. 1953. (1078)

Statik der Baukonstruktionen von *A. Teichmann*. 3 Bande.

I: Grundlagen. 101 Seiten, 51 Abbildungen, 8 Formeltafeln. 1956. (119)

II: Statisch bestimmte Stabwerke. 107 Seiten, 52 Abbildungen, 7 Tafeln. 1957. (120)

III: Statisch unbestimmte Systeme. 112 Seiten, 34 Abbildungen, 7 Formeltafeln. 1958. (122)

Fenster, Türen, Tore aus Holz und Metall. Eine Anleitung zu ihrer guten Gestaltung, wirtschaftlichen Bemessung und handwerksgerechten Konstruktion von *W. Wickop †*. 4., überarbeitete und ergänzte Auflage. 155 Seiten, 95 Abbildungen. 1955. (1092)

Heizung und Lüftung von *W. Körting*. 2 Bände. 9., neubearbeitete Auflage.
I: Das Wesen und die Berechnung der Heizungs- und Lüftungsanlagen. 171 Seiten, 29 Abbildungen, 36 Zahlentafeln. 1962. (342/342a)
II: Die Ausführung der Heizungs- und Lüftungsanlagen. 1964. In Vorbereitung. (343)

Industrielle Kraft- und Wärmewirtschaft von *F. A. F. Schmidt* und *A. Beckers*. 167 Seiten, 73 Abbildungen. 1957. (318/318a)

Weitere Sonderverzeichnisse aller
Wissensgebiete und Einzelprospekte,
sowie die Verlagskataloge
aus dem Verlag
WALTER DE GRUYTER & CO.
erhalten Sie jederzeit
bei Ihrem Buchhändler.

Sammlung Göschen / Bandnummernfolge

1 Langosch, Der Nibelunge Nôt
3/3a v. Ende, Maschinenelemente
10 Jiriczek-Wisniewski, Kudrun- und Dietrich-Epen
13 Lotze, Geologie
18 Maurer, Hartmann von Aue. Der arme Heinrich
19 Altheim, Romische Geschichte I
20 Hofstaetter, Dt. Sprachlehre
22 Maurer, Gottfried von Strassburg
29/29a Brauns-Chudoba, Allgemeine Mineralogie
30/30a Heissler, Kartographie
31/31a Brauns-Chudoba, Spezielle Mineralogie
32 Schneider-Wisniewski, Deutsche Heldensage
35 Treue, Dt. Geschichte von 1648—1740
37/37a Klemm, Anorganische Chemie
38/38a Schlenk, Organische Chemie
39 Treue, Dt. Geschichte von 1713—1806
42 Behn-Hoernes, Vorgeschichte Europas
44 Kresze, Physikalische Methoden in der Organischen Chemie I
45/45a Kresze, Physikalische Methoden in der Organischen Chemie II
47 Fischer-Rohrbach, Arithmetik
51/51a Ringleb, Mathem. Formelsammlung
52 Bieler Rom. Literaturgesch. I
59 Krahe, Indog. Sprachwiss. I
60 Biehle, Stimmkunde
61 Biele, Redetechnik
64 Krahe, Indog. Sprachwiss. II
65/65a Grotemeyer, Analyt. Geometrie
66 Berneker-Vasmer, Russische Grammatik
70 Nestle-Liebich, Gesch. d. griechischen Literatur I
71 Schulze, Allgemeine und physikalische Chemie I
76 Doring, Einf. i. d. th. Physik I
77 Doring, Einf. i. d. th. Physik II
78 Doring, Einf. i. d. th. Physik III
79/79a Hempel, Got. Elementarbuch
80 Weigert, Stilkunde I
81 Schubert-Haussner-Erlebach, Vierstell. Logarithmentafeln
86 Barner, Differential- u. Integralrechnung I
96 Hartmann, Einf. in die allgem. Biologie
99 Hessenberg-Kneser, Ebene und sphar. Trigonometrie
101 v. Wiese, Soziologie
103 Dahrendorf, Industrie- und Betriebssoziologie
104/104a Hofstatter, Sozialpsychologie
111 Hoffmann-Debrunner, Gesch. der griechischen Sprache I
114 Debrunner, Gesch. der griechischen Sprache II
117 Brandenstein, Griechische Sprachwissenschaft I
118/118a Brandenstein, Griechische Sprachwissenschaft II
119 Teichmann, Statik der Baukonstruktionen I
120 Teichmann, Statik der Baukonstruktionen II
122 Teichmann, Statik der Baukonstruktionen III

128/128a Lausberg, Romanische Sprachwissenschaft I
136 Mahler-Graewe, Physikal. Formelsammlung
141 Geitler, Morphologie der Pflanzen
142 Haack, Darst. Geometrie I
143 Haack, Darst. Geometrie II
144 Haack, Darst. Geometrie III
145 Weimer, Gesch. der Pädagogik
148 Kolms, Finanzwissenschaft I
156/156a Landmann, Philosophische Anthropologie
170 Oehlmann, Musik des 19. Jhs.
171/171a Oehlmann, Musik des 20. Jhs.
173 Bruhns-Ramdohr, Petrographie
174 Schlingloff, Religion des Buddhismus I
180 Bohm, Versicherungsmathematik I
184 Blumcke, Textilindustrie I
196/196a Mohr, Grundlagen der allgem. Elektrotechnik
200/200a Gottschald, Dt. Rechtschreibungsworterbuch
210 Bruhns-Ramdohr, Kristallographie
220/220a Moser, Allg. Musiklehre
221/221a Jander-Jahr-Knoll, Maßanalyse
222 Hassak-Beutel-Kutzelnigg, Warenkunde I
223 Hassak-Beutel-Kutzelnigg, Warenkunde II
226/226a Hofmann, Gesch. der Mathematik I
228 Vogel, Landw. Tierzucht
231/231a Ehrlich, Gesch. Israels
238 Krahe, Germ. Sprachwiss. I
243 Mahler-Graewe, Physikal. Aufgabensammlung
247/247a Hofmann-Jander, Qualitative Analyse
250 Lausberg, Romanische Sprachwissenschaft II
252 Vetter, Elektrochemie I
253 Vetter, Elektrochemie II
257 Humburg, Gleichstrommaschine I
264 Lockemann, Gesch. der Chemie I
265/265a Lockemann, Geschichte der Chemie II
270 Kirn, Einfuhrung in die Geschichtswissenschaft
274 Zietemann, Dampfturbinen I
279 Jacob-Hohenleutner, Quellenkunde der deutschen Geschichte I
280 Jacob-Hohenleutner, Quellenkunde der deutschen Geschichte II
281 Leisegang, Einführung in die Philosophie
282 Haltenorth, Säugetiere
284 Jacob-Weden, Quellenkunde der deutschen Geschichte III
318/318a Schmidt-Beckers, Industrielle Kraft- u Warmewirtschaft
319 Krug, Australien und Ozeanien
329 Scharrer, Agrikulturchemie I
330/330a Scharrer, Agrikulturchemie II
335 Klug, Fette und Öle
336 Braun-Klug, Seifenfabrikation
342/342a Korting, Heizung und Luftung I
343 Korting, Heizung und Lüftung II
344 Moser, Musikästhetik
354/354a Valentiner-König, Vektoren und Matrizen
355 Neger-Münch-Huber, Nadelholzer
356 Ludemann, Fische
374 Doring, Einfuhrung in die theoret. Physik IV
375 Preller Geschichte Englands I
389/389a Diels-Mattick, Pflanzengeographie
391 Kolms, Finanzwissenschaft II
394/394a Schilling, Von der Renaissance bis Kant
414/414a Tafel, Hebezeuge
422 Gottschald, Dt. Personennamen
423 Adler-Erlebach, Fünfstellige Logarithmen
432 Borchers, Metallkunde I
433/433a Borchers, Metallkunde II

434 Borchers-Hanke, Metallkunde III
435 Burau, Algebr. Kurven u. Flächen I
436/436a Burau, Algebr. Kurven und Flächen II
439 Jaeckel, Würmer
440 Jaeckel, Weichtiere
441 Jaeckel, Stachelhäuter
442 Hannemann, Schwämme und Hohltiere
443 Gruner-Deckert, Krebse
444 Reichenow, Einzeller
445 Asmus, Physikal.-chem. Rechenaufgaben
447/447a Herter, Kriechtiere
448 Haltenorth, Manteltiere
452 Bahrdt-Scheer, Stöchiometrische Aufgabensammlung
468 Großmann, Vermessungskunde I
469 Großmann, Vermessungskunde II
476 Thum-Meysenbug, Die Werkstoffe des Maschinenbaues I
483 Henglein, Lötrohrprobierkunde
492 Stolz-Debrunner, Geschichte der lateinischen Sprache
499 Niese-Küchler, Autogenes Schweißen
500 Simmel, Hauptprobleme der Philosophie
536 Lehmann, Kant
538 Rumpf, Archäologie I
539 Rumpf, Archäologie II
540 Rumpf, Archäologie III
557 Nestle-Liebich, Gesch. der griech. Literatur II
561 Matthes, Werkzeugmaschinen I
562 Matthes, Werkzeugmaschinen II
564 Behn-Hoernes, Kultur der Urzeit I
565 Behn-Hoernes, Kultur der Urzeit II
566 Behn-Hoernes, Kultur der Urzeit III
571 Lehmann, Philosophie des 19. Jahrhunderts I
576/576a Moser, Gesangskunst
579 Müller-Schulze, Techn. Tabellen
580/580a Sedlaczek-Fischer-Buch, Walzwerke
583/583a Engel, Maschinen der Eisenhüttenwerke
584/584a Müller, Kinematik
585 Dehnert, Verkehrswasserbau I
587 Kalitsunakis-Steinmetz, Neugriech.-dt. Gesprächsbuch
589 Tochtermann, Maschinenzeichnen I
590 Tochtermann, Maschinenzeichnen II
594 v. Lengerken, Insekten
597 Dehnert, Verkehrswasserbau II
601 Mutschmann-Scherer, Engl. Phonetik
619/619a Buchwald, Kristalloptik
665 Ludin-Borkenstein, Wasserkraftanlagen I
666/666a Ludin-Borkenstein, Wasserkraftanlagen II
668 Knopp, Funktionentheorie I
677 Altheim, Röm. Geschichte II
679 Altheim, Röm. Geschichte III
684 Altheim, Röm. Geschichte IV
691 Fauser, Kulturtechn. Bodenverbesserungen I
692 Fauser, Kulturtechn. Bodenverbesserungen II
698/698a Schulze, Allgemeine u. physikalische Chemie II
703 Knopp, Funktionentheorie II
709 Lehmann, Philosophie des 19. Jahrhunderts II
711 Kesselring, Berechnung der Schaltgeräte
714/714a zur Megede, Technik selbsttätiger Regelungen
715 Zietemann, Dampfturbinen II
716 Zietemann, Dampfturbinen III
718 Neger-Münch-Huber, Laubhölzer
728/728a Pirani-Fischer-Runge, Graph. Darstellung in Wissenschaft u. Technik
735 Ekwall, Historische neuengl. Laut- und Formenlehre

746/746a Pfanzagl, Allg. Methodenlehre der Statistik I
747/747a Pfanzagl, Allg. Methodenlehre der Statistik II
756/756a Kalitsunakis, Gramm. d. Neugriech. Volksspr.
763/763a Beer-Meyer, Hebräische Grammatik I
764/764a Beer-Meyer, Hebräische Grammatik II
768/768a Bieberbach, Einführung in die konforme Abbildung
769/769a Beer-Meyer, Hebraisches Textbuch
770 Schlingloff, Religion des Buddhismus II
776 Kolms, Finanzwissensch. III
780 Krahe, Germ. Sprachwiss. II
781 Weigert, Stilkunde II
782 Kolms, Finanzwissensch. IV
786 Schulze, Molekulbau
796/796a Meiners-Wiesenewsky, Elektr. Hochstspannungs-Schaltanlagen
807 Kropp, Erkenntnistheorie
809 Moser, Harmonielehre I
810 Moser, Harmonielehre II
826 Koch, Philosophie d. Mittelalters
827 Schwaiger, Elektromotorische Antriebe
831 Erismann, Allg. Psychologie I
832/382a Erismann, Allg. Psychologie II
833 Erismann, Allg. Psychologie III
834/834a Erismann, Allg. Psychologie IV
837 Baumgartner, Gruppentheorie
845 Lehmann, Philosophie im ersten Drittel des 20. Jhs. I
847 Herter, Lurche
850 Lehmann, Philosophie im ersten Drittel des 20. Jhs. II
851/851a Moede, Psychologie des Berufs- und Wirtschaftslebens
857 Capelle, Griech. Philosophie I
858 Capelle, Griech. Philos. II
859 Capelle, Griech. Philos. III
862 Großmann, Vermessungskunde III
863 Capelle, Griech. Philos. IV
866 Bieler, Rom. Literaturgeschichte II
869 Freye, Vögel
875 Hofmann, Geschichte der Mathematik II
877 Knopp Aufgabensammlung zur Funktionentheorie I
878 Knopp, Aufgabensammlung zur Funktionentheorie II
881 Humburg, Gleichstrommaschine II
882 Hofmann, Geschichte der Mathematik III
883 Stuloff, Mathematik der neuesten Zeit
893 Treue, Dt. Geschichte von 1806—1890
894 Treue, Dt. Geschichte von 1890 bis zur Gegenwart
902 Muller, Dynamik I
903 Muller, Dynamik II
910 Jaeger, Afrika I
911 Jaeger Afrika II
915 Sperber-Fleischhauer, Gesch. der Deutschen Sprache
917/917a Bohm, Versicherungsmathematik II
920 Hoheisel, Gewohnliche Differentialgleichungen
921 Jantzen-Kolb, W. v. Eschenbach. Parzival
929 Schirmer-Mitzka, Dt. Wortkunde
930 Krull, Elementare und klassische Algebra I
931 Hasse, Hohere Algebra I
932 Hasse, Hohere Algebra II
933 Krull, Elementare und klassische Algebra II
936 Thum-Meysenbug, Werkstoffe d. Maschinenbaues II
952 Schafer, Transformatoren
953 Zipperer, Techn. Schwingungslehre I
961/961a Zipperer, Techn. Schwingungslehre II
965 Dehnert, Wehr- und Stauanlagen
970 Baldus-Lobell, Nichteuklidische Geometrie

978 Kleinlogel, Baustoffverarbeitung und Baustellenprufung d. Betons
984 Graf, Baustoffe des Hoch- und Tiefbaues
999/999a Kamke, Mengenlehre
1000 Jaspers, Geistige Situat. der Zeit
1003 Hoheisel, Partielle Differentialgleichung
1008/1008a Mellerowicz, Allgem. Betriebswirtschaftslehre I
1009 Bechert-Gerthsen-Flammersfeld, Atomphysik I
1014 Huttenlocher, Mineral- und Erzlagerstattenkunde I
1015/1015a Huttenlocher, Mineral- u. Erzlagerstattenkunde II
1017 Doring, Einfuhrung in die theoret. Physik V
1020 Niese-Dienst, Elektrische Schweißverfahren
1031/1031a Apel-Ludz, Philosophisches Worterbuch
1033 Bechert-Gerthsen-Flammersfeld, Atomphysik II
1034 Kranefeldt-Jung, Therapeutische Psychologie
1035 Altheim, Rom. Religionsgeschichte I
1039 Dovifat, Zeitungslehre I
1040 Dovifat, Zeitungslehre II
1044 Tolke, Talsperren
1045 Schubert, Technik des Klavierspiels
1051/1051a Stolberg-Wernigerode, Gesch. d. Vereinigten Staaten
1052 Altheim, Rom. Religionsgeschichte II
1057 Roth, Thermochemie
1059/1059a Hoheisel, Aufgabenslg. z. d. gew. u. part. Differentialgl.
1061 Grodzinski-Lechner, Getriebelehre I
1062 Grodzinski-Lechner, Getriebelehre II
1065 Haller-Dannenbauer, Von d Karolingern zu den Staufern
1070 Sauter, Differentialgleichungen der Physik
1074 Koschmieder, Variationsrechnung I
1075 Koschmieder, Variationsrechnung II
1076/1076a Endres, Verbrennungsmotoren I
1077 Haller-Dannenbauer, Von den Staufern zu den Habsburgern
1078 Troche, Stahlbetonbau
1082 Hasse-Klobe, Aufgabensammlung zur hoheren Algebra
1085 Lietzmann-Aland, Zeitrechnung
1086 Muller, Dt. Dichten und Denken
1088 Preller, Gesch. Englands II
1092 Wickop, Fenster, Turen, Tore
1094 Hernried, System. Modulation
1096 Vietor, Dt. Dichten und Denken
1099 Hoheisel, Integralgleichungen
1105 Hartung, Dt. Geschichte im Zeitalter der Reformation
1108 de Boor-Wisniewski, Mittelhochdeutsche Grammatik
1109 Knopp, Elemente der Funktionentheorie
1111/1111a Naumann-Betz, Althochdt. Elementarbuch
1113/1113a Strubecker, Differentialgeometrie I
1114 Schubel, Engl. Literaturgeschichte I
1115 Ranke, Altnord. Elementarbuch
1116 Schubel, Engl. Literaturgeschichte II
1117 Haller-Dannenbauer, Eintritt der Germanen in die Geschichte
1121 Naumann, Dt. Dichten u. Denken
1122 Feist, Sprechen und Sprachpflege
1123/1123a Bechert-Gerthsen-Flammersfeld, Atomphysik III

1124 Schubel, Engl. Literaturgeschichte III
1125 Lehnert, Altengl. Elementarbuch
1127 Hartmann, Geschlecht u. Geschlechtsbestimmung im Tier- und Pflanzenreich
1128 Buchner, Symbiose der Tiere
1130 Dibelius-Kummel, Jesus
1131 Scholz-Schoeneberg, Einfuhrung in die Zahlentheorie
1132 Fruhauf, Überspannungen
1134 Kuckuck, Pflanzenzuchtung I
1135 Lehnert, Beowulf
1137 Heil, Entwicklungsgesch. d. Pflanzenreiches
1138 Hammerling, Fortpflanzung im Tier- und Pflanzenreich
1140 Unger, Induktionsmaschine
1141 Koller, Hormone
1142 Meissner-Lehnert, Shakespeare
1144 Gehler-Herberg, Festigkeitslehre I
1145/1145a Herberg-Dimitrov, Festigkeitslehre II
1146 Putz, Synchronmaschine
1147 v. Waltershausen, Kunst d. Dirigierens
1148 Pepping, Der polyphone Satz I
1152 Dehnert, Verkehrswasserbau III
1153/1153a Mellerowicz, Allgem. Betriebswirtschaftslehre II
1154/1154a Mellerowicz, Allgem. Betriebswirtschaftslehre III
1155 Schwartz, Mikrobiologie I
1156/1156a Meinke, Komplexe Berechnungen v. Wechselstromschaltungen
1157 Schwartz, Mikrobiologie II
1158 Mayrhofer, Sanskrit-Grammatik
1159 Jungbluth, Gießereitechnik I
1160 Dibelius-Kummel, Paulus
1161 Kaestner, Spinnentiere
1162 Seidel, Entwicklungsphysiologie der Tiere I
1163 Seidel, Entwicklungsphysiologie der Tiere II
1164/1164a Pepping, Der polyphone Satz II
1165/1165a Bechert-Gerthsen-Flammersfeld, Atomphysik IV
1169 Paulsen, Allgemeine Volkswirtschaftslehre I
1170 Paulsen, Allgemeine Volkswirtschaftslehre II
1171 Paulsen, Allgemeine Volkswirtschaftslehre III
1172 Paulsen, Allgemeine Volkswirtschaftslehre IV
1173 Hamann-Funke-Hermann, Chemie der Kunststoffe
1176/1176a Lorenzen, Form. Logik
1178/1178a Kuckuck, Pflanzenzuchtung II
1179/1179a Strubecker, Differentialgeometrie II
1180/1180a Strubecker, Differentialgeometrie III
1181 Franz, Topologie I
1182 Franz, Topologie II
1183/1183a Nicolas, Finanzmathematik
1184 Endres, Verbrennungsmotoren II
1185 Endres, Verbrennungsmotoren III
1186/1186a Mellerowicz, Allgem. Betriebswirtschaftslehre IV
1187 Lau, Luther
1188/1188a Lehmann, Photogrammetrie
1189/1189a Pasler, Mechanik
1190 Stupperich, Melanchthon
1191/1191a Brauer, Slav. Sprachwissenschaft I
1193 Furstenberg, Wirtschaftssoziologie
1194 Wendt, Gesch. d. Volkswirtschaftslehre
1195 Ohm, Allgem. Volkswirtschaftspolitik I
1196 Ohm, Allgem. Volkswirtschaftspolitik
1197/1197a Onasch, Einf. in die Konfessionskunde der orthodoxen Kirchen
1198 Engel, Straßenverkehrstechnik

1199 Lausberg, Romanische Sprachwissenschaft III, 1. Teil
1200/1200a Lausberg, Romanische Sprachwissenschaft III, 2. Teil
1201/1201a Dehn, Versuche zur allgem. u. phys. Chemie
1202/1202a Nagel, Gesch. des christl. Gottesdienstes
1203 Wendland, Sozialethik
1204 Scheurig, Zeitgeschichte
1205/1205a Hofmann, Ideengeschichte d. soz. Bewegung
1206/1206a Langen, Lineare Programmierung
1207 Philipsborn, Erzkunde
1208 Lausberg, Romanische Sprachwissenschaft IV
1209/1209a Bock, Therm. Verfahrenstechnik I
1210/1210a Bock Therm. Verfahrenstechnik II
1211/1211a Bock, Therm. Verfahrenstechnik III
1212/1212a Hilf, Arbeitswissenschaft
1213 Kosiol, Buchhaltung und Bilanz
1216 Bauer, Wahrscheinlichkeitstheorie I
1217 Bauer, Wahrscheinlichkeitstheorie II
1218 Brandenstein, Griechische Sprachwissenschaft III

Autorenregister

120/I/64

FSC
www.fsc.org
MIX
Papier | Fördert gute Waldnutzung
FSC® C083411

Kolibri 360 GmbH
Ferdinand-Jühlke-Straße 7
99095 Erfurt, Deutschland
produktsicherheit@kolibri360.de